老子教我来创业

墨子连山 著

《道德经》里的创业法则

北京时代华文书局

哪些人一定要读这本书

我们是否见过这样一种人,在公司遭遇了同事的怨怼,就以为同事跟自己过不去?而实际上,那位同事只是想把项目做好,怼这种人只是因为这种人拖了那位同事的后腿。

你以为人家做好项目,是想巴结领导?实际上,人家根本没把领导放在眼里,有人拖后腿,就算是领导也一样地怼。

你以为人家急功近利,只想升职加薪?实际上,人家根本没把公司放在眼里,这个公司只是他的一个跳板,做好项目只是为了在简历上增加亮点,然后跳去更大的平台。

你以为人家是个阴谋家,只是在利用公司、领导和同事?实际上,人家真心地希望大家都能够成长、能够变好,一个好汉三个帮,多个朋友多条路,到了大平台,还希望在这边培养出来的人才也能带过去,助他一臂之力。

你以为人家是凤凰男,不顾一切地往上飞?实际上,人家不求名、不求利,只希望通过成长去做更大的事,从而获取更极致的体验,这些体验可以帮助他完善自己的价值观。

你以为人家是修仙真人,只顾一人得道?实际上,人家心里清楚,凭一己之力没有办法满足个人极大的好奇心,他希望我们也能像他一样,无论做什么,都能够追求极致,物质上共赢、精神上共成长。

这就是所谓的"降维打击",也就是老子所说的"外其身而身存,后其身而身先"。

30年前机缘巧合我开始读《道德经》,起初懵懵懂懂,直至读到那句"夫唯不争，故天下莫能与之争"时方如醍醐灌顶，豁然开朗。30年来经历过几次创业的风风雨雨，在不断的实践中身体力行，每当无法处理矛盾的对立时，那就上升一个维度，在更高的维度上，去寻找矛盾的统一，不断升维的过程也就是成长的过程。

《道德经》是一部完整的思想框架，辩证法也只是其冰山一角，其思想之深邃与博大可见一斑。所以，我实在不敢说读懂了《道德经》，应该说是老子跨越两千多年看透了我，又或者正是这些先贤圣人用经典塑造了今天的我，所以不敢说是"我注老子"，应是"老子注我"。

在撰写本书之前，还是给各位读者一个预期。

第一，我只陈述我的实践体验。既然是实践，大体就是我和我周围的事情。我周围能有什么事情呢？无非就是创业、生活和学习之类，虽然平平无奇，但处处都是修行。但愿本书能在创业、职场、管理等几个方面起到抛砖引玉的作用。

第二，因为是实践体验，所以就没有参考其他解读，而是直接对照原文。毕竟我不是什么学者，我是一位"习者"，也就是修习（实践）者，写出来的也不是什么论文，所以也就不去追求什么善本，不会刻意咬文嚼字，如果真有关键字影响理解，我会查字源演化，一直追溯到甲骨文。《道德经》有很多排比、各种同质的比喻，前后呼应，因此容错率还是蛮高的，几个字的差异很难影响到我们对大方向的理解。这样做其实也不是全无好处的，抛开鱼龙混杂的注疏之后，便可以带着自己的目的来读，直奔主题。

第三，作为一名实践者，我不敢保证自己说的都"对"，但是可以保证，但凡我说的都是自己的真实想法，并且经过了亲身验证。既然经过实践，自然就排除了绝大部分迷信成分，包括神秘主义和对权威的迷信。而所有实践的目标，当然是"有用"，"对错"反倒没那么重要了。至于什么是有用，这个大话题会在之后陆续展开。

第四，我并不崇尚道家，更跟道教没有一点关系，甚至称不上狂热的国学爱好者。在我看来，道、儒、法、墨只是道路之争，根本目标没有冲突。

甚至中国哲学与西方哲学也没有根本冲突，只是研究方法不同而已。所以，这里不会有门派之争。

第五，我曾经带着批判的眼光审视《道德经》，但最后确实没有发现明显的糟粕，所以不是我迷信经典，实在是能力有限，挑不出毛病。从另一个角度看，《道德经》确实也体现了老子思想之精。当然，这应该也与表达方式有关，毕竟只有五千言，意境占了大头，所以正如前面所述，只好得意而忘言了。

那么，哪些人一定要读这本书呢？创业者一定要读。为什么？因为创业时没有人为我们设置目标，而我们却需要为自己、团队、用户设置目标。团队有10人，我们就要经受10人的质疑，有100人就要经受100人的质疑，有1000人就要经受1000人的质疑，如果是一个互联网产品，放在网上就要经受千百万用户的质疑。

如何才能经得起这些质疑？我们需要一套框架，一套包含了本体论、认识论、价值观、方法论的完备框架。

这个框架去哪里找？去《道德经》中找。《道德经》正是这样一套框架，而本书则是在经历无数实践之后，对这个框架的一个总结。

这本书的正确打开方式

　　《道德经》的体例跟《论语》差不多，属于语录体。我们得弄明白一个前提，那就是古往今来，人们日常说话通常是不会用书面语的。老子也不例外，平时跟人聊天也不会张口闭口"道可道，非常道"，他说的一定是白话。就像我们现在说话一样，可以引经据典，但要是满口的"之乎者也"，有人搭理才怪。现代人如此，古人也是如此。

　　古代书写的成本高，所以古人用文言文作书面语，现实原因就是为了降低书写成本，否则像我现在这样啰唆、不加节制地说起来没完，一本书刻出来估计要等个十年八年，可真的要一字千金了。

　　既要节约成本，又要把话说明白，怎么办？古人有办法，他们从用字上面下功夫。首先，尽量不要出现废话，这就跟当年拍电报是一个意思，按字收费，所以大家都斟酌再三，力求用最简单的几个字把事情说清楚。例如：父亲生病快不行了，你快点回来。转化成电报就是：父危速回。其次，要把每一个字用精，最大限度地挖掘单个汉字的潜能，真的是咬文嚼字。所以，文言文里面的任何一个字都不是随便用的，用口语解释恐怕有的字能写一句话，有的字可以写篇文章，甚至有的字都够写一部书了。例如这个"道"字，写它的早已不止一部书，古往今来注疏无数，可现在看来，还是没写清楚。最后，古人发现篇幅实在太受局限，就算把单个字的潜力发挥到极致，也还是写不清楚，那怎么办？于是，他们创造出了一种叫"意境"的东西，就是通过文字给我们以想象空间，方法可以是比喻。虽然说得没那么严谨，甚至也不那么清楚，但是可以给你指个方向，你自己往那个方向走，边走边看，走得远了看得多了，自己就明白了。明白之后，这些文字也就不再重要，这叫"得意忘言"。

这是中国人极高明的地方，通过"意境"试图把自然语言的能力压榨干净，以至于中国的文学、历史、哲学、艺术自古就分不了家，诗词歌赋、议论文章，他们既是哲学的载体，同时又是文学艺术的体裁，其本身就是对美的追求。

当然，有优势就必然有劣势，优势和劣势并存。优势是有深度，甚至使人常读常新，也可以让人浮想联翩，随着阅历的增加，领悟也就增加了。所以，理解《道德经》靠的主要不是"学"，而是"习"，也就是练习实践。好比一个人篮球理论知识看得再多，也学不会打球，对不对？怎么才能学会呢？去球场练才行。打一场比赛再去对照理论复盘，看看问题在哪，带着答案回去再打，把毛病改掉，如此往复，就可以成为高手。也正是因为这个特点，理论上的一些文字、语句有些出入就没必要吹毛求疵了，这些偏差在实践之后都会自然而然地被校正过来。管他写的是分解训练、还是协调发力呢，只要我们最后把标准动作做熟练、变成了肌肉记忆，自然就成了高手，谁在运动场上打球还会想着"哎哟，我这个动作不标准吧？"

劣势也同样明显，就是牺牲了精度。西方以他们的语言为原型，提取出了形式逻辑，进而有了数学，数学也是一种语言，它是语言应用的另一个极端，追求精确。数学对模糊是零容忍的，必须清晰地定义每一个概念，每一个数字和符号的定义都不能变，变了就是错误。而数学之美也正在于此，基于几个直观的公理就可以建构出一栋摩天大楼，而且整个系统之精密与优雅，足以让人产生美的享受。只不过，这种精密必然牺牲了深度，它将客观世界做了高度抽象，高度之高以至当我们把它还原到客观世界时，已经找不到完美的对应物，例如最简单的射线在客观世界中就找不到，连光线都是弯曲的，还有什么事物可以是平直的呢？这种高度抽象使得数学在描述复杂系统时捉襟见肘，例如，我们甚至没办法预测任何一个人的行为，因为那背后是一个混沌系统。

所以，人类在未来很长一段时间的探索中，自然语言与数学语言必然缺一不可。而汉语系统在目前看来，是最完善的自然语言系统，因为每一个文字都可以追溯到甲骨文，再到金文、小篆、隶书、楷书、简体字，这就把每一个文字变成了一部电影，其信息量远超字母语言，甚至在维度上都将碾压字母语言。

扯远了，还是回到《道德经》。上面说了这么多，就是要告诉大家，不要钻到文字堆里面去，读书是为了实践，不是为了研究茴香的回字有几种写法。弄明白文字的含义就好，重点是结合实践去体悟文字的意境，有人给我们指了条路，我们就不要总是盯着人家的手指看，说："你这不是手指头吗？怎么是路呢？"

《道德经》之所以写成这样，除了前面讲的成本限制、自然语言局限等客观因素外，还有一个重要的客观因素就是，它不是老子本人静下心来一气呵成写出来的。相传，关令尹喜死乞白赖求着老子给他讲"道"，然后他将老子讲的内容记录成书。这样一来问题可就多了。首先老子是不是真的给他讲透了？《道德经》是讲了干货没错，但是也太过浓缩了吧？老子当时是怎么展开讲的？现在已经无从得知了。就算当时真的讲透了，那关令尹喜听得怎么样，记录得怎么样，理解得怎么样，这就又隔了一层吧？然后，尹喜再根据自己的理解，整理成五千言《道德经》，这已经是几手信息了？再之后，经历几千年的传抄变成了现在这样，谁能说得清楚老子原话怎么说的？

这些语录中，有些重复了，有些顺序可疑，有些甚至可能真的就抄错了，但是全篇看来，恰恰是这些重复使得容错率大大提高，以至我们有兴趣去还原老子核心思想。当然了，这冗余也可能就是有意为之，正是人家高明的地方。所以呢，劝各位还是别煞费苦心地当书虫了，文字、语句、结构统统不重要，什么才重要？学以致用才重要，读了《道德经》，觉得自己理解了，如果能在生活、工作、学习中应用并获益，那就说明我们理解对了。

使用这个方法确保读懂本书

本书体系虽然复杂，但一切复杂问题最初都是技术问题，因此在开始阅读之前，不妨先来谈谈"如何读书"，掌握方法之后自然事半功倍，所谓磨刀不误砍柴工。

读书面临的首要问题并不是没时间、不想读、不知道读什么、读不懂，这几个问题都是其次，最大的障碍是开始读。对于任何新事物，开始总是最难的，启动需要外力，维持匀速运动则不需要，就是这个道理。而难以启动的最大原因是，读书慢读着费劲，半天看不了几页，甚至要一个字一个字在心里默念出来才能读得下去，这就是阅读技术的问题了。是技术，就需要训练，要训练就要制订训练计划，而一个好的训练计划的关键就是建立一个快速反馈机制。对于反馈机制而言，虽然负反馈也不可或缺，但是我们更需要也更难获取的却是正反馈，如果没有正反馈则不符合人性，负反馈会令人有挫败感，让人看不到希望，容易中途放弃。我们不妨就把本书作为自己读书计划的启动，从这本书开始练习自己的阅读技术。

用本书训练阅读能力，比较差的情况是，刚开始读书时要用手指指着每个字，一个字一个字看下去；好一点的，不用手指了，改成在心里默念，这两种都是最初级的方式，效率非常低，究其原因就是对文字不熟悉，找不到关键词，所以只能逐字扫描。为了提升速度，我们需要强迫自己改变习惯，而首先要改变的是不能把字念出来，在心里念出来也不行。通过眼睛看，然后理解再往下看。就像我们在运动时要先学习标准动作一样，读书第一个标准动作就是不许念，包括不许在心里念。如何才能做到不念呢？一是刻意提醒自己，二是要扫描得足够快，第二点比第一点更重要。扫描太快什么都读不懂怎么办？不要紧，我们做好一个预期，这本书要读十遍，而第一遍只是为了摆脱陌生感，并不需要读懂。有了这样的预期是不是就不再担心速度影响效果了？我并没有开玩笑，我的意思就是建议各位用扫描的方法快速读十遍。读十遍之后你会发现，次数多，但每次用时很短，总时长反而会缩短，而理解却比原来透彻得多。如果能够坚持这种方法不放弃，少则一周，多则一月，就能做到不念了。

做到不念之后，阅读速度会明显加快，但是仍然不够快，因为看书时用眼的习惯还是错误的，眼睛还是在逐字扫描。这时我们要开始锻炼找关键词的能力，先从一行中开始找，注意不是一句话，而是纸面上的一行，否则去找句子的起止也会浪费时间。这个过程会长一些，可能要一个月甚至几个月时间，但这是最高效的阅读方式，没有之一，就像跑步必须摆臂一样，是被无数实践验证过的，所以按照标准训练，不要浪费时间重复发明轮子。

熟练了在一行中找到关键词后，阅读的速度会大幅提升，这时已经迈过了阅读技术的门槛，并且开始走上了正循环，摆脱了枯燥的基础训练，就能够开始从阅读中获得乐趣了。当然，即便仅仅针对技术而言，这也只是入门，如果把阅读分为十个段位，这时我们在一段。不过迈过了这个门槛，训练就不用咬牙强迫自己了，因为我们可能已经轻微上瘾了。在技术方面，还需要继续加快识别关键词的效率，开始从一个自然段中去寻找关键词，这时阅读速度应该是最初的几倍了。当然，这时候对关键词的把握可能不是特别准，所以在扫描了一遍关键词后，还是没有读懂，那就需要增加识别词的数量，即做第二次扩展扫描，因为扫描的速度非常快，所以即便一页书扫描三四遍，也远比逐字默念快了不止一个数量级。

到了逐段扫描的程度，基本就到了二段，眼脑的配合已经比较协调了。这时候容易犯的错误是抑制不住快速阅读的冲动，这样会忽略掉很多重要细节，因为对语言的感觉还不够灵敏，或者说"读商"还不够高，看到一个关键词很可能不确定是不是该扩展扫描，或者压根没有识别出来而略过了。这个阶段要抑制住求快的冲动，我们还只有二级段位，是个技术还未成熟的初学者，我们仍然要以训练技术为主，即每页刻意增加两三次扩展扫描，即便自己认为没有必要，甚至扫描之后发现确实没有必要时仍然要这样做，这是提升"读商"的关键，只有积累了足够多的经验，包括需要扩展的和不需要扩展的两种实践经验之后，在面对新的一页时才能够根据第一次扫描进行判断，是否需要进行额外的扩展扫描。

所谓"读商"是个模糊概念，并不用刻意追求，就像智商一样，都是以成败论英雄的马后炮，所以不必纠结，我杜撰这么个词只是为了更简单地表述而已。在基本能够判断是否需要扩展扫描后，阅读速度和阅读质量基本合格了，这时可以升为三段。到此，技术问题已经基本解决，接下来就应该关注后面的问题了，即读什么书？读书有什么用？按照我们的训练计划，假设已经熟读本书，那么这个时候我们要考虑选书了。我们可能已经不再迷惑于读书有什么用这个问题，不管有什么用，起码可以让自己觉得很过瘾，就像运动一样，这其实是一个很好的状态，即去掉了功利目的，若非如此则不能享受读书的乐趣，这时我们要准备书单了。

这之前我们还是要说一说读书的意义，基本有以下几类：发现那些以前不知道自己不知道的；获得那些已知道自己不知道的；印证那些自己认为知道的。第一类，发现不知道自己不知道的，也叫认知突破。功利地讲，这种收获的意义最大，可以让我们发现另一个世界，然而其获得也最难。难度有二，一是书的质量良莠不齐，观点千奇百怪，起初我们可能看着都新鲜，觉得醍醐灌顶，而实际上有些只是哗众取宠，只是我们缺乏经验不好分辨。对于这一点，一个比较好的解决办法是尽量读经典，因为经典作品的作者通常是他那个年代的佼佼者，而且经典书籍经过了千百年优胜劣汰的筛选流传下来，是经过了考验的。当然读经典也有个问题，就是通常比较晦涩难懂，甚至有些是文言文，所以退一步，去读一些后人对经典的注解或者解读（例如本书），然后再回过头去看经典。二是既然是不知道自己不知道的，那么就无法有的放矢地去寻书，只能通过多阅读去碰运气，这一点并没有什么别的好办法，只能加大基数，量变引起质变。

第二类则简单很多，因为我们知道想要了解什么，即便大多数时候不那么清晰，但至少会有线索，可以去网上搜索，去读别人列出的书单。当然，这只是从读书角度而言相对容易，即便找到了书，如何读懂，如何纳入到自己的知识体系，再如何融会贯通到实践当中，这些都是所谓"学习"的问题，在后文会谈到。

第三类，看似没什么实际价值，实则不然。原因有二：一是当我们尚未形成完备的思想体系时，面临的最大问题就是不知道自己是对还是错，如果有前辈能告诉自己这里错了，则可以改，如果告诉自己那里对了，则可以排除一个不需要改的部分，这些确定的部分以后会成为思想体系的骨干，即已经证明了是对的部分，骨干多了体系也就稳了；二是，有时我们会与作者观点一致，好像跨越时空遇到良师益友，交流到深处会心一笑，一切尽在不言中，有朋自远方来不亦乐乎？

形成自己的书单后，就到了四段，关于读书，无论以多么苛刻的标准去衡量，我们都已经入门了。读书虽然始于技术，但终于艺术。所谓艺术，即是一个混沌系统，因素层出不穷，关系错综复杂，无法精确描述。例如读书的更高境界，至少包含了三个层面，一是建立自己的知识体系，把所获取的知识关联成网，再组成多维结构的立体网，这样才能记得住、实践中才能用得上；二是在实践中的运用，纸上得来终觉浅，绝知此事要躬行；三是价值观的建立。以上三点都留待后文中再谈了。

目录 CONTENTS

第一章 使命

既然人总会死的，那活着为什么 ... 002
什么是人的"绝对自由" ... 006
生而为人，为何而战 ... 008
一心想发财就真的能发财吗 ... 012
使命能不能当饭吃 ... 015
我们希望打造一个怎样的"理想国" ... 017

第二章 价值观

老子的世界观 ... 020
我的欲望太多怎么办 ... 023
如何构建自己的价值观 ... 028
以人为本，恐怕我们别无选择 ... 032
心不正就什么事都做不成 ... 036
人是什么 ... 042
为什么成大事者都有一颗赤子之心 ... 047
老子的三宝是什么 ... 049

第三章 认知

如何做老板	054
真的存在"天才"吗	056
不作死就不会死	060
为什么说限制一个人的首先是他的认知	062
认知是什么	064
如何突破认知	066
权力是什么	069
"勇"和"敢"有什么区别	071
抓到耗子才是好猫	074
要把钱当资源而不要当资产	076
老子为什么劝我们柔弱	078

第四章 方法论

做事有什么"必胜法"	082
面对压力如何淡然处之	086
形式逻辑是万能的吗	090
为什么有些人总能一针见血地抓住问题关键	092
做人是一场艰苦的修行	095
为什么我已经很努力了,可还是赚不到钱	097
如何沟通	101
互联网思维是什么	103
如何才能做什么像什么	106
一切不以实践为目的问题都不值得讨论	108
如何才能立于不败之地	112
"量变引起质变"在实践中如何应用	115
如何做计划	118
为什么说决策时,应极力避免这个问题	121

第五章 修身

最可怕的莫过于自欺欺人	124
为什么要学习水	127
总是在极度自信与自卑之间摇摆怎么办	130
人如何才能有自知之明	133
国之利器为什么不可以示人	138
什么是做老板的第一大忌	141
如何保持目标明确	144
如何避免低效劳动	146
为什么说为学日益,为道日损	150
如何面对私欲	153
德不配位,必有灾殃,如何避免	155
想成功,自己首先要成为一个"强者"	157
为什么强者身上都具备这几个特质	160
如何控制情绪	162
如何修炼自己	164

第六章 我与他人的关系

对你好,但与你无关	168
团队只是执行命令的机器吗	170
如何应对甩锅	174
哪种人是团队中必须根除的毒瘤	177
我们真的会做老板吗	181
老板如何做到"太上"	188
这个错误一旦犯了,离散伙也就不远了	192
为什么说"夫唯不争,故天下莫能与之争"	194
这个错误九成管理者依然在犯	198
没有不好的团队,只有无能的老板	200

老板是干吗的	203
对老板来说，公司是什么	207
什么是"大象"	209
公司都是我们的，去跟员工争那点功劳干什么	211
什么是领导，什么是领袖	215
对团队为什么要追求人尽其才	218
如何把握管理中的"度"	220
为什么说管理不能"瞎折腾"	222
员工教育对于公司来说有多重要	224
什么是团队的内功	226
为什么公司文化可以极大降低人力成本	229
如何处理团队中的争端	232
团队内部钩心斗角是因为我们没有做到这一点	234
如何避免员工之间争功甩锅	238
为什么合作中要极力避免陷入"纳什均衡"	240
如何避免团队内耗	243

终 章　不要说而要去做　　　　　　　　　　　246

第一章

使命

既然人总会死的，那活着为什么

道可道，非常道；名可名，非常名。无名，天地之始；有名，万物之母。故常无欲，以观其妙；常有欲，以观其徼。此两者同出而异名，同谓之玄。玄之又玄，众妙之门。（第一章）

道是什么？道是一切真理在人心中的投影，也就是一种模型，这种模型完美到可以解释宇宙万事万物的一切历史，并且预测它们的未来。

为什么是人心中的投影，而不是客观存在的本体呢？因为我们连投影都还搞不清楚，去研究本体有意义吗？包子要一个一个地吃，我们一个都还没吃到，就说自己要吃第十个，可怎么吃呢？而且，对于客观世界的本体而言，根本是可不可知的问题。

大家都见过太阳，太阳晒着很热对不对？所以我们脑补了太阳很热。但是有多热呢？没人说得清楚。哦，书上说太阳表面温度几千度？可几千度是多热呢？我们能说得清楚吗？别说几千度了，500度有多热，谁感受过吗？

是不是有人以为我想宣扬虚无主义？恰恰相反，我想说的是人具有主观能动性，人可以去认知客观世界，只是这种认知具有很大的局限性，而第一个门槛就是我们的感官。我们对客观世界的一切认知都来自于"感"：听到、看到、触摸到，等等，这叫作感性能力。这种感性能力是目前（注意是目前，将来人类没准可以用脑机接口）人类从客观世界获取信息的唯一通道。不信？我们可以试着找找反例，看看有什么认知是可以不通过感性能力而直接获得的，恐怕找不到吧？

有了"感"之后我们就认知了吗？不是，还需要一个叫作"觉"的过程。例如我们发呆的时候，虽然睁着眼，有人在我们周围走动，他们反射的光到达了我们的视网膜，我们的大脑也接收到了信号，可自己就是没看见，这叫"视而不见"，也就是没有"觉"。

如何才能"觉"？我们需要一个"注意"的过程，也就是把一种叫"意"的东西注入"感"上面，只有这样才能"觉"。好比手机开着摄像头，但是没有点拍摄键，虽然屏幕上也会出现影像，但是过后不留，想回看是看不到的，这个拍摄键控制的就是我们的"意"。

那么是不是"觉"了之后就"知"呢？仍然不是，这之后，"意"会开始"动"，它能且仅能被导向三个维度。

第一个，导向"欲"。例如我们肚子咕咕叫，肚子有了"感"，我们"注意"了，这个感也就"觉"了，然后马上就会想吃饭，想吃饭就是我们的"欲"，食欲，它是求生欲的一种。如果我们无所事事，任由自己的"意"继续游走，它会自然而然地流向"情"，于是我们便有了情绪。如果可以马上吃到饭，就会感觉"喜"；如果不能马上吃到饭，则会感觉"怨"。如果我们仍然放纵"意"，他会给我们带来一个"念"，就是"去找吃的"。这条线路最短，也是人们最熟悉的线路，所以大多数人一旦"感觉"之后，通常沿着这条线走下去，小孩子最明显，饿了就哭，吃饱就笑。

第二个，导向"恻"。现在叫同情心，这个过程叫作"恕"，恕，即共情。如果我们的"意"关注到了"恻"，那么接下去它会把我们导向"义"，告诉我们什么是"应该"。这个过程叫作"忠"，不偏不倚心之中也。如果再往深处分析，为什么就应该这么做呢？我们会发现，支撑"义"的是"仁"，仁者爱人，即大爱，己欲立而立人，己欲达而达人，这个过程叫作"成"，即完全。而如果我们在实践中不断践行、训练这条路径，终有一日融会贯通，把它固化到自己的潜意识里，随心所欲不逾矩，这时候我们就有了"德"，言直心直行直也，这个过程叫作"品"，即不断筛选不断累积。用现代话说，这个能力叫作价值理性，"德"就是加强版的"价值观"。这条路径很长，需要注入大量的"意"，因此一般人很难走得通，绝大多数人，甚至压根儿就没意识到它的存在。这就是《道德经》中的"德"，当然这里我们还是先讲"道"，遇到了"德"我们再讲。

第三个，导向"名"。也就是概念，就是"名可名，非常名"的名。这个过程叫作"认",认原来写作"認",从言从忍,也就是以语言去切割、分类。至此,我们终于关联到第一句。"名"就是把"感"的信息抽象出来而形成的那个概念。这种抽象程度之高,必然会损失掉很多细节。例如,苹果是一个概念,但是我们能够完全描述清楚苹果是什么吗?圆的、拳头大小、红色,甜的?红色石榴也符合这个特征,它是苹果吗?青苹果不红,它不是苹果吗?刚长出来的苹果又小又涩,它不是苹果吗?所以,我们甚至连苹果都没办法用"名"来定义清楚,就更别说其他更复杂的概念了。这就是"名可名,非常名"。用现代话说,这个能力叫作"知性",即形成"名"即概念的能力,因为它是一切"知"的开始。

有了"名",我们继续注"意",就有了"理","理"本义是制玉的过程。这个过程叫作"识",繁体是"識",就是把语言组织起来,语言的最小表意单位就是概念,所以也就是把"名"组织起来。用现在的话说,"理"就是逻辑,包括了朴素逻辑、形式逻辑以及辩证法,统称工具理性。

继续注"意"往下走,终于到了"知",从口从矢,即口传弓箭的使用经验,指有用的经验。这里一定要注意,非得是有用的经验才是"知",如果这个经验没有用,或者我们了解之后不能用,那便还是不知,这就是后来王阳明先生所说的"知行合一"。而这个过程就叫作"格",枝条分叉,也就是把"理"像枝条一样全部关联起来,所以有"格物穷理",而关联起来之后才能叫作"知",所以叫"格物致知"。

如果再继续,那就可以望见"道"了,即一个首领带着大家行走在路上,这还是一个与人有关的字。所以,这个"道"指的不是宇宙的客观规律,而是这种规律在人心中的映射,是人心中的"道"。求"道"的过程需要占用"意"的全部"带宽",这个过程叫作"悟",即吾心之全部。"悟"这种能力的背后是一个混沌系统,单纯的理性能力已经于事无补,必须调动价值理性才能"悟道"。因为已经跳出了工具理性的能力范畴,也跳出了"情欲念"的直觉范畴,甚至跳出了价值理性的能力范畴,所以"道"是无法用语言来描述的,或者说自然语言这种工具不具备为"道"建模的能力,这就是

"道可道，非常道"。

道和名，这两个核心概念理解了之后，后面的就好理解了。

我们给"天地之始"强行安了一个概念，叫作"无"；给"天地之母"再强行安一个概念，叫作"有"。为啥要用这两个字，因为最接近事实嘛！能用两个接近事实的字来命名就已经很不错了，我们权且记住它们叫有和无就好，没有为什么，就是不可名、不可道。

为什么说"有""无"这两个字接近我们要描述的对象呢？因为"天地之始"就是什么都没有嘛，没有能量，没有空间，也没有时间，虽然有个"奇点"，但是没有时间，所以也没办法说它是有吧？因为所谓有，总要先存在一个时刻，那个时刻有什么，这才是人类的认知过程，但是连时间都没有，还能有什么呢？所以叫它"无"最合适。在大爆炸之后的一个普朗克时间，也就是一个物理上最小单位的时间、这个瞬间之后，能量、空间、时间产生了，即便还是高度扭曲的，但是现在我们所使用的所有的基础概念在那一刻就已经产生了，所以叫它"有"也很合适。

当然，我们可以说，以上这些物理理论都只是在我们自己心中，只有当我们认同它是正确的，它对于我们来说才存在，否则它对于我们来说就不存在。这就是心物二元论的争议所在，而这种最底层的争议恰恰既不可证实，又不可证伪。所以，我们不应该陷入这种注定没有结果的争论之中，我们可以理解成自己的心之始才是自己的天地之始，这对实践并没有一丝一毫的影响。

我们要如何去"悟"道呢？刚才讲到不能依靠工具理性，适用工具理性的前提是"有"，只有"有"了之后，才会有客观存在，才能有"名"，才能有"理"，才能有"知"，这些东西都是用来给客观存在进行分类划界的，也就是文中说的那个"徼"。但是，"道"是个混沌系统，工具理性对它无能为力，所以我们要把工具理性这个维度舍弃掉，当它不存在，当所有的维度都不存在，进入"无"的状态，不分维度，不分工具，把整个心彻底贯通，全力以赴地去"观"，才能"观其妙"。

"观其徼"是分析，用的是工具理性能力；"观其妙"是综合，用的是价值理性能力。好比仰望星空，观银河之壮美，难道有人会去一颗一颗数着星星看吗？当然也可以，但是那样就只能"观其徼"，最后得出个数字，但错过了整个银河的壮美。

不过呢，这话老子又说回来了，不管是"有"还是"无"，它们的本源是一样的，都是客观存在于人心上的映射，这就叫"同出而异名"。

"有"可以用工具理性去分析，但是工具理性的基础"名"却定义不清楚；"无"可以用价值理性去审美，但"美"是什么也说不清楚。既然都说不清楚，那就叫"玄"吧。什么是玄？就是缫丝之后、染色之前悬挂着的一束束丝。这个字简直用得太妙了，千丝万缕，连绵不绝，无色但又有着无限可能，悬挂起来上不及天，下不及地，老子真是语言艺术的大师。

然后呢？我们就一会儿看看这个，一会儿看看那个，一会儿摆弄摆弄这个，一会儿摆弄摆弄那个，"玄之又玄"，这就是了解奥妙的"门"吧。这扇门通向道：去建立一个能够预测一切未来的完美宇宙模型，就是我们的人生意义。

什么是人的"绝对自由"

名与身孰亲？身与货孰多？得与亡孰病？是故甚爱必大费，多藏必厚亡。知足不辱，知止不殆，可以长久。（第四十四章）

对我们来说虚名和生命哪个更重要？生命和利益哪个更珍贵？获取名利却损害健康哪个更有害？过度地爱慕虚名必然付出巨大的代价，过多地聚敛财富必然招致惨重的损失。知足就不会有耻辱，适可而止就不会陷入险境，如此才是长久之计。

这一章没什么不好理解的地方，只不过，古人的认知存在一个缺陷，他们只关注到了求生欲、繁殖欲两个私欲，但却并没有发现求知欲和美欲两个通欲。由此引发的问题是什么呢？那就是，很多人把知足和知止当成了"凑合""将就""得过且过"的代名词，这就彻底扭曲了老子的意思。

老子针对的只是名与货，用现在的话说就是虚名和金钱。这两样东西对应的是繁殖欲和求生欲，这两种欲望用不着那么多名和利就可以满足，但是人们演化出来的"危机感"使得我们不懂得适可而止，贪得无厌地追求名利，这才是老子所说的需要知足和知止的方面。但是，求知欲和美欲则截然相反。求知欲，对应的是我们认知模型的精度和广度。只有保证了模型能够精确预测万事万物，我们才能摆脱恐惧，摆脱恐惧之后，人类才能实现最大的心之慰藉。

美欲，对应了模型的简洁优雅。只有保证了模型的简洁与优雅，我们才能够理解、掌握并用以预测未来。当人类可以预测全部未来，心便是宇宙，便求得了道，人便实现了自由。这种自由是绝对的，因为没有什么不能被我预测，也不再有某种"存在"可以预测我，我即宇宙。这种自由，就叫"绝对自由"。

对于创业者来说，我们追求道的理想结果，正是这种绝对自由。如何能够实现绝对自由？这就需要我们永无止境地追求知识，不知疲倦地追求美。具体来说，就是在每一个我们所从事的领域追求极致。学习上要把知识融会贯通，工作上要把行业钻研通透，做人追求随其所欲不逾矩。读书要读透，玩也要玩透，蜻蜓点水、浅尝即止是不可取的。要系统训练，让自己达到自身的"极致"，这样我们才能理解篮球之美、象棋之美、书画之美……也才能够获取极致体验。

在众多领域中，创业带给我们的体验是独一无二的，时而孤独无助，时而众志成城，时而彷徨不定，时而坚定不移，时而如临深渊，时而一步登天……

这些极致体验恐怕不是"打工"能够获得的吧？而我们需要的恰恰就是这些极致体验，它们是我们用来构建自身价值观所必需的砖石。那些低水平重复，对我们毫无用处，最好不要在上面浪费本不充裕的生命。当我们逐渐积累极致体验，价值观逐步完善，我们便更接近道。

道既大且远，看不到尽头，我们毕生追求道，终点在哪里呢？人生不是百米赛跑，也不是马拉松，人生是12分钟跑。我们从出生便外出寻找道，用尽一生的时间努力奔跑，死亡是比赛结束的哨音。当哨音响起，我们停下脚步，这没什么可沮丧的。反而应怀着迫不及待的心情回顾自己之前无暇顾及的来时路，看看自己是否离道更近了一些？

生而为人，为何而战

夫唯兵者，不祥之器，物或恶之，故有道者不处。君子居则贵左，用兵则贵右。兵者，不祥之器，非君子之器，不得已而用之，恬淡为上。胜而不美，而美之者，是乐杀人。夫乐杀人者，则不可以得志于天下矣。吉事尚左，凶事尚右。偏将军居左，上将军居右，言以丧礼处之。杀人之众，以哀悲莅之，战胜，以丧礼处之。（第三十一章）

《孙子兵法》中的用兵思想恐怕是脱胎于《道德经》的。有兴趣的朋友，读完本章倒是可以接着读读《孙子兵法》，你会发现就像读了大纲再读正文，毫无违和感。

兵，甲骨文的字形是两只手拿着一把大斧，指杀人工具，引申为战争。所以说兵器是不吉利的，不光是人，万物都厌恶它。为什么厌恶它？因为兵器就是用来杀伐破坏的,见到树要砍,见到兽要杀,万物怎么能不"厌恶"?当然这是拟人的修辞,我们不要过度的联想解读。既然没人待见它,所以追求道的人当然不会与战争为伍。

君子,就是古代贵族,后来成为一种对他人的尊称,老子、孔子这个"子"就是从这来的。春秋时期,礼崩乐坏,诸侯需要人才去争霸,原有的贵族远远满足不了需求,所以平民就有了上升通道。想上升就需要教育,孔子把平民教育规模化、体系化了,同时也把君子这个词引申了,这才有了我们现在与"小人"相对的那个"君子"。当然,小人原本也是与君子相对的,但是并没有贬义,就是指被统治的那些人,这个词也是后来才被发展出了贬义。老子讲的这个君子,就是指当时的统治者,也就是贵族,那个时候还没有出现引申义。

贵族以左为贵,古人是讲阴阳的,通常左为阳,所以贵左。当然,这种观念并不是一成不变的,其实是一种风尚。老子那个时候正好是流行贵左,但是兵器肯定是要右手拿着,毕竟左撇子少,所以军队中是尚右的。

为什么这样呢?老子解释了,因为兵器不吉利,不是贵族的器具,不到迫不得已是不会用的。恬,意为安静。所以,君子对待战争应以平心静气、淡然处之。即便得胜也不可洋洋自得,那些享受胜利的人,就是嗜杀之人。嗜杀之人,是不可能实现自己志向的。

吉利的事情崇尚左,凶险的事情,则崇尚右。偏将军,也就是副将,站在左边,而上将军,也就是主将则站在右边。谈论战争时,就如同参加丧礼,心情沉重。既然杀人多,就应该以悲痛、哀伤的心情哭泣,即便胜了也应该如同举行丧礼一般,以沉痛之心对待。

有人以为老子是反对礼的,看看本章说的是什么?全篇讲的就是用兵之礼。礼这个东西的核心其实就是公德,是所有社会个体价值观的最大公约数。任何一个文明、民族、国家都必然有一个价值内核,而这个价值内核的外在表现一是语言,二就是"礼",也就是对行为举止不成文的规定。所以,我们注意老子对礼的阐述方式,是不是跟孔子如出一辙?

为什么军队里面要有这种礼？为什么贵右？为什么副将在左、主将在右？因为凶事都尚右。例如丧礼，就是以右为尊。为什么用兵跟丧礼等同？因为用兵就要杀人，杀人就有丧礼，丧礼是凶事，要悲痛哀悼，所以用兵自然也是凶事。还不只是一般的凶事，一将功成万骨枯，一场战争就相当于几万场丧礼，没有什么比这更大的凶事了吧？所以，战争就是破坏，没有任何一个人、一种植物、一种动物，甚至一种东西希望自己被破坏吧？这就是道。

我们这个世界有一个特点，那就是破坏特别容易，但是建设特别难。例如，一杯清水，我们想把他弄脏，只需要往里面滴一滴墨，整杯水就变成黑色，容不容易？但是，如果再想把这杯黑水变成清水，那可就难喽！又要过滤，又要蒸馏，没个几小时肯定搞不定。所以你看，破坏是一秒钟，建设是几小时，明显不对等。为了描述混乱，人类发明了一个概念，叫作"熵"，代表封闭系统的混乱程度。系统越混乱，熵就越大。经过观察，人们发现，封闭系统总是倾向于保持熵增的趋势，几乎所有系统都向着混乱无序发展。这确实够让人绝望的，甚至直接引发过虚无主义狂潮。不过刚才说的是几乎，那就说明还有例外，没错，引力系统就是个例外。所以，感谢万有引力吧，它以一己之力把徘徊的人类从虚无主义深渊拉了回来。

作为人类文明，从古至今始终坚持不懈在做的事其实只是一件，那就是制造"负熵"，也就是使万事万物变得更加有序。而秩序，正是人类审美的根源。我们需要食物维持生命，所以产生了食欲；我们需要配偶维持基因的延续，所以产生了性欲；我们需要把杂乱无章的信息变为有序的知识，而知识维持了我们的精神生命，是我们的精神食粮，所以我们产生了求知欲；个体的精神组成了文明，个体精神之间的交互方式叫作共鸣，共鸣的介质则是"美"，所以产生了美欲。更确切的说法是，正是因为有了这四种基本欲望，人类受它们共同驱使，不停地劳动，生物基因和文明基因才得以在自然选择的优胜劣汰中存活至今。这四种欲望缺一不可，所有的其他欲望则都是这四种基本欲望的综合，所以说"人欲唯四，生性知美"。

这四种欲望最终其实只是一种欲望，那就是追求秩序的欲望。人类在追求秩序的道路上步履蹒跚，这很难但我们不得不做。因为我们之所以为人，就是因为我们在追求秩序。追求秩序，便是"德"的内核，也就是我们价值观的核心。而极致的秩序，便是"道"。

既然千辛万苦建设秩序尚如履薄冰，我们怎么还能有勇气去破坏呢？这就是为什么老子说"有道者不处"。

"礼"是人类文明的秩序，所以老子既然追求"道"，追求"秩序"，又怎么会反对"礼"这种秩序呢？这一点，后面我还会讲到，老子反对的"礼"只是那种刻意为之的礼，是一种表面的有序，而表面有序遮掩的恰恰是内部的混乱，那些假仁假义，才是老子反对的。

我们批判孔子的封建礼教时，实际上批判的是什么呢？只是他那个时代礼的内容而已，并不是礼的本身。而且，就算批判内容，也只是批判了其中的一小部分瑕疵，然而终究瑕不掩瑜，其主要内容直到现在我们仍在身体力行，只是嘴上不说而已。例如父慈子孝、尊师重教、尊老爱幼、扶危济困。这些东西不论到了什么年代都不会变。

今日之中国需要的不是破坏"礼"，而是建设"礼"。旧的已经被推倒，可新的还没建立起来，以至于在很多事情上，我们无所适从，各种土洋结合，显得不伦不类、滑稽可笑。例如，婚礼，本来是庄重温馨的仪式，现在被搞得如同低俗演出一般；丧礼，本来是悲伤肃穆的仪式，现在被搞得像得了失心疯一般。往小了说，日常吃饭抢着买单这种事，看起来像是在打架；进电梯两个人谦让半天，堵住一大堆人……这些都是"礼"的缺失导致的后果。如果没读过《礼记》，大多数人可能想象不到，早在几千年前，我们就有关于这些大事小事的规矩。谦让第一次叫辞，第二次叫固辞，这就已经很坚决了，除非极特殊情况，否则就不能再谦让了，再谦让就是失礼。就算事情特殊，最多也只能辞三次，例如受禅让的皇帝……如果大家现在都按规矩来，就可以做到适可而止，生活岂不是更轻松了？

对于创业者而言，不论我们的使命是什么，其核心必然是创造某种秩序，秩序产生某种价值，价值的表现形式对内就是我们的企业文化，对外就是公司的品牌形象。而这种价值就是公司的价值观，而公司价值观的主体部分则来自作为创始人的个人价值观。

所以，作为企业创始人，我们什么都可以不管，什么都可以不做，唯独两件事一定要亲自抓，一是企业文化，二是品牌形象。当然，这两件事归根到底其实只是一件事，那就是价值观，以及由它生发出来的那个使命。

一心想发财就真的能发财吗

持而盈之，不如其已；揣而锐之，不可常保。金玉满堂，莫之能守。富贵而骄，自遗其咎。功遂身退，天之道。（第九章）

这又是被误解较多的一章。

"不如其已"，这个好理解，就是不如适可而止。关键是什么叫"持而盈之"？不理解这个，就不知道老子说的是什么适可而止。很多人把这句话理解成做什么都不要追求极致，都要适可而止。于是那些好吃懒做的可算找到依据了，你看老子都说了，不能追求极致，要适可而止，凭什么让我考高分？凭什么让我出业绩？凭什么让我把预算作准、保证系统没有漏洞？凑合凑合就行了！

我们说《道德经》是诗的语言，诗也有诗的问题，也就是只有那些有了基本价值观的人才能看懂，才能获益，而那些连基本价值观都没有的人，看不懂，乱理解，反而容易被带到沟里去。而偏偏越是没什么基础的人，自己越认为自己了不起，所以只能在错误的路上越走越远，拉都拉不回来。

持，拿着端着，总之就是刻意持续着；盈，是个动词，使之盈，也是一个主动、刻意的行为，就是刻意去追求完满。

揣，不管各个版本里这个字用的是什么，但是都不影响我们对这句话的理解，就是刻意使其尖锐。

所以，我们再放到句子里面去理解，老子说的是什么？是不要"刻意"追求那些盈啊、锐啊之类的"功利"。怕我们理解偏了，误以为是什么都不追求、混吃等死，人家还特意补充了几句来相互印证，"金玉""富贵"这些功利太多了，守不住，会出问题。

功利和非功利有什么区别？很多人分不清楚。例如我们上班，如果目的只是为了赚钱，这就是功利。老子就劝我们，不要刻意追求赚钱。我们刻意追求赚钱，反而赚不到钱，这就是为什么那么多人问，"我都已经很努力了，为什么还是赚不到钱"。因为我们事事向钱看，跟周围的人斤斤计较、锱铢必较，人家怎么可能跟我们合作？不合作怎么可能赚到钱？越赚不到钱越着急，越着急就越盯着眼前这点工资，越看越觉得少。就这么点钱，凭什么让我努力，于是每天想方设法上班摸鱼，甚至提问"怎么才能光明正大地摸鱼"。当别人不计回报、通过工作磨炼自己、提高自己的时候，我们却在那里一边摸鱼一边骂人家"工作狂"，结果呢？人家升职加薪，我们还是那点工资。

其实，我们如果把目的定为创造价值，结果可能就截然不同了。怎么创造价值？正确的做法是，自己努力做好每一件事，获取业绩；帮助周围每一个人，让大家都获取业绩；让公司越做越好。

有些创业者，他们倒不急于赚钱，但他们急于上市圈钱，这个目标虽然长远了些，但毕竟还是功利的。只要是功利的，就必然存在同样的问题，我们会刻意追求上市，就会与人争利，要么与用户争利，要么与员工争利，要么与投资人争利。只要我们争利，人家就必然会反过来跟我们争利，争起来就没办法合作，不合作就很难产生利益，如此恶性循环，我们的目的就很难达成，求之不得便灰心丧气、一蹶不振。

一个真正的创业者，必须要有一个使命，使命不能是功利的，不是要赚多少钱、要多么出名、要把企业做多大，而是把产品做好、把服务做好，甚至创造出一种新的模式，在更高层次上发现人们的需求并满足他们。通过解决人们的需求创造价值，当我们创造出价值的时候，社会机制、市场机制必然会回馈给我们与价值同等的功利，或者名或者钱，或者两者兼而有之。

这才是正确的起跑姿势。起跑姿势正确并不能保证我们能跑到终点，但起跑姿势错误，是一定跑不到终点的，甚至跑不了多远就要摔跟头。

有人可能会说，那些靠投机取巧发展起来的"暴发户"你怎么解释？不用我来解释，老子不是说了，我们如果只看着功利，即使金玉满堂也守不住，富贵之后骄奢淫逸，是自取灭亡。这不是诅咒有钱人，不是仇富，这就是客观规律。

有个关于买彩票、拆迁户拿到钱之后重新返贫的统计，有兴趣可以去查查，只能说触目惊心。还有一些关于暴发户、赌徒、股民致富之后返贫的调查，其比例同样骇人听闻。

为什么会这样？因为我们的财富、地位要与我们创造的价值对等，这是社会规律。我们能够创造的价值，又要与我们的德，也就是价值观对等，也就是我们有多么高的人生追求，才能够创造多么大的价值。这也可以解释刚才那个问题，为什么越想赚钱越赚不到钱。

很多暴发户，最初致富确实有很大的运气成分，但是随着财富的增加，人家不断地学习、成长，有意识地提升自己的"德"，逐渐地把目标转移到创造价值之上，补课补得好，最终也会创造出与财富相匹配的价值。

改革开放之后的第一代企业家，现在做得成功的，大体都是这个过程。有一位企业家就说过，自己刚开始创业那会儿就是为了赚点钱，养家糊口。后来做大了，有钱了，看到企业那么多员工，拖家带口地跟着自己，于是觉得自己要养活他们，让他们也赚到钱。后来，做得更大了，发现中国人都买外国品牌的车，一台车可能就是一个家庭多年的积蓄。于是，他就想自己应该让中国人都开上便宜又好开的车。他现在的想法就是要造出便宜又好开的车。结果呢？创造了著名的中国自主汽车品牌。养家糊口、养活员工、让所有人开上便宜又好开的车，这些目标也都实现了，而且还在不断地超越。

当今的中国是有史以来最好的时代，正处在发展的上升期，网络、物流、交通、制造等基础设施发展迅速，但人们却还有大量的需求没有被满足，物质的需求总体上改善了一些，精神的需求还很不平衡、很不充分。

我们这一代创业者又不用去走老一辈的弯路，我们有的是时间和精力去把使命想清楚再去创业，或者就算没想清楚开干了，也不打紧，随时随地可以补课。"使命"才是创业者的精神支柱，有了"使命"才能有"虽千万人吾往矣"的气魄。

功遂身退，不是让你成功了就退休，老子那会儿没有退休一说。这里说的退，就是"后其身"，就是"外其身"，有了功绩，不要与人争，把功绩让给别人，谁愿意要谁要，反正我不要。为什么我不要？不只是看不上，更因为看不到。我的使命是什么呀？达到了吗？还远着呢。功遂身退，绝不是让你退休、甩手不管了，是让你不要争名夺利，而要把心思放在使命上，一心去追求道。

使命能不能当饭吃

人之生也柔弱，其死也坚强。万物草木之生也柔脆，其死也枯槁。故坚强者死之徒，柔弱者生之徒。是以兵强则灭，木强则折。强大处下，柔弱处上。（第七十六章）

人生下来的时候软乎乎，死的时候硬挺挺。草木生长的时候柔软脆弱，死的时候枯槁僵硬。所以，坚强的人死路一条，柔弱的人生生不息。穷兵黩武招致覆灭，就像树木又硬又直容易被风吹折。逞强是下策，柔弱方为上策。

毫无主见，随波逐流，别人说什么就是什么，自己一味跟风，这算柔弱吗？这只是单纯的弱，并不柔。《说文》："弱，桡也，"本义是因受力而弯曲变形，会意为差、劣、松软、力气小等。柔，《说文》中写道："凡木曲者可直，直者可曲，曰柔。"可见，柔不等于弱。

怎么才能柔弱？恰恰是需要一个清晰明确的目标，这个目标是唯一的，即便遥不可及，却"虽千万人吾往矣"。只有当一个人有了这样一个目标，他才不会计较眼前的蝇头小利，才会不计个人得失，一往无前。这种目标才可以被称为使命。没有使命，韩信不会忍受胯下之耻，终成一代兵仙；司马迁不会忍受腐刑之辱，著《史记》终成史家绝唱；范仲淹不会一天一碗粥分成四块，寒窗苦读，终成一代贤相……

很多人说，使命不能当饭吃，那是因为你的使命只是吃饭，最多也就加上个饱暖思淫欲。这种使命确实不能当饭吃，不但不能当饭吃，很可能会被拥有同样使命的人把你当饭吃了。可偏偏就是物以类聚，我们越争名夺利，围在自己身边的就越是跟自己一样争名夺利的人。越是被这样的人围着，我就越不会相信还有人真的会有"使命"。自己现在争得头破血流，越争眼越红，越争肚子越饿，到最后眼睛里全是对手，对手的眼睛里也全是自己，剩下只有一条路，要么我吃了你，要么你吃了我。

反观把使命当饭吃的人，你们争你们的，与我的使命相比，这点鸡毛蒜皮的小事算什么呢？做项目你想邀功，给你；你想升职，让你升；你想摸鱼，让你摸。在我眼里，你们不是对手，甚至你们都不是玩家，也就是游戏里面的NPC（非玩家角色）罢了。我要的是锻炼自己，我想做更多的事，做更多的事就可以获得更极致的体验。做了100万的项目，我就知道100万的项目怎么做；做了1000万的项目，我就知道1000万的项目怎么做；做了10亿的项目，我就知道所有的项目怎么做。做了经理，我就知道管理30人是什么体验；做了总监，我就知道管理100人是什么体验；做了创业者，我就知道创建一个公司是什么体验；创建过一个公司，我带兵就多多益善。当我们做大做强之后，没准还会遇到当年那些"NPC"，这么多年过去了，他们一点没有变。

我们希望打造一个怎样的"理想国"

小国寡民。使有什伯之器而不用，使民重死而不远徙。虽有舟舆，无所乘之；虽有甲兵，无所陈之；使人复结绳而用之。甘其食，美其服，安其居，乐其俗。邻国相望，鸡犬之声相闻，民至老死，不相往来。（第八十章）

这是老子的理想国。

治国要实现的愿景是什么呢？国土很小，人民很少。什、伯，都是军队编制，十人为什，百人为伯。什伯之器，就是军队用的兵器。虽然有充足的武力，却没有用武之地。人民生活美好，不会轻生，也不肯迁徙。虽然有船有车，但平时用不着乘坐。虽然有盔甲刀兵，却没有展示的机会。没有繁文缛节，结绳记事的方法就够用。

丰衣足食，安居乐业，人丁兴旺，国与国离着不远，没有那么多荒郊野岭，彼此可以望见，鸡鸣犬吠可以听到。可即便近，人民仍然不会来回迁徙。为什么？因为哪里都可以安居乐业，还折腾什么劲呢？

几千年后，我们追求的还是老子的理想国。《礼记》中《礼运篇》说："大道之行也，天下为公。选贤与能，讲信修睦。故人不独亲其亲，不独子其子，使老有所终，壮有所用，幼有所长，矜寡孤独废疾者皆有所养，男有分，女有归。货恶其弃于地也，不必藏于己；力恶其不出于身也，不必为己。是故谋闭而不兴，盗窃乱贼而不作，故外户而不闭，是谓大同。"

儒家的"大同"与老子的"理想国"如出一辙。墨子讲，"兼爱""非攻""交相利",殊途同归。中国是一个热爱和平的民族,是礼仪之邦,是文明古国,这些话可不是说说的。几千年来,多少英雄豪杰,抛头颅洒热血,我们的追求始终没有变过。埃及不是那个古埃及,印度不是那个古印度,只有中国还是那个古中国。

几千年来,中国不但没有老,反而在战火的洗礼之后焕然一新,凤凰涅槃,必将一飞冲天。作为这个时代的创业者,我们无疑是幸运的,而我们的公司也是一个个"小王国",当我们与员工一起将公司这一个个"小王国"建成"理想国"之时,也便是中国这个大国的复兴之日。

第二章

价值观

老子的世界观

道冲，而用之或不盈。渊兮，似万物之宗：挫其锐，解其纷；和其光，同其尘。湛兮，似或存。吾不知谁之子，象帝之先。（第四章）

"冲"这个字很有意思，经常跟"虚"连起来，叫冲虚，所以看起来他们的意思相似。既然叫相似，那就必然有不同，这又是矛盾的对立统一。有人说：冲，古代通盅，从皿从中，意思就是器皿内部的空间。虚是指大土堆，意思是四周空，跟盅正好是相对的，一个是外空，一个是内空。外空可以无边无际，同时也无依无靠；内空，却在外面还有一个承载。

所以说虚心，就是说把心变得空旷些，不要被认知束缚，表达这个意思就不能用"盅心"。但是道就只能是"盅"而不能是"虚"，因为它承载了万物，万物出乎其中，它不能虚，所以这里老子再次强调了"道可道"，只不过说出来了就不是"常道"而已，这不是虚无主义。

道虽然像中空的器皿，但它又跟普通器皿不同，因为它运转起来永远不会满，"不盈"就是它的一个本质属性。既然装不满，说它像盅也不大准确，更有些像不见底的深潭，这个深潭可能就是万物的祖先吧。

道做了什么呢？它消解了万物的锋芒，使它们没有任何一种与众不同；它解开了万物的纷乱，还记得之前的"玄"吧？纷字从绞丝旁，即乱七八糟、纠缠不清的丝，这些乱丝被道解开之后，就成了"玄"，挂起来可以染色的丝。

道还做了什么呢？它使万物的光相"和"，这个"和"我们要特别注意了，如果我们要用两个字形容中华文明的特点，"和"就是其中之一，而另一个就是"中"，连起来就是"中和"。古往今来，诸子百家，不论他们的道路之争、口舌之争有多激烈，但从来没有人否定这两个字。

我们看看《中庸》里面的解释："喜怒哀乐之未发，谓之中；发而皆中节，谓之和。"这是以情绪举例，但是我们可以引申一下，什么叫中？有但不表现出来叫作中。什么叫和？表现出来的与万事万物相和谐叫和。《中庸》全篇讲的就是这两个字，而《中庸》是四书之一，足见其重要性了。

"中"以后遇到了再讲，我们先讲"和"。和，古字是"龢"，左面是排管乐器，禾表音。所以，和字最初就指这种乐器演奏起来，虽然有很多竹管，发出很多音，但是这些音形成了和声，不但不互相影响，反而相得益彰，听上去比单个音还要动听，这就叫"和"，实际上也就是最大程度、最深层次、最广泛的共赢。

我们现在提倡和谐社会，就是希望社会之中，人与人之间能够合作共赢、彼此成就、交相利、兼相爱。把周围的人当作朋友，我们每天就如同朋友聚会；把周围的人当敌人，每天就如同去战场赴死，提心吊胆，惶惶不可终日。但是，要注意的一点是，为什么只是"和"光，不能是"同"光，而只能"同"尘呢？因为如果万事万物的光都一样，那人不就什么也分辨不出来了嘛！那样的话，人就不会演化出眼睛这个器官了。

那为什么要"同其尘"而不是"和其尘"呢？尘指的是最微小的单位。同字从凡从口，"凡"是古代抬东西用的"担架"，要两个人动作一致才能用，否则一边高一边低，东西不就掉下去了？所以，道要把万事万物的最小单位统一起来，否则所有事物连最基本单位都不同，那这个道怎么运行它的机制呢？

"道"是指人心中的"道"，而不是那个客观存在，只是那个客观存在在我们意识中的投影，或者说是我们的意识把客观存在高度抽象之后建立的一个模糊的模型。为什么要抽象？为什么还模糊呢？

一是因为我们的感性能力有限，无法获取客观世界的完整信息，我们能看到紫外光吗？能听到超声波吗？我就这么点米，能做多少饭？

二是因为我们的知性能力有限，就是前面讲的"名可名，非常名"，我们连基本概念都定义不清楚，怎么建立精确的模型？给我一摊稀泥，我能盖一栋房子？得有砖才行，对吧？可我们的知性能力连砖都还烧不好呢。

三是因为我们的理性能力有限，当然了，有了前面两个拉胯的打底，我们对精确模型已经可望而不可即了，多一个坏消息其实也只是雪上加霜，虱子多了也就不痒了。理性工具中，目前用得最多，也被认为相对可靠的一种叫"形式逻辑"，运用得好，我们基于少量直观公理，用演绎法便可以演绎出无穷无尽的定理用于描述客观存在，这个过程就是建模。可这套公理系统自己证明了一个"不完备性定理"，简单说就是，只要一套公理系统自洽，那么它就必然存在不能被证实、也不能被证伪的命题。而这种命题，通常就是公理系统的基础——公理。有什么影响呢？它说明了"形式逻辑"这棵大树看似枝繁叶茂，但它却没有根！没有根怎么了？没有根的话，指不定哪天说倒就倒了，一片叶子都留不下，从头到尾可能都是错的。听了这个消息我们绝望吗？

不过好消息是，基于形式逻辑做出的推理，经过实验验证形成的知识，到目前为止还都是稳定可靠的，我们叫它们科学知识。另一个好消息是，我们不只有形式逻辑，我们还有朴素逻辑和辩证法，而中国人恰恰就是这方面的高手，我们不但可以演绎，还可以类比和归纳，还可以用发展的眼光看问题。有了科学精神的加持之后，中华文明的回归开始了。

中华文明的特点是什么？"中""和"嘛！就像道，承载万物，永无休止；深不见底，源源不绝；澄澈通透，若有若无。你说这个道是怎么来的呢？我不知道。我只知道，它是一切"象"的源头。

最后还要补充解释一下"象"，这个字在甲骨文中就是一头大象的形状，画得还特别像。而甲骨文出现在商朝，说明商朝那会儿，中原还有大象呢，这倒是个有趣的事。后来这个字引申为看到的影像，再后来就引申为我们通过感性能力获取的一切信息的总和。

跟象并列的还有两个字，一个是体，一个是用。体，在西方哲学体系里面叫"being"，在他们的语言系统里是系动词"be"的变形。如果详细分析语义的话，中文里面没有一个严丝合缝对应的词，现在翻译成"存在"这样一个别扭的词也是迫不得已。

我记得回答过一个问题，为什么哲学家都不说人话？简单地说，就是因为他们陈述的不是人事。西方哲学追求严谨，崇尚形式逻辑，所以不愿意用类比法，非要用演绎法，所以只好自己发明一些词，用以精确区分他的概念与传统概念。所以像什么客观存在、物自体、自在、自在之物这些东西便应运而生了。

这样做似乎有点过了，既然可以使用自然语言进行阐释，为什么非要执着于形式逻辑、演绎法呢？类比也是自然语言的一部分嘛。既然选择了这个工具，发挥它的优势就好了，不然选择其他语言，例如数学不好吗？当然，数学工具的能力恐怕不足，只能用自然语言。可又不甘心好好用，本来没有乒乓球拍，只能拿着网球拍代替，就这样还非得追求乒乓球拍的握拍姿势吗？当然了，用网球握拍姿势打乒乓球可能效果不怎么好，但是起码要比现在强些吧？

我的欲望太多怎么办

五色令人目盲，五音令人耳聋，五味令人口爽，驰骋畋猎令人心发狂，难得之货令人行妨。是以圣人为腹不为目，故去彼取此。（第十二章）

老子是一位语言大师，而语言大师首先必须是一位生活的观察者、实践者，须时时留心、事事留意，凡事追本溯源，辅之以思辨，写出来的文字方能打动人心。

首先要说清楚，我们没必要追究什么五行对应五色、五音、五味之类的东西，至少在这里没必要。五行确实是中国古人建立的、用于预测客观世界的模型。但是现在我们有了科学模型，这个模型经过了更严谨的逻辑检验和实验验证，它的可靠性、实用性显然优于古人的模型。既然这样，我们以新的科学模型为基础去迭代就好了，用老子的话说，"有之以为利，无之以为用"，还是要跳出来，想清楚自己的目的，我们不是要为谁的模型来争高下，我们是为了道，为宇宙建模，模型只是工具，那当然是什么工具好用就用什么工具了。

那怎么看待五行学说？把它当作文化来看，而不是当作描述客观规律的模型。区别在于，看文化时，我们侧重其外延、引申义，追求的是模糊的境界，而不是精确的表述。文化的用途在于生成价值判断，而不是事实判断。好比有人画国画，善于画马，即便马画得再好，人人称美，也不算标本，真正研究马的习性、构造、生理等细节的，还得是动物学家。

那么画家就没有可取之处了吗？当然不是，他们为人类创造艺术，创造美，而追求美是人类四个基本欲望之一。科学发展到今天，毫无疑问已经是当今最可靠的模型了。所以可以用科学解决的问题，就要用科学解决。科学解决不了的，需要突破边界的，我们才需要求诸文化。例如关于光速恒定的基本假设、关于量子叠加态、关于宇宙大爆炸之前、关于黑洞之内，等等。这些基本假设是数学和形式逻辑无法生成的，这才是文化发挥作用的时候，而文化的载体是自然语言。

就拿"相对论"来说，其最根本的假设是光速恒定、时空弯曲，基于这两个假设，通过数学，就可以推导出一系列的模型来预测宇宙，这些当时令人匪夷所思的预言，现在已经被实验逐一证实了。例如通过水星进动，证实了光的弯曲，进而证明了时空在大质量天体周围会产生弯曲；观测到了引力波；观测到了黑洞……

但是，这些观测却仍然只能说明相对论是目前预测宏观宇宙的最优模型，可为什么不是理论最优模型呢？因为看起来并不是，爱因斯坦也认为不是，他的晚年一直在努力试图创造大统一理论模型，而目前看来，相对论在微观尺度上仍然与量子力学存在着不可调和的矛盾。量子力学的基本原理之一是"测不准原理"，这个原理基于时空不连续假设，而广义相对论的基础，则是假设时空连续。这在当前的科学框架里面已经是截然对立的两个方向，水火不容。

如何调和这么底层的矛盾？恐怕需要引入更加底层的假设。可这已经是理论框架的最底层了呀，再往下钻就凿穿了，下面什么都没有了呀！没关系，我们还有文化，还有艺术，还有想象力。总有一天人类会灵光乍现，再次给出一个如"时空弯曲"一样天马行空的假设，在新的假设下，我们可以调和原来的模型矛盾，并且建造更伟大的模型。

所以你看，文化就是这样，不鸣则已，一鸣惊人。我们回到原文，为什么说老子有生活？因为五色令人目盲，还真就是这么回事。例如霓虹灯看多了，我们会觉得看什么都灰蒙蒙的没有颜色。人的感官系统就是这样，高强度信号接收多了，就会逐渐适应，适应之后，对那些低强度信号的刺激，反应就不敏锐了。老子虽然没见过霓虹灯，但我估计他是看过五彩旗帜、锦衣云裳的，所以他才能总结出这一句。

五音令人耳聋，这句就更贴近生活了。去 KTV 唱过歌的人都知道功放有个混音功能吧？这个功能就是为我们的人声增加泛音，有了泛音，声音就不再干巴巴的，听起来好听，而且也更容易融入伴奏中。所谓泛音，就是在主音之外增加了音量小一些的音，使得主音不再单纯。我们平时说话也有胸腔共鸣、鼻腔共鸣，这些都会产生泛音。为什么在楼道里唱歌觉得好听？也是因为回声增加了泛音。但是，试试把混音调到最大，那就真的听不清楚唱的是什么了，不管咬字多清楚，听起来都是模糊一片，好像近视眼摘了眼镜看世界。这就是老子所说，五音令人耳聋。

五味令人口爽，这个"爽"可不是现在"爽快"的意思，这个"爽"是"爽约"的"爽"，当作差错讲，意思就是吃不出来食物的美味。如果单独看这句话，是分不清楚老子究竟是什么意思的，也可以解释成五味吃着就是爽，那样看来，老子说话还挺时尚的。但是，联系上下文，我们可就跑偏了，因为前面说的都是目盲、耳聋，所以呢，这个只能是爽约的爽。

说到吃，我倒是有个心得。很长一段时间，因为一天只吃两餐，甚至一餐，所以中间那段时间还是挺饿的。饿得实在受不了了再去吃饭就不能狼吞虎咽，那样胃受不了，所以我就尝试着细嚼慢咽。当我咬了一口馒头慢慢咀嚼的时候，平生第一次发觉，原来馒头是甜的，而且有着浓郁的面香。后来，我就爱上了这口，饿的时候，就喜欢掰着馒头小口嚼，边嚼边品，甚至舍不得咽下去，真是人间美味。

现在有一种菜，叫"下饭菜"，听起来好像是饭很难吃，非要就着这种菜才能咽得下去似的。我猜很多人长这么大了，可能还没品尝过米香吧？显然不是大家没吃过米饭，而是因为大家认为米饭需要用菜被带下肚里的，米饭本身能有什么味道呢？大家认为菜才有味道。菜是什么味道呢？其实我们也不知道，因为只能吃出来一堆调料的味道，像川菜的调料那么多，可能连调料味都吃不出来，最后就剩下麻辣咸了。

你说老子是不是很有生活情趣？驰骋畋猎，现代人可能很少有机会尝试了，但是大家知道有很多人钓鱼上瘾吧？为什么那么枯燥无聊的事会有人上瘾呢？因为渔猎是人类的天性，是求生欲的表现。我们的祖先在上百万年的时间里，始终是吃了上顿没下顿的状态。那些不喜欢渔猎的个体，因为缺少猎物早就被饿死了，他们的基因自然也就被淘汰了。筛选下来的，个个都是求生欲极强的好猎手。为了求生，只擅长渔猎是远远不够的，我们必须热爱渔猎，甚至为之疯狂。这种基因延续下来，不用说老子那个年代，就是到了现代，仍然有着不可磨灭的痕迹。如果现在放开狩猎，这项运动绝对是第一大运动，地球上的大型动物可能用不了1年就会被一扫而光。

为了保护生态，现在可能只有极少数地区允许狩猎了，而且狩猎需要狩猎证，还只能猎取规定的几样猎物。不能狩猎了，人们只好转向钓鱼，中国对钓鱼管理没那么严格，在欧美，钓鱼也是要持证上岗的。还有采摘，费那么大劲、花那么多钱和时间，图什么呢？也是满足求生欲的一种体现。原始人采集欲望与渔猎欲望都强，女性的采集欲应该多于男性。

难得之货，令人行妨。这个还用解释吗？被偷的、被抢的、让人眼红因妒生恨的都是值钱东西吧？什么值钱？物以稀为贵，越难得越值钱呗。

老子说了这么多，实际上就说了一件事，求生欲、繁殖欲这两种基本欲望，统称为私欲。他们是人的四种基本欲望中的两个，另外两个是求知欲和美欲。人的所有欲望都是由这四种欲望综合而成的。不过，古人受客观条件局限，他们在提到欲望时只强调了求生欲、繁殖欲，并没有认识到求知欲和美欲也是人的基本欲望。这一点我们心里要有数，否则我们就无法解释好奇心和强迫症了，古人忽视了这两点，结果导致他们认为"学海无涯苦作舟"，这是我要批判的。

话说回来，老子对求生欲、繁殖欲的描述是很到位的，他得出的结论就是，这两种欲望适可而止就得了，别吃着自己碗里的，还看着别人碗里的，给我两大碗米饭我能吃得下吗？这就叫"为腹不为目"。

老子的这个说法，确实要比儒家的"克己复礼"高明许多。实际上，我们并不需要"克"，正好相反，我们清净平淡，正是为了更好地满足这两种基本欲望，这应该叫"疏"。疏导自己的欲望，满足它，通过把它引向正途的方式加以利用。其实，儒家的本意跟老子所倡导的本没有差异，最终都是要使人恬淡从容，只不过这个"克"字用得略显生硬，于是一些道学先生便硬生生把大家拉向了封建礼教的歧途，可怜又可气。

有人可能不理解，不就是一个字嘛，至于动这么大肝火吗？这还真不是一个字的问题，这是一个方向的问题。如果我们"克己"，食色倒还好，可以随便克，大不了就是营养不良而已，也没什么大不了。但是，好奇心、追求美的欲望我们也要克吗？克了好奇心，谁还会去求知？克了追求美，谁还会创造美？这就不是身体营养不良那么简单了，这会导致精神的营养不良。

所以，对于所有欲望，不要一味地克，要疏堵结合，以疏为主。

如何构建自己的价值观

孔德之容,惟道是从。道之为物,惟恍惟惚。惚兮恍兮,其中有象;恍兮惚兮,其中有物。窈兮冥兮,其中有精;其精甚真,其中有信。自古及今,其名不去,以阅众甫。吾何以知众甫之状哉?以此。(第二十一章)

这个"孔",不是孔洞的意思,而是大、美好等意思。这个容,指储存、收纳,引申为气量、样貌。

前文中不是说不掉书袋的吗?为什么又开始说文解字了呢?因为这一章很重要,而市面上的翻译非常敷衍,以至于把人绕得云山雾罩,不知所以。很多别有用心之人把这章套上神秘主义外衣,打着老子的旗号到处招摇撞骗,害人不浅。怎么才能拨乱反正?其实也不难,把意思说明白、给一个严谨的解释,大家逐渐就会接受这个解释了。所以,正如老子说的,不要刻意而为,我们越是强迫人家信什么,人家反而会警惕地打量我们,觉得我们是不是有所企图?我们要做的只是把好东西拿出来,大家都不傻,看到了自然就会选择我们。这需要一个过程,慢慢来,不着急,也急不得。

所以这句话是老子在讲"德"与"道"之间的关系,通达、自洽的德,其所涵盖的内容必然是遵从且仅遵从于道的。为什么这句话那么重要?因为这句是老子第一次明示了德与道的关系。为什么德与道的关系那么重要?因为只有把德与道联系起来,我们的整个思想体系才能融会贯通,才能达到那个"一"。这个"一"不论在老子这里,还是在孔子那里,都出现过,而且都是点睛之笔。老子后面会说"圣人抱一为天下式",而孔子说"吾道一以贯之",这两个"一"都是一个意思,就是指"孔德",也就是无所不包、通畅自洽的价值观。自己的所思所想、所作所为,皆是在这个德的指导下完成的,前后一致,知行合一。在这种德的指导下不停地实践,越来越多的行动就会逐渐被固化到潜意识里面。当我们的大部分行动都能够由潜意识支配时，做什么便都圆融无碍、一气呵成，用老子的话说就叫"能婴儿乎"，用孔子的话说就叫"随心所欲不逾矩"。

举个例子就好理解了。好比我们打篮球，练习投篮。第一步，肯定是学标准动作，对不对？怎么学标准动作？看乔丹进球集锦吗？那样恐怕永远学不会投篮。因为乔丹的动作太连贯、太快，实战中还增加了很多其他细节，例如滞空、闪躲等。作为一个初学者，我们根本分不清哪些是标准动作，哪些是实战技巧，就更不用说那些技术细节了。所以，很多篮球爱好者都觉得乔丹投篮帅气，就都学乔丹投篮，结果没有一个学得像的，动作都不对，投篮就不准，就更别说帅了。

所以，练投篮就要从分解动作练起。手指、手腕、小臂、大臂、腰腹、腿、脚，每个环节都有技术标准，需要一项一项地看教学示范，自己模仿着做，录下来对比着标准来复盘，如此反复迭代，一点一点抠细节，把每一个环节都做标准。

这样就够了吗？当然不行，当我们练好所有环节之后会发现，这些环节之间是脱节的，自己甚至觉得做好一个动作就必然做不好下一个动作。那怎么办？还需要去练习连贯。就是把两个环节之间打通，让它们自然而然地发生，一气呵成。练好这个，我们的投篮就已经很准、很帅了。

那这样就够了吗？还是不够，练习时命中率80%，比赛中的命中率估计只有40%。为什么呢？因为比赛现场的情况瞬息万变，我们必须适应环境，尽可能地减小外界对自己动作的干扰，这样在比赛中才能稳定地发挥水平。

这样总该够了吧？还可以更好，那就是通过反复的训练，把动作、应变全部都固化到自己的潜意识里面，以至于不论外部是什么情况，我们都只会用标准动作投篮。外部的干扰来了，自己就会下意识地调整身体，自然而然地在干扰下完成标准动作。这种反应之快、行动之自然，绝不是临时起意能够想出来的，只能靠日积月累、熟能生巧。到了这种境界，我们才可以说自己会投篮，也才能被称为高手。

打篮球已经比较复杂了，但做人比打篮球岂止复杂千百倍。虽然训练的原理一样，但是很少有人能想象出来，做人这么一件复杂的事情，居然可以像打篮球一样，通过学习、实践，固化到潜意识里，实现"随心所欲不逾矩"？老子和孔子两位宗师异口同声地给出了答案，可以！

那么既然说德是唯道是从的，那我们接下来就要说一下道了，怎么才能追随道呢？老子这次没有使用类比法，而是选择了归纳法。之前习惯了类比的同学，到这可能就有点无所适从，习惯性地还把这些话当作了类比。然而人家本来是平铺直叙的，我们非要去类比，能比出什么呢？只能比出点神秘主义了呗。

老子的写作方法，跟我们现代人并没有区别，只是用了文言文而已。手法无非"赋比兴"，这三种手法从《诗经》开始就没变过。中国人如此，外国人也如此，即便到了现在，只要是写作就逃不出这三种手段。所以，人家之前"比"了不少，但是谁写文章也不能全篇都是比喻不是？所以这里就换了个口味，改成了平铺直叙。既然人家捞干的说了，就别死乞白赖地非得追求言外之意了。人家有言外之意的时候可以去体会，可人家就没有言外之意，体会个什么劲儿呢？能把书面意思理解了，就已经很不错了，因为这段涉及了形而上的东西，还是有些复杂。

道，恍惚不明，让人看不清楚，但其中却有"象"；模糊不清，让人捉摸不定，但其中却有"物"。什么是物？不是一般而言的那些事物，我们感知到的万事万物，在这里叫作"象"。什么东西的象呢？是物的象。这个物指的就是与象对应的那个"形而上"的物，用现代话说叫存在、自在、自在之物、物自体……是不是还不如老子说得好理解？

"物"这个东西"隐藏"于"象"的背后，我们不但没有"接触"过它，而且理论上也不可能直接"接触"它，所以就很难理解它。那我们为什么认为一定有物呢？因为我们看到了、听到了、摸到了"象"。象，又是古人用得绝妙的一个字，甲骨文就是大象的形状，画得惟妙惟肖。后来引申为我们感知到的东西。为什么说它绝妙？因为我们有个成语，就叫"盲人摸象"，有了这个词就不需要我再多做解释了，我们对世界的感知就是"盲人摸象"。

我们通过感知到的象，去判断其背后有"物"的存在。当然，也有人认为"象"就是我们自己生成的，心在晚上生成的"象"就叫"梦"。那么既然心在晚上可以自行生成象，为什么就不能在白天生成象呢？显然，也是可以的，白日做梦嘛！也就是幻想。那既然幻觉也可以生成象，我们怎么知道自己认为的象就是由物生成的，而不是由幻觉生成的呢？于是，就有了"唯心主义"。

随着脑科学、认知科学的发展，当我们了解了大脑的认知机制之后，逐渐开始放弃"唯心世界"。人就像一部手机，眼睛就是摄像头，耳朵就是麦克风，我们通过这些器官收集信号，然后传输给大脑处理。没有外部信号，我们则没得处理，这个模型浅显易懂，能够很好地做出预测，并且很多预测经过了实验验证，有这么好的一个模型，为什么还要"唯心主义"呢？

这里面复杂的是人有几百亿个神经元，这些神经元彼此可以互相作用、产生链接。我大胆猜测一下，这种神经元的链接可能正是人类想象力的生理基础。而想象力则是人进行一切复杂思考的基础能力。如此多数量的神经元，如此复杂的作用关系，已经是一个混沌系统了。然而，我们连最简单的"三体"问题都还无法给出解析模型，就更别提神经元系统了。

世间万物正好也是一个混沌系统，千丝万缕，包罗万象，而且我们又感知不到"物"，各种器官虽然感知到了"象"，可那水平也就比盲人略胜点罢了，那么请问，我们要如何去追求道呢？

答案就是利用我们自己的那套混沌系统去"悟"。如老子所说，这些象和物虽然深远幽暗、昏暗莫辨，但是其中却有一些"精"。"精"这个字就又引起人们的联想了，说是精气、精华等，各种牛鬼蛇神都出来了。"精"这个字，意思就是好米，引申为精华。老子从头到尾都是在讲道和德，人家不会动不动就精神分裂给你来两句修仙真言的。

这个精，指的就是诸多象中那些能体现道之精髓者，例如水、玄牝、谷、玄鉴、等等，这些象在书中一再出现，他们就是老子认为最能体现道的那些象之精华。而这些象也十分真切，体现出来的那些规律也是足以令人信服的。

以上就是老子所阐述的追寻道的方法，用现在的话说，就是同时采用类比法和归纳法，不断类比，不断归纳，反复迭代，不停地接近于道。

从今天一直向前追溯到古时候，有些"名"一直都在。名，前面讲过，就是概念，是语言的最小单位。哪些概念一直都在呢？象、物、精、信等这些用来引导人们追寻道的概念。正是因为有了这些概念，我们才能去认识万事万物。甫字，甲骨文就是田中长出青苗的图像，引申指万事万物。这个字很多人不去查字源，胡乱解释，反而弄得读者如坠云雾，我们这里不得不再解释一下。

我们凭什么能认识万事万物？就凭上面这个方法。也就是凭借对万事万物的观察，抽象出其中的精华，通过这些精华来构建我们的价值观，通过不断践行价值判断来迭代价值观，使之自洽、完备且宏大，最后用这套宏大的价值混沌系统中涌现出来的价值理性能力去悟道。

以人为本，恐怕我们别无选择

有物混成，先天地生。寂兮寥兮，独立不改，周行而不殆，可以为天下母。吾不知其名，字之曰"道"，强为之名曰"大"。大曰逝，逝曰远，远曰反。故道大，天大，地大，王亦大。域中有四大，而王居其一焉。人法地，地法天，天法道，道法自然。（第二十五章）

这是至关重要的一章，虽然还是在描述道，但实际上阐述了人与道的关系。确定人与道的关系为什么至关重要？因为，这是一个最基础的假设，是我们思考一切问题的前提。是道服务于人，还是人服务于道？如果只是人无条件服从于道,那么就变成了宗教,只不过最上面的那个主宰不是个人,而是个叫"道"的概念而已。

而老子在这章明确地指出了,"王亦大","域中有四大,而王居其一",这再清晰不过地表明了立场,人与道是并立关系!各位就不要费劲往宗教上面联系了!中华文明在几千年时间里,始终走的是"人本"路线,直到今天从未改变。

描写道的这段,其实倒没什么新鲜的,我们快速过一下。有一个东西在天地之前就已经有了。它无声无形,独立运行,没有什么可以改变它。它周而复始,从不停止,可以生成天地。我不知道它叫什么,勉为其难地给它命名为"道",用一个概念形容它叫"大"。大到可以不停地延展开去,延展到遥远之处,遥远到返回到原点,好像一个大圆圈,无始无终,无穷无尽。所以道大、天大、地大、王也大。宇宙之中有四大,而人占有一席之地。可人又何德何能,敢与道、天、地并立?因为,人效法地,地效法天,天效法道。那么道效法谁呢?道谁也不效法,它就是那个样子。

最后这句"道法自然"非常神奇,我不知道老子是怎么通过观察与思辨得出这个结论的,但这个结论与现有的科学模型高度吻合。当然,我们千万不能说老子是科学的,因为老子的方法只是思辨,并没有实验验证,所以即便他得出的结论与科学结论一致,也不是科学。

但是这事很有意思,因为按照一般人的习惯,是给客观世界找一个"第一因",例如盘古、上帝、神等。因为只有这样,看起来才有说服力,符合人类的朴素认知。更进一步,会说客观世界是个无限循环,是个圆圈,或者莫比乌斯环,没头没尾,无始无终,例如六道轮回,等等。这样也还算好理解,因为无始无终听起来情感上也能接受。

可极少有人敢说,第一因就是那样的,之前再没有原因了。因为,这不符合人们的直观感受,听起来就像是根本没有解释问题,而是把人家给怼回去了。而老子却偏偏就这么实诚,义正词严地说"道法自然"。如此理直气壮,居然使得很多人不敢相信这句话就是字面意思而没有引申。所以,这些人想方设法地去找言外之意，最后自然又是五花八门、千奇百怪了。

有人又会问，为什么你就敢确定老子这句就没有言外之意呢？因为老子整个这章用的都是平铺直叙的手法，"人法地，地法天，天法道"这一系列排比，也说得坚实笃定，除非说最后一句的时候突然精神分裂了，否则不大可能偏偏在这多出来一个言外之意。再与前后文综合来看，"道可道，非常道""强字之曰道"……俨然就是学术风范，如此严谨的一代宗师，总不会在最严谨的问题上给我们来点花花肠子吧？

而且，道法自然这个解释，正与现在的"大爆炸"理论相合。简单地说，大爆炸理论认为，在大爆炸之前，只存在一个"奇点"。那时候还没有空间，也没有时间。既然没有时间，自然就没有因果，没有因果，自然就没有逻辑，没有逻辑，自然就没有一切物理定律。所以为什么会产生大爆炸？答案是没有原因，因为那时候根本不存在因果的概念，连时间都还没有产生呢。或者说，如果有一个类似"原因"的东西存在，那么这个东西必然存在于四维时空之外，也就是存在于更高维度的空间或者平行宇宙。鉴于人类的直觉在宏观尺度和微观尺度上从来没有对过，我猜测，人类直观地认为仅仅存在单一宇宙这个直观判断，正确的可能性微乎其微，反倒是存在平行宇宙的概率可能更大一些。

扯远了，还是回到"大爆炸"。奇点爆炸的一个普朗克时间（即理论上最小时间单位）之后，产生了空间和时间，以及现在作用于万事万物的物理定律。这个状态，正好对应到了老子所说的"道生一"，这个一就是那个四维时空以及一切规律，也就是这个宇宙。宇宙的定义，上下四方谓之宇，古往今来谓之宙。宇宙就是整个四维时空，当然包括时空本身以及其中的万事万物。

天法道，也就对应上了。天，不只是指头顶上的蓝天，而是指一切包裹着地的那个东西以及地，也就是我们之前说的这个宇宙，也就是那个"一"。地法天，也对应上了，地就是我们脚下的大地，以及在地上的世间万物，其中自然也包含了人。人法地，也就好懂了。这可能是最早的地理决定论，这也是演化论的单纯思辨版。这不是一个比喻，人的外表、性格、文化特征主要就是由地理因素决定的，当然，决定的方式不是"风水"，而是演化。顺便说一句，"风水"最初讲的其实就是人类与地理之间的关系，只不过后来逐渐被迷信化了。

例如风水上喜欢山南水北，为什么？因为人生存需要水源，所以要临近水；但是洪水来了，离得太近，住得太低会被水淹死，所以要选择山坡上；中国很早就进入了农耕文明，农耕需要充足的日光照射，又需要充足的水源，同时不能被洪水淹没，山南水北的半山腰上，条件全部满足。同时山可以抵挡北方的寒流以及游牧部落骚扰……于是山南水北就成了风水宝地。

关于地理决定论也有很多例子。例如中原大地有着广袤的平原、充足的日照和降水，适合农作物生长，所以这片土地孕育了中华民族这个农耕文明；而希腊多山，陆地交通不便，但爱琴海上岛屿相望，风和日丽，非常适合航行，所以古希腊依托航海技术发展出了商业文明。

老子应该正是观察到了不同气候、地形、水土塑造了不同地域，而人们也各具特色的样貌、性格与习俗，才总结了这句"人法地"。今天看来，真是一语道破天机。

讲了这么多，不禁感叹于几千年前的一位老人居然凭借思辨就写出了这五千字，传诵至今仍然字字珠玑。感叹之余，更重要的是要看老子是如何推理出"天大、地大、道大、王亦大"以及"域中有四大，而王居其一"的。因为，人通过天地效法的就是道，所以人是可以追求道的，通过追求道，人可以同于"道"，正是因为人有了这样的主观能动性和可能性，所以人才有资格与道、天、地并立。

这就是老子的"人本"精神。对于我们创业者来说，不管我们的使命具体是什么，但服务于人、为人创造价值这一点是不可动摇的。这里面的人既包括了用户，也包括了团队。永远把人当人，不要把人当作机器，永远为人创造价值，而不是为资本，秉持人本主义，生而为人，我们别无选择。

心不正就什么事都做不成

　　上德不德，是以有德；下德不失德，是以无德。上德无为而无以为，下德为之而有以为。上仁为之而无以为，上义为之而有以为，上礼为之而莫之应，则攘臂而扔之。故失道而后德，失德而后仁，失仁而后义，失义而后礼。夫礼者，忠信之薄而乱之首。前识者，道之华而愚之始。是以大丈夫处其厚，不居其薄；处其实，不居其华。故去彼取此。（第三十八章）

　　这一章语出惊人，仁义礼智被全盘否定，很多人据此说老子是反对儒家的，也有人把老子理解成了虚无主义，更有甚者据此认为老子是反人类、反社会的。

　　为什么会这样？最主要的原因，还是自己的心不正。很多人心里充满了怨毒，怨父母没让自己当上富二代，怨同事、同学奋斗而让自己显得一无是处，怨老板、资本家剥削自己，怨男性没出息养不起自己，怨女性拜金看不上自己，怨社会不能给自己香车美女，怨打工内卷自己找不到活少钱多又体面的工作，怨民族不够强不能让自己鄙视其他民族，怨中华文明不能让自己找到精神支柱。戴着墨镜的人，就算站在大太阳底下，也会觉得世界暗淡无光。

　　次要原因是，这段讲得确实有些晦涩，如果大家没有接受过良好文言文训练，没有接受过系统逻辑训练，没有足够阅历，理解不了确实情有可原。之所以说这是次要原因，是因为那些"心正"但能力不够的人，人家看不懂不看就完了，理解不了一笑了之就得了，绝不会拿老子当幌子去散发负能量，因为人家根本没有负能量。

　　有的版本把这章作为全篇首章，也额外增加了理解《道德经》的难度。但是，好处也不是没有，他使得《道德经》变成了一部悬疑片，最后会有一个大反转，读完会让人恍然大悟，"原来老子说的是这么回事啊"！这种设计给人的冲击力可能会更强。沿着老子一贯的思路来理解，只需要在老子反对的对象前面加上"刻意标榜"这个定语，那一切困惑就迎刃而解了。

上德并不刻意去追求德，因为追求的是道，所以有德。追求德和追求道有什么区别？好比我们打羽毛球，练高远球标准动作，高手是把这些标准动作训练成了肌肉记忆，只要球来了，自然而然地就会打出一整套连贯的标准动作。他会去想每一个环节做得是不是标准、动作是不是连贯、发力是不是集中吗？不会。正是因为他不想，所以动作才能行云流水，才能把高远球打好。

下德刻意地去追求德，唯恐失去德，所以无德。还是打高远球，新手训练一定是从分解动作练起，蹬地、转胯、转肩、挥臂、旋腕、收指，每个动作都有很多的细节，需要一项一项地打磨。整个一遍练下来，分解动作没问题了，就要练习连贯了。很多环节是同步的，还有一些环节是动力链，一环扣一环，连贯做不好怎么打怎么别扭，还不如之前业余瞎打。为什么不能连贯？因为练得不够，没有把动作融进潜意识，每个动作都需要想，这一想就慢了，慢了动力链就断了，断了就发不出力了，高远球自然也打不远。下德的人就是这样，他们时时刻刻、心心念念想着"德"，为人处世不自然，反而会让人觉得惺惺作态。为了获得"德"这种回报而去做事，就好像为了把标准动作做对而去打球，反而适得其反打不好，所以叫作无德。

上德不会刻意作为，是因为"本应如此"，为什么本应如此？因为道就是这样，没什么为什么，这就是前面说的"道可道，非常道"。我们追求道的过程中，心里形成了一个半成品模型，那个模型就叫作德，现在叫价值观。虽然还不是道，但他具备了道的混沌特征，就是说不清。为什么觉得星空很美？不知道，语言无法描述，也不用描述，美就是美，这才是德。如果我们能列出一二三四来论证星空的美，那论述的已经不是星空，也不是美，而是具体的一二三四这些概念了。所以，老子才说"下德无为而有以为"。意思就是，虽然不刻意去做什么，但仍然有一个不刻意而为的理由，哪怕理由是为了爱、为了道义、为了信用，这些未必不好，但就德而言，已经是下德了。

如果德做不到，那就只能退而求其次追求仁了，仁者爱人。大家可能就困惑了，爱人有什么不好呢？为什么老子要批判仁爱精神呢？请各位注意，老子并没有评价好坏，老子说过"美之为美，斯恶也"，人家认为价值判断没有固定标准，只是相对而言，所以他不会犯这种低级错误自己打脸的。老子之所以说仁是一个退而求其次的选择，只是因为与德相比，他确实就是退而求其次了，这是一个事实，或者说这是形式逻辑推导的必然结果，并不带有任何主观因素。

为了理解这一点，我们要回顾一下，究竟什么是德？道是宇宙万物在人心中的投影，或者说，道是人类思维为宇宙建立的一个完美模型，它是一个理想状态。人类很难达到那个理想状态，因为我们用于建立复杂模型的最有效的工具是语言，广义的语言包括了自然语言、数学语言、机器语言，等等。全部这些语言加到一块，也没办法建立一个完美模型。但是，好在我们可以用类比的方式去建立一个模糊模型。这个模型虽然不精确，也不完美，不能做到百分百预测万事万物，但它终究还是更接近于道了。这个我们心中模糊的、不完美的、追寻着道所建立起来的半成品模型，就叫作德。

道的特点是，以万物为刍狗；德的特点与道类似，以百姓为刍狗。刍狗这个意象很重要，也是一个非常形象的比喻。刍狗是草扎的狗，粗制滥造，祭祀之后不是烧了就是扔了，其本身毫无价值。但是，它是祭品，所以又很神圣。因为不结实，要轻拿轻放，加倍小心。祭祀的时候摆在祭坛前面，人们对着祭坛行礼，看起来也就是对着刍狗行礼。一句话总结，就叫"对你好，但与你无关"。所以，德就是这样，没有任何目的，没有任何企图，你之所以觉得我对你好，其实并不是我为你做了什么，而是我在追寻着道，而你这个刍狗恰好沾光了而已。

各位觉得这种德，自己可以做到吗？是不是很难做到？难就对了，因为老子所讲的德根本就不是给我们普通人讲的，而是给天子讲的，诸侯勉强也可以参考，至于诸侯以下的士大夫都已经不适用了，那就更别说平民百姓了。为什么天子要修德呢？因为天子富有天下，任何一点喜怒好恶都会被一层层逐级放大。上有所好，下必甚焉，所以对待任何事、任何人都要慎之又慎。

一个合格的天子不能偏爱任何一个人，因为这种偏爱会给予这个人极大的权力，以至于权力失衡；也不能偏好一件事，喜好战争就会引发穷兵黩武，喜好女色就会引发荒淫无度；甚至喜欢学习、文艺、体育都不行，因为会有人钻营取巧，投其所好，自己也会玩物丧志。所以，天子这个角色不是人，天子是天的代表，他的所有行为要尽可能地符合道，所以他追求的是德。

可现在已经没有天子了，为什么我们还要学习《道德经》呢？难道我们也要学习做天子不成？天子虽然没有了，权力的焦点却永远都在，国家需要一个最高领导人，企业也需要一个老板，家里需要一家之主，这些角色在他们的管理范围内，就相当于天子。就算是一个普通人，也会有不同的角色，对父母是子女，对子女是父母，对老婆是老公，对朋友是朋友，对领导是员工，对员工是领导。这么多的角色要怎么管理？我们自己也需要一个天子的角色去统管所有这些角色。而天子这个角色，所要追寻的就是道，指导行为的就是德。

一个人有很多不同的角色，也不可能只按照德的方式去扮演所有角色。于是就有了仁。仁的基础是"恻"，也就是共情能力。看到婴儿在井边爬，光是想一想都要惊出一身冷汗吧？遇到这种情况，没有人会置之不理吧？这就是孟子所说的"恻隐之心，人皆有之"。正是这种共情能力使人类天生心中就有符合仁的部分。

那为什么说仁比德是退而求其次了呢？因为德离道最近，以德行事，不但可以使万物众生感受到我们对它的好，而且还可以使它获利，可谓两全其美。所以，德虽然没有刻意得仁，但却可以达到所有仁能够达到的效果，可以说，道兼容了德，德兼容了仁。

那仁与德的区别是什么呢？德的目标是道，仁只是过程中的副产品，我对你好但与你无关。仁的目标就是仁，我对你好就是为了你。求其上者得其中，很可能出现"妇人之仁"这一类仁而无用的东西，我只是爱你，但却对你一点帮助都没有。更糟糕的是，会出现"假仁"，我表演出一副仁的模样就好了，反正这就是目标嘛，达到就好，管他怎么达到呢？当然，这还不是最糟糕的。最糟糕的是，有人会借着仁的名义实施道德绑架，或者强行把自己的喜好强加于人。

坐车就有年纪大一些的人倚老卖老，强行要求年轻人让座，不让座就恶语相向，说人家没教养；熊孩子划了人家车，家长不但不道歉，还说对方抓住熊孩子是大人欺负小孩；自己听歌觉得好，就必须让别人听，说不好听都不行……

例子太多，就不一一列举了。孔子也意识到了仁存在的这些问题，所以当子贡问孔子，如果一辈子只遵行一句话，应该是哪句话？孔子并没有说"己欲立而立人，己欲达而达人"，而是说"己所不欲勿施于人"。就是担心后世曲解，给道德绑架找借口，不可不谓一片仁心啊。

而德就没有仁的这些问题，因为德是个人的事，不论是心还是行，都与他人无关，所以不可能被利用或者歪曲。所以，老子说"失道而后德，失德而后仁"。而义对于仁而言则又退而求其次了。义，可以理解为"仪"，指仪式，引申为一种人与人之间的精神契约。如果说仁还是符合人的本心、主动去爱人的话，那么义则带有被动性。这违背了人的私欲，要么影响求生欲、要么影响繁殖欲。既然违背了私欲，义的推动力就不能只来自于人的内在自发，而需要借助外力，最主要的就是来自于他人的评价。这样一来，问题就更大了，既然义来自他人评价，那如果有人通过影响他人的评价来确定我们是义还是不义，我们的自由岂不捏在了他人手里？

这种担心并不是多余的，中国古代王朝后来真的就走上了这条邪路，党同伐异、封建礼教、愚忠愚孝……这些都根源于义。当然，这并不说明义有什么不好，好像一把刀，可以用来做手术治病救人，也可以用来杀人。有人用刀杀了人，我们总不能去指责刀匠生产了刀吧？不是刀杀人，是人杀人。孟子提倡义，只不过是磨了一把锋利的刀。把刀磨得锋利无比不是孟子的错，后世的人不用这把锋利无比的刀治病救人，反而拿它去杀人，谁才是凶手？

无论如何，与仁相比，义的危险性更大，所以老子才说，仁做不到了再退而求其次才追求义。如果精神层面连义都做不到了，那就只好追求形式上的礼了，到了这个地步，已经是没有办法的办法了。所以老子形容礼，是需要刻意而为的，就算刻意推广，结果却是"莫之应，则攘臂而扔之"。攘，甲骨文的字形中左边是手臂，右边是庄重的礼服，指举起胳膊露出手臂，对于着正装的人来说这是很粗鲁的举动。扔，甲骨文字形是手里抓起一根树枝，指抓住一个东西丢出去。这个描写就非常形象了，就是我们去推销东西，人家不理我，我就强拉住硬塞给人家，用现在的话说就叫强买强卖。

前面说义已经带有强迫性了，但好歹还只是语言、态度上的强迫，虽然也算强迫，但并不强硬。可到了礼，可就真要动手了，古代不讲礼法，是要被判刑的，例如用了不该用的车子、穿了不该穿的衣服等。再严重点，可能就要掉脑袋了，不信我们穿越回去穿个龙袍试试？

道德仁义礼，就是一步步妥协，逐步退而求其次的过程。从道的自然，到德的效法自然，再到仁的发自内心主动爱人，再到义的半自发半强迫的牺牲，最后到礼的完全形式化的行为标准。所以老子说，到了刻意强调礼的时候，必然是道德仁义这些内在的、自发的东西已经淡薄到极致了。不忠不信的人太多了，迫不得已，才只好用礼去规范他们。所以，礼就是"乱之首"。这个首字要注意，很多人把他翻译成罪魁祸首，显然曲解了老子的意思。老子说礼是迫不得已的产物，可没说是因为礼才迫不得已的，因果不能搞混了。首，就是头，也指起始点。罪魁祸首这个词，要到明朝才出现，老子那个时候是没有这个用法的。所以，老子说礼是"乱之首"，就是字面意思，到了礼就要开始乱了，礼是乱的起始标志，而不是说因为有了礼才会乱。

前识者，识与认相对，我们现在常说认识，要先认而后识。认（認），从言从忍，指用言语对事物进行分割，分割成什么呢？分割成名，也就是概念。识，从言从织，指把语言关联起来，也就是把概念连接起来。概念连接起来就是理，从玉从里，指玉上雕琢的花纹，引申义指概念之间的连线，是不是很形象？而理继续综合就变成了知，也就是有用的经验。所以，前识，指的就是这些理和这些知。

老子把前识比喻为"道之华"，华就是花，华而不实就是只开花不结果。

意思就是，这些理和知虽然看起来很美，但那只是形式，如果我们刻意追求这些，那就是"愚"的开始。之前讲过"意"，也就是我们的注意力，这东西很活泼，但"带宽"却有限，如果放任不管，它就会像猿猴一样四处乱窜。注意力不集中，自然就显得愚蠢了。老子用这个字是想说，如果我们被"花"吸引，把心全部放在理和知上面，看花看太多，就会乱花渐欲迷人眼，反而分辨不清事物了。

所以，大夫们不居住于薄的地方，薄的是什么，是礼；而应该处于厚的地方，厚的是什么，道德仁义，道最厚，依次递减。不应该居住于花，花是什么，理和知；而应该处于果实，果实是什么，当然是心中那个半成品的道，也就是德了。

老子讲这些，是讲给大夫听的吗？当然不是，仍然是讲给天子、君主听的，所以最后才有这么一句"故去彼取此"。意思就是，因为大夫们应该处其厚、处其实，所以我们作为创业者的，要取其厚、取其实给我们的团队营造良好环境，这样才能把大家凝聚起来，自己才能无为而无不为！

创业者至于公司而言，在某种意义上来说，其实就是那个君主了。

人是什么

道生之，德畜之，物形之，势成之。是以万物莫不尊道而贵德。道之尊，德之贵，夫莫之命而常自然。故道生之，德畜之，长之育之，亭之毒之，养之覆之。生而不有，为而不恃，长而不宰，是谓玄德。（第五十一章）

这一章我们讲讲人。

何为人？道生成了人这个精神与躯体对立统一的矛盾体。德，养了人的精神（古时候称之为"心"）。人在情绪大起大落时，血压会产生急剧变化，而心脏对这种变化的感受最明显，古人又不重视解剖学知识，所以他们便误以为"心"是精神的载体。不只是在中国，很多语言都对心赋予了器官以外的意义，英文不是也说"with all my heart"（全心全意地）吗？到现在，在"心"的诸多含义中，反而是心脏这个器官的含义并不重要了，而表示"精神"的那个含义才是最重要的。德畜之，养的就是心，而决定身的行动的也是心，所以德养的就是身心合一的人的整体了。

物质形成了人的躯体，古时候称之为"身"，与"心"相对。我们在这里，有必要给"身"与"心"这两个关键概念下一个清晰的定义，否则后面讲起来容易一团糟糊。我们在人的"感性能力"上方画一条界线，这条界限以内的，我们称之为心，以外的称之为身，当然，"感性"属于心，它是心与外界沟通的入口，也是心的一切运动的发端。

所谓感性，就是人类通过感觉器官去获取外部世界的信息，包括视觉、听觉、嗅觉等。这些器官之于人，就好像各种传感器之于手机，例如眼睛就好像摄像头，把外界的图像采集起来，加工成信息传送给处理器，处理器通过程序来处理这些信息，最终形成判断，即要做什么，这也就是"应"。这个由感到应的过程，就是我们熟知的"感应"，所谓"天人感应"原本说的就是人的认知机制发挥作用的这个过程，只不过后来被别有用心之徒给神秘化了。

人脑就是手机处理器的角色，属于硬件，而那些处理信息的程序，就是"心"了，是软件。这个软件从外部获取信息的接口，就叫作"感性"。获取信息之后紧接着的一步，就是把信息分门别类，形成概念，也就是"名"。概念是一切知识的起点，所以我们把形成概念的能力称为狭义的"知性"。当然广义的知性还包括了通过"工具理性"加工，最终产生"知"的一系列过程。

有了概念之后，我们对概念进行分类、聚类、类比，使概念之间形成链接,这种能力叫作"理性"也叫作"逻辑"。由于这种理性主要针对客观世界,实际上是人类理解世界的一种工具,所以也称为"工具理性"。

与工具理性对应的,是人类进行美与丑、善与恶等价值判断的理性,这种理性被称为"价值理性"。一个人的价值理性是如何形成的?说不清楚,背后是一个混沌系统,这个混沌系统,现在被称为价值观,也就是老子所说的"德"。

除了工具理性和价值理性之外,人类还有另外一种判断模式,那就是直接触发欲望、产生情绪、脑子里闪现出一个念头。这条路径很原始,动物也有,我们人对它驾轻就熟。所以绝大多数人感觉不到这是一条路径,反而觉得这就是感性那个点本身,所以他们误把这条线路称作了"感性"。确切地说,这种拍脑袋的线路应该叫作"直觉",它是一种动物本能,就是"觉"了之后一直到欲、到情、到念,一条线下来中间没有拐弯,所以才叫"直觉"。

以上就是心作为软件的三个模块以及身与心的界定。

回过头来,我们再说一下"势成之"。势指的就是事物依靠力量而随着时间逐渐成长的过程。势成之,就是说人是具有时间维度的,一个人并不仅仅是当前时间节点上的切片,而是一切历史与未来的总和。我们可以把人想象成一条时间轴上面的虫子,出生是头,死亡是尾,从出生到死亡的这一段,便是人。

老子用这四句定义了人。人即是由道生出的心与身对立统一的矛盾体,这个矛盾体具备一切道的特性,它不是静止的,而是运动的,是通过自我否定不断发展的,是量变引起质变的,是与其相关的一切过去以及一切未来的总和。

人最贵重的是什么呢?当然是心。但心里面又包含了欲、情、念;名、理、知;恻、仁、德,这三个维度,就叫它们"道心三维"好了。这三个维度互相垂直,互相作用,其中哪个才是最重要的呢?答案当然是"德"。

我们来做几个思想实验,来证明一下这个观点。首先,德能不能控制"欲、情、念"一线?假如我们和父母都一天没吃饭了,这时候有人给了一碗饭,请问我们会不会像野兽一样去争抢呢？大概率不会对不对？是什么限制了我们的求生欲，阻止了抢饭吃的念头呢？当然是德。因为我们的德不允许自己同父母抢食，同样父母的德也不允许与我们抢食。最终，大家可能一人吃上一点，虽然都吃不饱，但是都能活下来。这也是人类演化出"价值理性"的原因，因为只有这样，群体才能够利益最大化。

其次，德能不能控制"名、理、知"一线？假如我们和孩子遇到火灾，看着熊熊燃烧的大火，自己心里清楚得很，如果自己一个人跑，应该可以逃出，而如果背着孩子一块，很可能大人孩子一起葬身火海。我们会抛下孩子吗？大概率不会，对不对？宁可共赴黄泉，也不能一人独活。是什么限制了我们的求生欲，让自己奋不顾身救孩子呢？当然还是德。因为自己的德不允许自己抛弃自己的孩子，那样就算逃了出来，后半辈子也无时无刻不被良心谴责。这也是人类演化出"价值理性"的原因，虽然短期看是一个双输局面，但是我们的牺牲可以感召无数人，每个人能舍己为人一点，整个群体会获得难以想象的收益。

最后，我们用反证法印证一下，如果最重要的是"工具理性"会怎么样？工具理性的特点是，只要假设相同，结论就必然相同。如果人只具有工具理性的话，理论上所有人对同一件事物的判断就是完全一致的。判断一致，行为也就一致，如果所有人的行为都一致了，人与人的区别是什么呢？我之所以为我，正是因为我与他人的判断不同、行为不同，否则我不就是个不能自主的机器人？所有人不都成了同样的机器？

如果最重要的是"直觉"呢？那不就变成一群野兽了吗？只知道吃饱了交配，人挡杀人，佛挡杀佛。以人类的战斗力，失去了社会协作，恐怕分分钟就被"职业野生选手"秒杀了。

综上，正着看反着看，人类最重要的只能是德，也就是价值观，没有之二。

而德是什么？是个混沌系统对不对？混沌系统的特点是什么？无法建立解析模型对不对？任何一个微小的输入变化，都会引起巨大的输出变化，也就是"蝴蝶效应"。所以，德与道类似，我们知其然而不知其所以然。既然无法解析，那么德对于我们来说就是"自然"的，本就是这样，没有为什么。

道生成了人，德畜养了心，心引导着"工具理性"与"直觉"去指挥人。德使人成长，但同时也对人加以规范。德不会任由一个人野蛮生长，它会不断匡正人的行为，最终使之成为对人类社会有用之人。

德庇护人，同时也磨炼人。不得不说，老子对德的描写非常形象。他告诉我们，德不是一个单纯的褒义词，德与仁不同，仁只是单纯地爱人，德可不是。当我们按照自己的价值观做事，就算穷困潦倒，被那些笑贫不笑娼的人看不起，德还可以是我们的避风港，让疲惫的心灵休养生息。但是，一旦我们违背了自己的价值观，例如拿了不义之财，就算其他人把自己高高捧起，德却会在我们的心中种下一棵毒草，随着时间推移，这棵毒草会越来越大，让我们的良心饱受煎熬。

德畜养人，同时也折腾人。覆，字形中上面是一个扣着的器皿，下面是行和复，指颠倒。没有人的价值观是生下来之后就一成不变的。德在畜养人、使人成长的过程中也在不断地否定，否定再否定，人才能够成长。

读书的时候，我们有没有看不上周围那些埋头苦读的好学生？说人家放着大好青春不去吃喝玩乐，是不是脑子坏了？刚工作的时候，我们是不是看不上小领导，觉得他就会挑些鸡毛蒜皮的小细节，还没有自己有水平？

现在再回头看，会不会后悔当年在学校没有多读几本好书？如果那时候多读几本好书，自己是不是可以早想通一些人生的道理，不用苦苦挣扎、摸爬滚打这么多年，直到翻开书才恍然大悟，原来自己辛辛苦苦总结的，先贤们早就已经说过了。

当了领导之后，看着下属提交给自己的连格式都不统一的PPT、数都对不上的报表，勉强压抑着心中怒火，让他们回去重做的时候，会不会为自己当初工作上的得过且过而脸红？

一个人看十年前的自己觉得脸红、丢人，这是正常现象，说明我们的德没有放弃自己。它生成了我们，却不拥有我们；它指引我们作为，却不自恃其功；它使我们成长，却不主宰我们。这个说不清道不明的德，就叫作"玄德",其实它才是真正的我们。

为什么成大事者都有一颗赤子之心

含德之厚,比于赤子。蜂虿虺蛇不螫,猛兽不据,攫鸟不搏。骨弱筋柔而握固。未知牝牡之合而全作,精之至也。终日号而不嗄,和之至也。知和曰常,知常曰明,益生曰祥,心使气曰强。物壮则老,谓之不道,不道早已。(第五十五章)

又是神秘主义重灾区!都说了儒道本是一脉相承,这一章的核心意象"赤子"使儒道两家又撞上了。后来人能把儒、道分得那么清楚,还一副你死我活、势同水火的架势,也真是够难为他们的。

只要"赤子"这个意象一出现,老子就要使用比喻和夸张的修辞法了,因为不比喻、不夸张,一般人难以理解这个意象背后的含义。要我说,关于"赤子",孔子解释得就很好,就是"随心所欲不逾矩"!

骑车骑熟了,不用想怎么骑就可以骑得飞快。羽毛球练熟了,不用想怎么打就可以赢得比赛。篮球练好了,不用什么花哨动作,一个停顿加速急停跳投就得分了。逻辑练熟了,遇到问题不自觉地会问"是什么""为什么""如何做",回答完问题就解决了。格物熟练了,有了念头就会分析情绪,有了情绪就会分析欲望,有了私欲就引导向通欲,自然就没有邪念。情绪稳定了,学会了做人,有了完备的价值观,一切行动遵照德的指引来做,自然就"随心所欲不逾矩"了。

这种融会贯通,技术、方法、方法论、价值判断全部融入潜意识之后,其表现就是"赤子"了，这就叫"含德之厚"。

赤子什么样？泰然自若地躺在那，毒虫不蜇咬，猛兽不抓挠，猛禽不搏击。筋骨虽然柔弱，但是手却可以牢牢地握住东西，不知道男欢女爱之事，却可以勃起，这就是活力到了极点。整天地哭，嗓子却不沙哑，这就是"和"到了极点，发而皆中节谓之和，就是不早不晚、不快不慢、不多不少，正好在节度上。

再次强调一下，这就是比喻加点夸张的修辞法，诸位可千万别当真。婴儿演化出来的"可爱"模样，倒是有可能降低野兽的攻击欲望，不过万一野兽好奇，过来用爪子扒拉扒拉，那可是很要命的，千万不要尝试。至于抓握得牢，这就是演化的结果了，据说是因为人类早期生活在树上，婴儿出生之后需要抓握树枝避免掉下去，所以筛选出来了新生儿的抓握能力。勃起、哭闹也是演化的结果，这没什么神秘的。

老子这段描写，其实就是在给人指路的时候，因为路太远，怕人不信，"明道若昧"嘛，所以用了一个夸张的动作去指。动作虽然夸张，但也只是为了引起注意，我们关键还是要看人家指的路，别瞎琢磨那个夸张的动作是什么意思了。

知道"和"叫作"常"，之前讲过"和"了，如果选出中华文明最重要的两个形容词，"和"就是其中之一，另一个叫"中"。凡事有节度，符合节奏，在节点上，当然可以长久。知道"常"称为"明"，自发光叫明，能长久的自然不可能依靠外力，自己必定是太阳。

益生曰祥，不大好理解。祥，字形是示（祭坛）旁放了一只羊，指预兆。老子那个年代，吉兆叫祥，凶兆也叫祥，例如祭祀死者的凶礼也叫"大祥""小祥"。这个字是到了很久之后，才逐渐演变得只剩下了吉兆，也就是"吉祥"的"祥"。所以，后面这两句跟前两句相对照，说的就是反面了。贪生纵欲就是凶兆，不顺其自然地滥用精神气力，叫作"强"，就是"强梁者不得其死"的"强"，也就是强横的意思。

所以物壮而老，盛极而衰，因为违反了道，作死就死得早。老子在说什么？不作死就不会死嘛。拿赤子做对比，让我们追求私欲的时候也可以对照一下，看看自己是不是又作死了？赤子无欲无求、人畜无害，所以大家自然也不会伤害他。赤子顺其自然，不假装，不做作，该哭哭该笑笑，精气神十足，永远不知疲倦。所以，我们想与别人争名夺利的时候，违背良心的时候，曲意逢迎的时候，逢场作戏的时候，想想赤子会这样做吗？赤子不做，我做了，我不就是作死吗？

可私欲永远都有，控制不住怎么办？要通过格物去格自己的"欲情念"。格透彻之后自己看看，是求生欲还是繁殖欲没有被满足？吃不饱了还是找不到老婆了？都不是？那我还想吃多少？要几个老婆？把多余的精神头转移到通欲上面去，去求知，去创造美，不好吗？

老子的三宝是什么

天下皆谓我道大，似不肖。夫唯大，故似不肖。若肖，久矣其细也夫！我有三宝，持而保之：一曰慈，二曰俭，三曰不敢为天下先。慈，故能勇；俭，故能广；不敢为天下先，故能成器长。今舍慈且勇，舍俭且广，舍后且先，死矣。夫慈，以战则胜，以守则固。天将救之，以慈卫之。（第六十七章）

老子应该是对很多人阐释过他的思想，大家给他的反馈是，"你说这些大道理有没有什么用？"老子的回答是，就是因为大，才显得没用。如果有具体的作用的话，时间长了就变成了细小的技巧，那还是道吗？

接下来，出现了一个很重要的概念，理解了这个概念也就理解了儒道之间的差别。这个概念就是"慈"，对应的儒家概念叫作"仁"。现在我们把

"仁慈"并称,已经变成了一个词。可实际上,这两个字是有很大差别的。慈,是上对下的爱,所谓父慈子孝是也。仁者,爱人,下对上,上对上,下对下,这些爱都叫作仁,但是,众多的爱中,要把慈的那种上对下的爱刨除,剩下的才是仁。我们从来不会说父母对子女仁,而只会说父母对子女慈。

支撑慈的是德,为什么要慈?因为我的价值观认为慈是好的,所以我才要慈。所以,我虽然对万物慈,但实际上并不是因为万物,万物还是祭坛前面的刍狗而已,而祭坛则是德,所祭祀的则是道。

支撑仁的是什么?孔子没有说。所以,在后代的儒家思想体系里面,仁就是一切的根源,仁没有原因,仁就是第一因。但孔子说过,"吾道一以贯之"。虽然曾子解释为"忠恕而已",但那只是"吾道"的"用",是"吾道"在实践中的具体体现,但"体"是什么?没有记载。记载的只是"子不语:怪力乱神""未知生,焉知死"。从这些话可以看出,孔子对形而上的内容是非常克制的。不过,克制归克制,这么大的宗师,他不可能不贯通形而上与形而下。如果他的形而下没有形而上的根基的话,不可能如此完备、自洽。

从孔子问道于老子,以及孔子将"仁"作为形而下的根基,再加上种种思想的高度重叠,我们只能推导出一个结论,那就是孔子的形而上部分就是老子的形而上部分。也正是因为老子已经谈得很清楚、很透彻了,所以孔子没必要继续谈形而上,转而将注意力放在了对形而下的研究上。

对于形而下,孔子与老子也进行了分工。老子讲的所有内容,实际上针对的都是天子、君主,谈的都是如何做一个合格的老板,也就是为君之道。但是,老子却几乎一个字也没有谈及为臣之道以及为人之道。

我所实践的《道德经》,也只是用于学习,用于做事,用于创业,用于做老板,最多做领导的时候可以借鉴一下。至于如何做员工,如何做人,想应用《道德经》就不得不转一个弯。要设立一个角色去做自己所有不同角色的"君",就叫这个角色"心君"吧。然后,我们站在"心君"的立场上去应用《道德经》,引导我们承担的各种不同角色,员工、子女、夫妻、朋友,等等。

而孔子则不然,孔子讲的是为臣之道以及为人之道,当然最终还是为人之道。也就是教我们这些普通人，如何去做一个人。看似有一些为君之道，但实际上孔子还是把君当作了人在教育，尽管你是君，但你首先得是个人。

一个真相呼之欲出，为什么历代帝王都是外示儒术，内尊黄老？因为老子才是真正的"帝师"，老子教的才是对症下药的帝王心术，老子是帝王专业教练。而孔子是"人师"，是教育所有普通人为人处世的，是教"做人"的专业教练。好比一个球队里的技术指导和体能教练，虽然都帮助球队取得成绩，但是术业有专攻，侧重的东西并不一样。

不过，对于一个人来说，老子和孔子两位教练少了哪个都不行。少了老子，就不会做事，做不成事；少了孔子，就不会做人，做不好人。如果只有老子，虽然杀伐决断、一呼百应、大业有成，但性情难免流于凉薄，不食人间烟火，生命缺少温度。所以需要孔子从中调和，以仁爱之心施恩于人，人再以感恩之心报我以义，循环往复，人才有了人情味。

如果只有孔子，虽然有情有义，但别人一旦恩将仇报，自己则容易动摇，因为我们的仁没有支撑，解释不了不仁的行为。既然解释不了，就容易抛弃仁爱，而堕入仇恨，走向另一个极端。这时候，就需要老子出来匡正，为我们解释仁的背后是德，德的背后是道。我们可以不去追求仁，而去追求道，最终结果殊途同归，一样可以达到仁。

这就是儒道之别。老子只谈慈，君主对子民，便如同父母对子女。子女一旦有危险，做父母的是不是会奋不顾身？这才是真正的勇。俭，是对自己节俭，可不是要求别人节俭。宗师们有一个共同特点，那就是给大家讲的所有标准，都是让我们要求自己的，从不是让我们去要求他人的，这叫"反求诸己"。"俭"就是控制自己的私欲，控制了自己的私欲，不与人争利，才会获得广泛的拥戴。不敢为天下先也就是"后其身而身存"，后面遇到再展开。

如果舍本逐末，不追求慈而直接追求勇，那不就是好勇斗狠、穷兵黩武了吗？不追求克制私欲，却一味要求别人遵从自己，不就成了荒淫无度了？自己事事争先，却要求别人把他们的利益让给自己，不就是暴虐无道吗？这些都是作死。

如果我们爱团队成员可以像爱子女一样，必然会得到团队的拥戴。团队拥戴，万众一心，众志成城，不就可以战无不胜了吗？还担心守不住基业？就算有强敌环伺，想要不被消灭，也只有打造慈爱的团队，凝聚人心这一条路了。这一条，看起来就是专门对我们现在这些创业者说的。

　　有人可能会问，不是说以百姓为刍狗吗？怎么又像爱子女一样了呢？有子女的倒是可以自己"格"一下，自己为什么对子女好？是因为喜欢他们的样貌吗？是因为认同他们的价值观吗？是对他们有所图吗？肯定都不是，我们对子女好，就是因为他们是自己的子女，没有原因。或者说，这是一个复杂原因，开始是动物本能的繁殖欲，相处久了又有了亲情，亲情是什么？又是一个混沌系统，这不还是德嘛！所以，我们对子女好，与子女的人没有关系，只是价值观做出了一个价值判断，说"应该如此"，便如此了。

　　老子说，对团队也该如此。

第三章

认知

如何做老板

道常无名，朴虽小，天下莫能臣也。侯王若能守之，万物将自宾，天地相合，以降甘露，民莫之令而自均。始制有名，名亦既有，夫亦将知止。知止可以不殆。譬道之在天下，犹川谷之于江海。（第三十二章）

本章讲的是管理，从零到一讲管理，为创业者量身定制。

上来还是先讲道，不过没什么新鲜的，道是没有一个明确概念的，这其实就是开宗明义讲的"道可道，非常道。名可名，非常名"，换了个说法而已。朴，就是未经加工的木材。既然道外无物，那自然就不会有什么力量去雕琢它，所以就是一块原始的木料。

虽然小，但是没有人可以使它臣服。还是一个道理，道外无物，天地人逐层效法于道，那自然道是至高无上的。如果创业者可以恪守道的法则，那么万物就会自行宾服。这个道理跟"刍狗"类似，反过来想，我们把自己摆在"刍狗"的位置上，所有人都要宾服于自己身后的道，那就自然而然地宾服于自己了。

天地相合，以降甘露。这是以天地做一个比喻，来形容君主的行为恪守了道的法则之后，就可以既占天时，又占地利，优势占全，自然就会收获"甘露"。甘露，就是甘甜的露水，没什么神秘的，就是比喻受益良多且雨露均沾。有了这么多收益，子民自然就可以大有收获。既然有足够的利益，那我们连发号施令都省了，大家自己动手，就能丰衣足食。

用现在的话说，就是"站在风口上，猪都能飞起来"。怎么理解风口呢？很多人以为，风口是可以预测出来的，于是想方设法地去找风口，总是提问"未来十年最大的风口是什么？"这种行为怎么说呢？其实就跟那些整天计算六合彩中奖号码的彩民是一样的。稍微学过点概率的人应该都明白，每次六合彩都是独立事件，之前的结果对下一次完全没有影响，所以每次中奖的概率都是一个天文数字，只不过这个数字在分母上。好像抛硬币，抛了一次正面，再抛会是什么？仍然是正反面概率各百分之五十嘛，不管抛多少次，下一次的概率都是五五分布的。

我们觉得自己能预测抛硬币吗？既然不能，干吗要去预测风口呢？风口从来都不是预测出来的，风口是真刀真枪试出来的，当然这个过程很烧钱，也可以说风口是真金白银砸出来的。

老子是怎么教我们创造风口的？要恪守着道去做事。怎么恪守？用现在的话说，就是要循着人们的需求，想方设法地为尽可能多的人提供价值，尽可能少地与人争利，就是另一章讲的"上善若水""利万物而不争"。做到这个，自然就创造出了风口。

你看，互联网就把老子的思想用到了极致，为用户提供各种便利，还不收钱。不但不收钱，很多时候还倒贴钱。很多互联网平台就是这么一路把平台做大，做到上市，全员期权，一人得道，鸡犬升天，员工自然是不用扬鞭自奋蹄。这就是老子所说的，"天地相合，以降甘露，民莫之令而自均"。

不过，这只是开始，顺风局自然怎么打怎么有。但是甘露不能持续地降、没完没了地降，不是说了"飘风不终朝"吗？何况是甘露呢？红利期过后，就会进入平台期，这时候就需要制定制度了，否则不就乱套了？

怎么制定呢？始制，就是开始建立制度。创立制度就要有"名"，之前讲过，"名"用现在的话讲就是概念，创建制度的第一步就是建立概念，在团队里把概念的定义拉齐。概念都包括什么呢？首先就是目标，最长远的那个目标叫使命，短一点的叫愿景，再短一点叫战略，然后是年度预算、月度预算、周计划，等等。目标清晰之后，剩下的就是要划分清楚权力和责任，被赋予权力的同时就要承担责任，履行了责任就得利，履行不了就失利，这就是权力运行的最基本法则——责、权、利匹配。上到天子，下到庶民，没有例外。

权责的划分要适可而止，也就是不能把权力无限地扩大。根据权责利匹配原则，我们的权力越大，承担的责任也就越大，得失都会被同时放大。当我们的权力大到一定程度，自己已经承受不了相应的责任，那时候就完蛋了。所以，为了避免悲剧的发生，扩张权力得有节制，步子大了走不稳当。

怎么才能有节制呢？当然还是向道学习呀，不就是"后其身而身先，外其身而身存"嘛！把自己放低，不刚愎自用、不穷奢极欲、不好大喜功、不自以为是。做到了，我们就是江海，因为最低，所有的河流都会汇聚到你这里，我们变得越来越强大，但却不用担心承受不住。

还是那句话，作为创业者，怎么当好老板？制造风口，建立机制，找对人才。然后要退居幕后，做好后勤，微调方向。剩下的放手让他们去干就好了。

真的存在"天才"吗

上士闻道，勤而行之；中士闻道，若存若亡；下士闻道，大笑之，不笑，不足以为道。故建言有之："明道若昧，进道若退，夷道若颣，上德若谷，大白若辱，广德若不足，建德若偷，质真若渝，大方无隅，大器晚成，大音希声，大象无形。"道隐无名，夫唯道，善贷且成。（第四十一章）

这一章老子打算帮大家调整调整预期。本来应该在最前面给出预期的，起码这是我的习惯，对困难有了预期，才不至于半途而废嘛。否则看了一句"道可道，非常道"，理解不了，就放弃了，岂不是对读者太不友好了？这可能就是语录体的固有缺陷吧，章节之间的关系太松散，所以预期到了全篇过半才被调整。

上士闻道，勤而行之。字面意思没什么可解释的，几乎就是白话。但是，听起来好像是有一种人，不用学习，天生就是上士了。这种人一听闻"道"，便心放光明、醍醐灌顶，马上开始践行了。孔子也说，"生而知之者，上也"，他认为舜就是天生的圣人。

可真的有天才存在吗？我见过不少各个领域的"高手"，据我了解，到目前为止还没有一个人承认自己是天才。他们受到赞誉时，只是打个哈哈蒙混过去，连谦虚都懒得谦虚的。为什么不谦虚一下呢？就好像我们教小学生奥数题，小学生肯定一脸崇拜地看着我们，说你真是个天才。那时候我们怎么想？难不成还真的一本正经跟小学生谦虚一番？说不敢当，我连奥赛国家队都没进去。但是，人家毕竟认可我了，不给人家面子又不好，那就只能打哈哈喽。

为什么高手们不承认自己是天才？因为就算是林丹，也曾在奥运会首轮比赛中被淘汰，被叫了好一阵子"林一轮"；就算是乔丹，年轻的时候也差点进不去校队。高手经历得多了，被虐得多了，想狂也狂不起来。孔子自己都说"我非生而知之者，好古，敏以求之者也"。你看，连圣人都不承认自己是天才，就不知道得多无知无畏的人才会认为自己是天才呢？

我们仔细读书会发现一个规律，古人所说的"生而知之者"，都是对已故前人的评价。例如，孔子评价舜是天才，后人等孔子死后评价孔子是天才。为什么一定要死后评价呢？因为生前说人家是天才，人家根本不承认嘛！既然生前人家不让赞誉，那就只好在其死后用溢美之词"报复性"地饱和"攻击"了。

孔子崇古，尊重古圣先贤，本来初心是好的，就是给大家树立完美的楷模，高标准严要求地激励人们向先贤学习。可后人没有这个觉悟，把这事变成了教条，"君子时中"的教诲早被抛到九霄云外去了。久而久之，一池清水变成了一坑烂泥，这也是老子不赞成标榜仁义礼智信的原因。

"上士"这个物种放在老子的体系中，其产生的唯一途径就只能是基于"弱者道之用"理论了，即量变引起质变。中士闻道，若存若亡，有了朦胧的感觉之后，开始身体力行。不断地在事上磨炼，不断地实践，不断地来回对照理论发现问题，有则改之，无则加勉，循环往复，一日贯通，终成上士。

三十年前，我读到"后其身而身先，外其身而身存"时，灵光一闪，决定践行。三十年来，风风雨雨、起起伏伏，以至今日。提笔时竟不敢说"我注老子"，当是"老子注我"，洋洋洒洒二十万字，也只托出个冰山一角。这些总结，却早已在几千年前被一位宗师总结成了五千言，无怪乎孔子说"述而不作"，孟子说"游于圣人之门者难为言"，诚不我欺！

下士闻道大笑之，乍一看还真憋不住笑了，老子这老头儿还真有意思，跨越几千年怼人，怼得仍然历历在目、栩栩如生。可是仔细玩味才发觉，老子哪里有心思怼人，他只是说了一个残酷的事实。

光明的道像是昏暗的。有人在街边打羽毛球，没有场地，比谁打得高、打得远、能打多少个回合"和平球"。在他们看来，那些花钱去球馆打球的人，一定是脑子有问题，要不就是钱多烧的。不然为什么明明可以免费玩的东西非得花钱玩呢？这就叫明道若昧。

前进的道像是在后退。有一天，我们厌倦了街边打球，好奇球馆里大家怎么打球，于是进去球馆看了看。然后才发现，原来羽毛球是有规则的，是一项竞技运动，原来打得那么激烈。于是，我们也开始进馆打球了。可是，本来在外面打得又高又远、虎虎生风，到了场地上却发现自己是最菜的那个，高远球还不如一个小女生打得远，这就叫进道若退。

平坦的道像是崎岖的。我们被虐得受不了了，报了一个班开始系统练球。原来自己连握拍姿势都不对，要从"苍蝇拍"握法改成"菜刀"握法，乍一改连球都打不到了。好不容易适应了握拍，开始练习高远球分解动作，做每个动作前都需要琢磨，于是动作总是慢半拍，感觉打得还不如以前了。分解动作练得差不多了，我们满心欢喜地去虐人，结果反被虐了，标准动作根本用不出来。只好继续练动作连贯，练步法，练移动中击球，练多球。每一项都很挣扎，过程都很绝望。终于有一天这些都练完了，再去球场打球的时候发现，只打高远球就能虐得原来那些所谓的高手满地找牙，这叫夷道若纇。

高尚的德低得像谷。这时的我们在别人眼里俨然已经是高手了，但自己心里却很清楚自己几斤几两。作为一名业余三段选手，甚至跟业余四段打都过不了十分。所以即便虐了原来的"高手"们,自己却不得不谦虚,反而更加努力地训练提高自己。这叫上德若谷。

洁白无瑕好像藏污纳垢。别人好奇我们是怎么变得这么强的?我们一五一十地告诉他们,自己如何一点一点抠动作,一点一点复盘迭代,都是笨功夫,谁都可以做到的。可是他们偏不信,觉得我们一定是找到了什么"武功秘籍",有了捷径之后才一步登天的,这叫大白若辱。

广大的德少得像不足。我们越训练越发现,原来羽毛球是这样的博大精深,这里面的细节多如牛毛,而且每一个细节都是关键的。我们如饥似渴地训练,感觉永无止境。这叫广德若不足。

刚健的德好像在敷衍。每次训练时我们都会把自己的动作录下来,隔一会,就下场去回看录像,分析自己的动作细节。在别人看来,这人可真够懒的,打那么两下子就下去玩手机了,没出息。可磨刀不误砍柴工,偏偏是我们复盘做得最好,迭代得最勤,进步也最快,这叫建德若偷。

质朴真诚反而像是虚伪善变。当别人看到我们进步这么快,打得这么好,纷纷称赞我们是天才。我们却只是苦笑着摇摇头,说:"我哪里是天才,一个动作练了几千次,仍然练不好,天才不是生下来就什么都会的吗?"在别人看来,明明天赋异禀,却还遮遮掩掩,这人真虚伪,这叫质真若渝。

最方正的东西好似没有四角。我们跟对手打球,打的就是最基本的四方球。经过苦练,自己的动作标准流畅,一致性也好,步伐轻盈,启动迅速。偌大一个场地,我们站在中央,对方却不知道该往哪里打,因为根本找不出破绽,这叫大方无隅。

越贵重的器物制成得越晚。训练的时候,别人都是练几堂课,草草地把动作捋一遍,大差不差就去打着玩了。即便基本功不扎实,但已经可以虐人了,还有什么可练的?只有我们每一个动作都反复打磨,细嚼慢咽。别人小球、吊球、杀球都练了一遍,可我还在抠高远球。等我去跟他们打比赛的时候,人家都已经打过好几年了。别看他们打比赛多,但是我们一上场却技惊四座,那时的我们在他们看来已经是神一般的存在了,这叫大器晚成。

羽毛球打到这个水平，我们自然掌握了一套方法论。之所以叫方法论，就是因为不光是打羽毛球可以用，打乒乓球也可以用，所有运动都可以用，所有学习也都可以用，所有实践也可以用。就是所谓的"一样通，样样通"。

最宏伟的乐章反而听不到声音，让我不禁联想到"超弦理论"，物质最基本的单位是一根在高维空间震动的"弦"，这是宇宙的乐章，我们听不到，也证明不了。当然，老子指的肯定不是"超弦理论"，可能是自然的乐章，可能是文明的乐章，谁知道呢？

最大的形象反而看不见它的形状。宇宙大不大，我们能看到形状吗？天大、地大、人亦大，哪个我们可以看到形状？当然，这里的"人"指的就不能是人的"身"了，而是人的"心"，不是器官的心，而是精神的心。

最后当然还有最大的那个，道，看不见，说不得，道可道非常道，名可名非常名嘛！

不作死就不会死

出生入死，生之徒十有三，死之徒十有三，人之生、动之死地亦十有三，夫何故？以其生生之厚。盖闻善摄生者，陆行不遇兕虎，入军不被甲兵。兕无所投其角，虎无所措其爪，兵无所容其刃。夫何故？以其无死地。（第五十章）

从生到死，总结成一句话，不作死就不会死。长寿的有三分之一，短寿的有三分之一，这就是概率问题，没什么好说的。但是，本来可以长寿，可自己偏要作死，最后真的作死了的，也有三分之一。

这就奇怪了，为什么会有人作死呢？他们作死，并不是不怕死，恰恰相反，是他们太怕死，以至于求生欲放纵过度，贪得无厌，最后反而作死了。

为什么善于求生的人出门遇不上老虎犀牛这些要命的猛兽？因为人家根本就不会去犀牛猛虎出没的地方。言外之意是什么？是有些人为了赚钱连命都不要了，去荒山野岭猎杀老虎、犀牛，就是为了把老虎皮、犀牛角这些珍稀的东西卖了谋利。可赚钱为了什么呢？为了衣食无忧，活得长久。问题是，他们能活着享受到衣食无忧吗？

为什么善于求生的君主入军不会有血光之灾？老子可不是宣扬什么神功护体、刀枪不入，结合前面讲过的用兵之法，人家还是在告诉君主"上兵伐谋"的道理。为什么"兵无所容其刃？"因为人家就不跟你打，你怎么对人家动刀子呢？这就叫没有"死地"，用现代话说，就叫不作死。

有人可能又不以为然了，说"我又不会打猎，又不会打仗，老子说的这两件事跟我有什么关系呢"？这种表达方式叫作隐喻，是需要我们结合上下文读懂言外之意的。我们确实没法打猎、也发动不了战争，但是我能保证自己没作死吗？

上学有没有为了得第一名，就希望别的同学都考不好？甚至人家有问题问我，我都故意不给人家讲明白？工作中有没有为了自己可以升职加薪，就希望别的同事业绩做不好？甚至暗中使绊子、背后拆台？平时聊天、喝酒、唱歌、打球，是不是总想自己出风头，压别人一头？这些是不是自己处心积虑、明着暗着在抢别人的利益？这跟与虎谋皮、与兕谋角有什么区别吗？这与发动一场战争有什么不同吗？那些是作死，这就不是作死了吗？

很多人处心积虑地想发财，绞尽脑汁也想不出办法，所以见人就问，怎么才能发财？下一个风口是什么？做什么可以年入百万？其实，他们想的还是把别人口袋里的钱放进自己的口袋里，只不过不敢明目张胆地说出来而已。尽管嘴上不说，可心里在想，只要心里想了，就会表现在言行举止上。每个人都不傻，我盯着人家钱包，人家会没有反应？换位思考一下，如果别人盯着自己的钱包，自己会是什么反应？那如果有人进一步动自己的钱包呢？自己会跟他玩命吧？我盯着人家的钱包，动人家的钱包，人家又何尝不会跟我玩命呢？一个人跟我玩命，恐怕已经够受得了吧？更何况我盯着那么多人的钱包，那么多人要跟我玩命呢？这不叫作死什么才叫作死？

怎么才能发财？怎么才能成为人上人？第一步，就是忘了发财这回事，彻底打消人上人的念头。找一件自己认为有意义的事，沉下心来、埋头苦干。等这件事做好了，有了价值，对社会有了贡献，经济规律会回馈给我们财富，社会规律会回馈给我们地位，但这些只能是我们创造价值的副产品。想在树荫下乘凉，我们要种树，而不是研究树荫。

为什么说限制一个人的首先是他的认知

使我介然有知，行于大道，唯施是畏。大道甚夷，而民好径。朝甚除，田甚芜，仓甚虚。服文彩，带利剑，厌饮食，财货有余，是谓盗竽。非道也哉！（第五十三章）

介，指坚定。施，通迤，指弯弯曲曲。一旦我对"道"有了了解，便会坚定不移地执行，行走于大道之上，唯一怕的就是误入歧途。本来大道才是坦途，可偏偏有人喜欢耍小聪明抄近道。抄近道的结果是什么呢？朝堂空空如也，田地荒芜，谷仓空虚。而君主自己却穿着华丽的服装，佩戴着利剑，山珍海味都吃腻了，搜刮的财货也用不完，这不就是强盗头头吗？已经与道背道而驰了。

字面意思很好理解，也没什么争议，可问题是有多少人能禁得住捷径的诱惑，而坚定地去走大道呢？就说打羽毛球吧。业余打球的里面，90%的人握拍是错的，他们把球拍当作"苍蝇拍"握，为什么？因为苍蝇拍握习惯了呀，打球跟拍苍蝇不是挺像的吗？所以怎么省事怎么握呗？如果有人告诉他们说，这种握拍不对，没办法发力，调整角度也不灵活，你觉得他们信吗？不但不信，反而会嗤之以鼻。"我这么握打得也挺好的，哪有那么教条？"所以，这就是之前讲的"夷道若颣"。

小部分人可能会尝试一下标准握拍，但是刚换过来，可能连球都接不着了，于是他们就又放弃了正道，怎么舒服怎么来了。这就是捷径的欺骗性，因为捷径弯弯曲曲，乍一看路程短，而大道通天，没有尽头，看起来就让人绝望。所以，绝大多数人禁不住捷径的诱惑，误入歧途，这就是老子提醒我们的"唯施是畏"。

职场跟球场有什么不同呢？最终有所成就的，都是那些一门心思做事，不断总结归纳，遇到问题解决问题，不贪功不甩锅的人。反而你看那些巧言令色、油嘴滑舌的，可能一时哄得领导开心，被表扬几句，赏点小恩小惠。可长期看，打铁还需自身硬，不长真本事就只能原地踏步。这些人没本事，所以"宠辱若惊"，就会开始抱怨，开始传播负能量，认为自己才华出众，凭什么不给自己升职加薪？因为他们选择的捷径走着走着就拐弯了呀。习惯了捷径自己发觉不了，在明眼人看来，他们与升职加薪早就已经南辕北辙了。再这样抱怨下去，别说升职加薪了，能不能保住饭碗都不好说。怎么发现自己是不是南辕北辙呢？这好办，如果真有才华，这个公司有眼不识泰山不要紧，去市场上面试几家，看看人家能不能给我升职加薪不就完了？市场认可的是价值，长本事提升价值才是正道。

创业又何尝不是这个道理？那些处心积虑想发财的，千方百计想出名的，请客送礼找关系的，我想问问，各位觉得自己创造什么价值了吗？想发财的无非是想不劳而获，想出名的无非是想招摇撞骗，找关系的无非是想把送出去的钱加倍捞回来嘛。难不成想发财是想让世界更美好？想出名是想教化百姓移风易俗？找关系是想为人民服务？真正这样想的人，人家早就埋头苦干去了，哪还有心思琢磨这些歪门邪道？你放心，大道通天，最终成就事业的必定是那些人。

打球要从握拍开始,基本功一个环节一个环节地打磨,这是成为高手的唯一途径。工作要把手头的事一件一件做好,那些沉下心来做事的,哪怕打杂都比别人利索,你说领导找人干活会找谁?创业需要有一个方向,朝着一个方向走,哪怕再慢,我们走上五十年,也比东一头西一头的人走得远。

认知是什么

吾言甚易知,甚易行;天下莫能知,莫能行。言有宗,事有君。夫唯无知,是以不我知。知我者希,则我者贵。是以圣人被褐怀玉。(第七十章)

"吾言甚易知,甚易行。天下莫能知,莫能行。"意思是我说的话很容易理解,也很容易践行。可天下的人偏偏理解不了,践行不了。你看,人家老子自己都说了,他说的是"易知易行"的,不知道那些扯神秘主义、修仙修真的人怎么解释这个"易知易行"。难道成仙也很容易?说不通嘛!老子讲的就是实实在在做事成事、为君为父的道理。

为什么这么明白的话有些人睁着眼就是看不懂呢?问题就出在"认知"上面。认(認),从言从忍,指通过语言对心里的事物进行分割。分割成什么呢?之前讲过,分割成名,也就是概念。把名组织起来的过程,叫作"识"。通过识,名被连接起来,成了一条条的树枝,这就是"理",也就是形式逻辑。这些树枝进一步连接,就成了概念树,这个过程叫作"格",格的本意就是树枝的分叉,而形成的概念树就是"知",也就是我们现在说的"知识"。

所谓认知,就是从"认"开始,最后到"知"的过程。其中最关键的是什么呢？是认，没有认就不能形成名，没有名就没有理，没有理就没有知。认，是一切知的开始，认知最重要的也就是先要对事物形成一个概念。而所谓的认知缺失，就是说连概念都没有，不知道自己不知道，这是最原始的状态，也是最难突破的一关。

老子说，人不可能平白无故地说话，也不能莫名其妙地做事，总是要有原因的。原因之前还有原因，而根上的原因就叫"宗"、就叫"君"。

大家看不懂我说的话，做不到我说的事，正是因为他们"无知"。所谓无知，不是贬义词，而是一个客观的表述，就是他们没有突破认知，不知道原来原因是有根的。更不知道还有这么深奥的道理，可以把原因的原因说清楚，当然也就不会去听、不会去做。最终结果就是，听不懂、做不到。也就是，"下士闻道，大笑之，不笑不足以为道"。所以说，能理解我的少之又少，能以我的话为准则付诸实践的，更是难能可贵。这就是为什么圣人穿着粗麻衣服，却心怀宝玉的原因了。

有人会说，你们这就是自我心理安慰吧？都已经穿粗麻衣服了，还好意思说自己心怀宝玉？真有宝玉，为什么不卖了钱，买爱马仕穿？你看，说来说去还是认知问题。我为什么喜欢爱马仕？总不会是因为衣服质量好吧？还不是因为穿出去有面子，显得有钱，让人高看一眼？可如果我真有了一百亿，天天开着豪车去买爱马仕，一个月之后还会觉得爱马仕有多么高大上吗？而实际上，很多中国人认为的奢侈品，在欧美都是放在超市促销区堆成山卖的。我要是看到那个场景，还有兴趣炫耀吗？

很多院士在校园里就骑着一辆破自行车上下班，给我一身爱马仕，我就有信心碾压骑破自行车的院士了？新一代的互联网创业者，我们还真没见过谁那么热衷名牌的，穿T恤衫、大裤衩、休闲鞋的倒是不少。他们是买不起吗？不是，他们是不在乎。不是装出来的不在乎，而是他们的认知里面就没有这么一回事，压根就不知道有钱了还要穿名牌。

你看，有钱人也有认知缺陷，他们对奢侈品没有概念。圣人的认知也有缺陷，他们对钱没有概念。而我们好多人的认知也有缺陷，就是只对钱有概念，反而对圣人的"美玉"没有概念。区别是什么？圣人没有私欲，只有求知欲和美欲；我们则没有通欲，而只有饮食男女这些私欲。

如何突破认知

知不知，上；不知知，病。夫唯病病，是以不病。圣人不病，以其病病，是以不病。（第七十一章）

接着上一章继续讲认知。知道自己不知道，很好。为什么很好？因为既然知道自己不知道，必然是已经知道了"有那么一个东西"自己不知道。例如，我们发现自己不知道原来打好羽毛球还要练那么多标准动作，这就很好，说明我们发现了标准动作这个概念的存在，自己也就突破了认知，下一步只需要继续去了解标准动作的具体内容就好了。当然，那又是一个难关，需要突破另一个认知，那就是不骑车就永远学不会骑车，不练习标准动作就永远学不会标准动作这个认知。不是知道就行了，还要去实践；也不是实践就行了，还要去参照标准去迭代。这就是孔子说的"学而不思则罔，思而不学则殆"。也就是阳明先生说的"知行合一"。

不知道去突破认知，是病，得治。不知道羽毛球还有标准动作，打一辈子羽毛球，也还是个菜鸟，根本入不了门，连系统训练一两年的小朋友都打不过。不知道要为他人创造价值，绞尽脑汁想发财，一辈子也不会发财，除非买彩票中奖。不知道人与人要合作共赢，整天与人钩心斗角，一辈子都只能停留在最底层，大家还都躲着我走。这难道不是最大的病吗？

圣人不会得这种病，因为他知道这是病，他非常害怕患上这种病，所以他才不会得这种病。这句话老子说得太高屋建瓴了，没给具体方法，怎么才能不得病？如果我们怕自己的认知有局限，要如何做才能突破这个局限呢？老子没有接着展开，我就代劳一下。

想要突破认知，首先要深刻地认识到，在建立那个完美的宇宙模型之前，我们永远都存在认知局限。或者说，我们一旦突破了所有的认知局限，我们就可以建立一个完美的宇宙模型，我们就可以精准地预测一切未来、控制一切未来。那时候我自身即是宇宙，我即是道。我们现在可以吗？不行。不但不行，而且离着还远，道对我们来说遥不可及。所以，我们不但存在认知局限，而且是无比巨大的认知局限。

我唯一知道的就是我很无知！把这个观念刻在骨子里。那样的话我们还能骄傲得起来吗？还能自满得起来吗？还能飘得起来吗？这就为突破认知做好了准备，就是老子所说的"虚其心"。

下一步，就是我们前面一再强调的格物了。格自己的欲情念，格到了私欲，发现其实已经满足了，那就把多余的注意力放到求知和求美上面去。让好奇心引领着我们不断地探索未知世界，让爱美之心带着我们去发现和创造更多的美。每当自己发现一个新的领域，就可以突破一个认知。在充满未知与美的领域尽情探索，追求极致，去获取极致体验。

不要在低水平徘徊，不要重复发明轮子，努力寻找训练方法，努力实践，努力迭代，不断提高自己，让自己在更高水平获取更极致的体验。这时，有人会引用庄子的话"吾生也有涯，而知也无涯，以有涯随无涯，殆已"，人家道家不是说了，不要去求知吗？你为什么还让我们去追求极致体验？

老子说的是"无为而无不为"庄子说的是"其生若浮，其死若休"。老子是积极的，庄子是消极的。老子是入世的已经不能再入世的实用主义。庄子则趋向于虚无主义，但又不是完全的虚无主义，他给虚无主义加了唯一一个目的，就是"逍遥"。庄子显然也有一个认知缺陷，那就是他没有意识到还有一种方法叫作归纳法。我们没有办法了解所有种类的水果，但是我们却可以归纳出一个水果的概念。有了这个概念，就足够我们了解所有种类水果的大概属性。虽然不精确，但这至少保证了我们不会堕入"无涯"之中。

应用在实践中，我们可以在不同理论的学习过程中归纳出方法，进一步归纳出方法论，例如阳明先生的"知行合一"，就是一个最根源上的方法论。不论学什么，做什么，无非就是一边学一边实践，一边实践一边学，如此反复迭代。

只需要在三项运动上成为高手，例如篮球、足球、羽毛球，我们就一定可以掌握运动这个大类的训练方法，面对一个新的运动项目就可以快速上手。有多快？快到令人无法想象、不可思议，别人会叫我们"天才"，而所谓的"天才"，就是这样产生的。

突破了运动领域，在艺术领域也可以快速突破，书法、画画无非就是手指的运动，唱歌无非就是气息、声带、共鸣腔的运动，跳舞本身就是运动。另一大领域是脑力运动，数学是个非常好的突破点。学好了数学，就可以熟练使用工具理性，也就是形式逻辑。而一切科学都是通过数学语言进行表述的，其核心就是形式逻辑与实验验证。所以，学通了数学，就学通了一切科学。

有了形式逻辑的基础，工作中遇到问题，分析问题自然易如反掌，无非就是在不断对概念进行分类和聚类。追问"是什么"，对核心概念进行分类，从而得出精确定义。追问"为什么"，也就是"目的是什么"，对问题的目的进行聚类，从而得出自己想要什么。当分类做到足够细，最底层那些问题的答案，就是我们要找的"如何做"。是不是很简单？

形式逻辑在中国文化里就包含在"格物"之中，对外格外物，对内格自己的心，先格"欲情念"，再格"恻仁德"，顺便把"格物"自己所在的"名理知"也格了。格到格不下去，那便是撞到了混沌系统的墙。不过不要紧，那时候我们积累的极致体验已经足够多，足够让我们去搭建一个完备的价值观。

有了价值观，我们就可以切换到价值理性能力，就可以把那些极致体验进一步加工，建立一个模糊模型，这种模糊叫作境界，评判的标准是，是否满足了我们的美欲。当我们的美欲被不断满足，我们也就不断地接近那个完美的宇宙模型，也就是道了。

权力是什么

民不畏威，则大威至。无狎其所居，无厌其所生。夫唯不厌，是以不厌。是以圣人自知，不自见；自爱，不自贵。故去彼取此。（第七十二章）

威，以武力使人屈服。如果老百姓已经不惧怕暴力了，那么他们很快就会对君主使用暴力了，说白了就是要革命了。不要去侵占老百姓的居所，不要影响老百姓的生计。只有君主不去欺压百姓，百姓才不会厌恶君主。圣人有自知之明，不会显露自己的权威；洁身自爱，却不高人一等。所以，要舍弃后者，保持前者。

有人可能又会说了，老子这不就是老生常谈嘛，爱护百姓这种事还用说吗？谁不知道呢？你别说，不是有心人还真不一定能体会出来什么叫"民不畏威，则大威至"。我们作为老板站在台上高谈阔论下一个月的业绩指标，而那个指标显然无法达成。看看台下员工，他们一脸不屑、百无聊赖地听我们夸夸其谈。我们的话音刚落，那边就拍屁股走人，连问题都懒得问。我们以为自己一呼百应，实际上，是因为拍脑袋想出来的目标太离谱，大家只把我们的话当放屁，懒得搭理我们而已。

我们训孩子，开始孩子还顶两句嘴。后来，连顶嘴都懒得顶了，任凭我们怎么说，他就低着头不吭声。我们以为他是被说服了，实际上，是他对我们已经彻底失望，放弃了沟通。当我们跟别人讨论问题，巧舌如簧，说得别人默不作声。我们以为自己舌战群儒，把所有人说得心服口服了，实际上，在别人眼里，我们只不过是个跳梁小丑，大家心照不宣，静静地看着我们表演而已。

很多人，掌握了权力，就不自觉地滥用权力。哪怕是让他当个门口保安，他都会想方设法刁难出入人员。为什么会这样？根上的原因是，绝大多数人并不能够真正理解权力是什么。很多人误以为得到权力就像中了彩票，反正中奖的是我，得来的钱当然想怎么花就怎么花。这也是为什么有那么多人向往当皇帝，还经常有人问，皇帝是不是可以不用任何借口去杀一个不该杀的人。

而实际上，权力并不是彩票，不是来自运气或者概率，权力来自承认并服从于自己的那些人。作为君主，权力就来自民；作为老板，权力就来自团队；作为家长，权力来自子女。一个人不承认我们的权力，我们的权力就少一分；一成人不承认你的权力，我们的权力就少一成；一半人不承认我们的权力，我们的权力就不存在了，这也是为什么大多数投票选举都要求获得支持超过半数才能当选的原因。

权力最初形成，就是我牺牲一定的自由，服从你的指挥，换来彼此同时的物质收益增加，是一种赤裸裸的交易。而正因为权力是一种交易，所以交易双方必然是对等的。但权力往往是一对多的交易，这种交易无法在每一个个体身上实现对等，怎么办？于是对等关系被进一步抽象到了更高维度，也就是通过权力、责任、利益的匹配来实现交易双方的对等，这就是著名的"权责利匹配"定律。

作为一个君主，既然我们有权力去发号施令，那就同时有责任保证子民丰衣足食。责任完成了，自然锦衣玉食，万民敬仰；责任完不成，就要国破家亡，生不如死。这么大一个赌局，让我们玩，我们愿意玩吗？大多数人肯定是不愿意的，老婆孩子热炕头过小日子多美，何必担惊受怕去做君主？现在是不是就有点明白过味儿来了？权力并不是什么好东西，看上去威风八面，背后却是任重如山、风险无边。

想明白了权力是这么大的一场赌局，作为赌徒还有心情去招摇过市吗？

心理承受能力一般的，是不是都要辗转反侧、彻夜难眠了？就算心理承受能力强的，也得先想方设法保住小命才行吧？今天让子民挨饿受冻，明天没准自己就要身首异处，这么大的压力下还有人跩得起来？

这就是老子所说的"圣人自知不自见，自爱不自贵"。不是圣人有多高尚，而是圣人拎得清责任利害，没心思显摆而已。当然了，君主和父母类似，就算子民、子女不服从我们，我们也不能更换了他们，对吧？但是老板则特殊一些，有人不服从，我可以换人。那是不是老板就跳出了"权责利匹配"的定律，不受责任和利益限制了呢？

当然不是！与过去的老百姓相比，员工显然也拥有更大的选择权。君主欺压百姓，只要做得不是太过分，老百姓还是得忍着。毕竟造反的成本太大了，只要有口饭吃，能活下去，谁愿意提着脑袋闹革命呢？

反观现在的员工呢？"造反"成本太低了，说不干就可以不干，说跳槽就可以跳槽。老板欺压员工，员工就会跳槽，而且是越有价值的员工越先跳槽，留下来的是那些没有本事，跳不走的。虽然跳不走，但是他们会抱怨，抱怨会传染。本来就没有什么本事，还整天怨声载道，这个公司能好得了吗？老板们倒也没有君主们赌得那么大，最多倾家荡产，极端情况下也就是几年牢狱之灾，一般不会有性命之忧。不知道会不会有哪位老板豁出去身家去过一把"唯我独尊"的瘾呢？

"勇"和"敢"有什么区别

勇于敢，则杀；勇于不敢，则活。此两者，或利或害。天之所恶，孰知其故？是以圣人犹难之。天之道，不争而善胜，不言而善应，不召而自来，

繟然而善谋。天网恢恢，疏而不失。（第七十三章）

勇敢现在已经连起来用了，但是勇和敢两个字的意义实际上截然不同。勇，表示杀伐决断。敢，意思就是胆子大。我们后来经常说的"胆敢"就是这个意思。人人都知道老虎屁股摸不得，你还非要摸，摸了还没有用，这种行为有一个比方专门形容，叫脑子缺根弦。

我们说见义勇为，勇通常是与义相关的，舍生取义的行为才叫作勇。走在路上多看一眼就能以命相搏的亡命之徒就不能叫勇，只能叫敢，因为他的行为没有任何价值。

有人可能会觉得这样可以显示自己胆子大、不好惹，你不敢的我敢，我多牛？马桶水也没人敢喝，喝了就能证明自己胆子大了？并不能，这些好勇斗狠的行为不能叫勇敢，只能叫脑子缺根弦。

而作为一个君主，手里掌握着生杀大权，天子之怒，流血千里，伏尸百万，就更不"敢"了。所以老子说，"勇于敢则杀，勇于不敢则活"，用现在的话说，就是"冲动是魔鬼"。然而，敢与不敢往往只在一念之间。怒气攻心，生出一个邪念，没有及时地去格它，由着念头发展下去，就是"害"。及时格了这个念，断了这个想法，反而去做自己应该做的，那便是"利"。

公司开会讨论问题，我们给出了一个解决方案。有人提出了质疑，而且人家的质疑切中要害，说得自己哑口无言，这时我们会不会恼羞成怒？会不会立刻开动脑筋找借口，千方百计狡辩，强词夺理甚至胡搅蛮缠？

但是我们的目的是什么？是解决问题，对不对？狡辩这个念头有利于解决问题吗？没有。所以路走歪了，是邪念。我们来格这个邪念，背后的情绪是什么？是恼羞成怒的"怒"对不对？为什么会怒呢？是因为"羞"。"羞"又是怎么来的？因为自己的自尊心受不了了。自尊心又是哪里来的？来自求胜欲，我们会想象着站在别人的角度上看自己，他们会怎么想？一定认为自己是个白痴，犯了低级错误不说，还被人怼得哑口无言。于是觉得以后再也抬不起头做人了，所以只好为尊严拼死一搏。

怎么解决这个问题？首先，我们要知道，我们对自己的关注是被主观放大了好多倍的。为什么？因为我们掌握自己的很多细节，包括心理活动、情绪、欲望等，而这些是别人无法掌握的。我们很多时候在意别人的看法，就是因为自己内心戏太多，表演得太逼真，连自己都信了。而在别人看来，他们可能根本就没在意说的是什么解决方案，也根本没注意到有人怼了我们，人家大概率只是在思考自己的问题而已。我们自己强行加戏、强词夺理的行为，反而更容易引起大家的关注，就像在提醒大家，我犯错了，快来看呀。其他人没准还会诧异，这家伙刚才还好好的，怎么说爆就爆了？刚才发生什么了？这人情绪也太不稳定了，是不是家里出什么事了？

格到这个程度，我们自然也就知道该怎么做了吧？我们的求胜欲太强了，需要把多余的注意力转移到工具理性上面来。人家说得对，大大方方承认就得了，这篇儿翻过去，继续解决问题，那才是关键。时刻牢记自己的目的，心里只有一个目标，眼睛只盯着一个目标，然后直奔目标，这就是"德"，眼直、心直、行直。

为什么上天厌恶勇于敢？实际上，老子不知道，而我们现在是很容易知道的。因为在漫长的演化过程中，那些胆子大、脑子缺根弦的个体会去做危险而无用的事情，结果往往是死无葬身之地，于是这种缺根弦的基因也就逐渐被淘汰掉了。

于是老子得出的规律便是，圣人不好勇斗狠却善于取胜，不巧言令色却善于应对，不千呼万唤却人心思归，从容淡定却一切尽在掌握。就像编织好的一张大网，万事万物都在大网之中，看似网线稀疏，却从来没有漏网之鱼。

最后这句"天网恢恢，疏而不失！"可以算得上是千古警句，只不过现在经常被用在法律宣传上，变成了"法网恢恢"。可法律只是底线，总不会有人满足于活在底线边缘吧？想要有美好生活，希望实现自我价值，我们对自己的要求显然要高很多才行。要对"天网"心存敬畏，勇于探索，小心求证，战战兢兢，如临深渊，如履薄冰。

君主如此，老板也是如此，不敢意气用事，不敢夸夸其谈，不敢轻易画饼,默默搭建平台,完善制度。唯有如此,方可敬慎不败。

抓到耗子才是好猫

天之道,其犹张弓与?高者抑之,下者举之;有余者损之,不足者补之。天之道,损有余而补不足,人之道则不然,损不足以奉有余。孰能有余以奉天下?唯有道者。是以圣人为而不恃,功成而不处,其不欲见贤。(第七十七章)

天对待万物的方式,不就像张弓射箭吗?瞄高了就放低一些,瞄低了就举高一些。拉得太满就放松一些,拉得不满就再加把劲。天对待万物的方式,就是减少过多的以补充不足的。人对待人的方式就不一样了,多的让他更多,少的则越来越少。谁能产出多余的部分用来奉养天下人?恐怕只有德行符合道的人了。所以圣人为天下百姓操劳,却从不自恃其功;有了功劳,却从来不往自己身上揽。他们不想表现出自己的贤能。

天之道这个类比,实际上用得并不妥当,应该是老子受到了当时认知的局限。我们现在有了《演化论》,知道了"物竞天择,适者生存",这才是"天之道"。"天"并没有一个意志,虽然老子没有过多地提及天的意志,但这个瑕疵涉及了一个本质问题,我们不得不把它纠正过来。否则,天一旦有了意志,那么就必然会影响人的意志,人怎么可能不服从于天呢?这样一来,人就失去了自由。人如果没有自由,我作为人,我是什么?只能是被决定论决定了的一个剧本,自己的一生只是照本宣科地走完了这个剧本。如此一来,人生的意义是什么?显然已经没有意义,因为一切都早已注定。那么我们将滑向虚无主义，唯一有意义的事，就只有死亡，因为那是剧本的终结。这也是为什么虚无主义者选择自杀，因为只有结束生命才能摆脱这一切的"毫无意义"。

天不能拥有意志，从众多的实验结果看来天也确实没有意志。万事万物都是演化的结果，天对待它们的唯一方式，就是物竞天择，适者生存。人是众多幸存者之一，与其他幸存者不同，人类演化出来了意志。所谓意志，在古代称为"心"，一颗求道之心有三个维度，我们称为"道心三维"。其中"欲情念"是动物本就具有的直觉部分；"名理知"是人类区别于其他动物的工具理性；"恻仁德"则是人类演化出来的超越工具理性的价值理性，也叫作"审美"。

"道心三维"的背后，是漫长演化形成的一个混沌系统，我们目前还没有办法对其进行更深入的建模。既然没有模型可以预测我们的"心"，那么我们的"心"就是自由的。所以，人拥有自由意志。自由意志，才是真正的我。

既然"天"没有意志，我们也就不能模仿"天"。社会达尔文主义的致命伤就在于，他们混淆了"过去是什么"和"应该是什么"。"天"既然没有自由意志，而人有自由意志，那么人应该如何做，当然只取决于人，跟"天"没有关系。所以，即便自然的法则是"物竞天择，适者生存"，人类也可以选择另一条路，"扶危济困，尊老爱幼"。我们之所以为人，正是因为我们可以选择不同于自然的法则。否则，一切按照自然法则来的话，我们与动物有什么区别呢？我们的自由体现在哪里呢？我还怎么能是我呢？

虽然老子的类比用得不恰当，但是他的结论没有问题，人确实也应该"损有余而补不足"。孔子说，"民不患寡而患不均"，正是对老子结论的注解。

什么样的才是好君主？"能有余以奉天下"的君主才是好君主。这句话又有很多人理解偏了，说那还不容易？君主劫富济贫不就得了吗？有钱的全部抓起来，没收财产，再把财产分给穷人。自己好好想想，如果自己努力工作赚钱，只要比别人多就会被强制分给别人，我还会努力工作吗？当然不会，对不对？因为赚了不但自己得不到，还会被抓，与其这样，那就做穷人好了。

正好可以混吃等死，岂不快哉？

可如果人人都这样想，人人都混吃等死，生怕自己成为有钱人被抓起来，一个个不比致富，反而想着法儿地致贫，这个社会会变成什么样？估计不出一个月就土崩瓦解。悬釜而炊、易子而食的惨剧也近在眼前。

老子会犯这么低级的错误吗？显然不会，所以老子说的是"能有余以奉天下"，而不是"损有余以奉天下"。什么叫"能有余"？就是说君主要有能力带领天下百姓去创造"有余"，种更多的粮，织更多的布，丰衣足食之后，自己却不争、不恃、不处、不见贤。范仲淹的话我觉得很到位，叫作"先天下之忧而忧，后天下之乐而乐"。

放到现在就是说，在成为好老板之前，我们得先成为一个有用的老板，成为一个能赚到钱的老板。如果连钱都赚不到，拿什么来奉养员工呢？当然，赚钱也要通过创造价值，不能通过坑蒙拐骗，骗子公司的老板，就不能叫老板，只能叫大骗子。

中国哲学，从来都是实用主义的，物质精神两手抓，两手都要硬。不论当君主还是老板，绝对算不得什么好差事，让人民丰衣足食、让团队衣食无忧是他们不可推卸的责任。

要把钱当资源而不要当资产

三十辐共一毂，当其无，有车之用；埏埴以为器，当其无，有器之用；凿户牖以为室，当其无，有室之用。故有之以为利，无之以为用。（第十一章）

辐，就是车条；毂，就是轮毂。轮子这东西很有意思，世界很多地区都单独发明出来了，而且形式都一样，有辐条有轮毂。轮毂中间是空的，所以才能把车轴插进去，这样车才能用。埏埴，就是制陶的过程，对，就是《人鬼情未了》那个经典画面。做出来的器皿中间是空的，所以才能盛东西。

在墙上凿出来门和窗，才能住人。古代建房子跟现在不一样，那时候没有钢筋水泥，砖瓦也是奢侈品，只有贵族才用得起，那老百姓怎么办？他们用石灰、沙土和成泥浆，为了增加牢固性，还往里面掺糯米浆和稻草，然后用这些混合的泥浆灌注在两块夹板之间捣实。对，你又猜对了，这就是孟子说的"傅说举于版筑之间"的那个"版筑"，傅说这个大贤臣，之前就是农民工。

等水分干了，夹板拆开，就成了墙。古人还是很有智慧的，这就是最早的一体浇灌技术。因为泥浆里面混杂了稻草，所以做出来的墙上有很多支出来的草秆，看上去就像土坯上面长了毛。没错，这就是"毛坯房"的由来。我小时候回农村老家，还跟人家一起动手盖过这种房子，只不过是给猪住的。既然都一体浇灌、一体成型了，自然就得后凿窗子和门。一般百姓家都是单开门，这种叫户，双开的才叫门，门字就是对着的两个户字，形象吧？

讲这些是想说明什么呢？想说明不能只追求有，如果轮毂是实心的，器皿是一个陶疙瘩，房子没有窗户、门，这些东西还有什么用呢？这还是在说矛盾的对立统一，还是说要跳出来看"有"，跳出来了，才能利用它，做它的主人，而一旦试图拥有它，却反而成了它的奴隶。

总能看到这样的问题，为什么我总是攒不下来钱？看了这章就应该不言而喻了吧？就是因为我们总是想攒钱，所以才攒不下来钱啊。

可能又有聪明人要笑了，这不就是忽悠我们消费嘛，骗傻子呢？你看，这就是为什么我们攒不下来钱的原因，说到不攒钱，我们就只能想到消费。说来说去，我们还是把钱当作了财产，而我们只是想拥有它而已。

而有钱人呢？他们把钱看作是一种资源。区别是什么？财产是用来消费的，越消费越少；资源是用来投资的，越投资越多。难道是想忽悠我买理财吗？我们手里那几万、几十万的，买理财能有几个利息？搞不好爆雷，还血本无归了。最好的投资永远不是把钱给别人,别人有别人的利益,不会全心全意为我们赚钱。最好的投资是把钱投给自己。

如果我们心中有坚定的使命,那就把钱投给自己去创业,去完成使命。如果心中没有使命,那就把钱投给自己去学习,去广泛地学习,在广泛的领域追求极致体验。这些体验最终会成为我们的砖瓦,有朝一日砖瓦充足,我们便可以建造一个自己的价值观,而价值观会指引我们去发现自己的使命。

对于钱,一旦明白了"有之以为利,无之以为用"的道理,便不再追求拥有钱,转而追求利用钱。利用得好了,资源会增加,利用得不好了,资源会减少,但不论增加还是减少,我们都不再是金钱的奴隶,而是金钱的主人。那时候,我们就不会再困惑于赚钱、攒钱,正因为有了这个认知突破,我们才更有可能赚到钱、攒下钱。当然,那时的我们已经不会因为攒下钱而欣喜,心里想的只是怎样把他们利用起来,去创造更多、更大的价值。

市场经济下,钱是一切资源的一般等价物,所以对于一切资源,均同此理。

老子为什么劝我们柔弱

天下莫柔弱于水,而攻坚强者莫之能胜,其无以易之。弱之胜强,柔之胜刚,天下莫不知,莫能行。是以圣人云:"受国之垢,是谓社稷主;受国不祥,是为天下王。"正言若反。(第七十八章)

天下没有比水更柔弱的了,但是水滴石穿、开山劈石、无坚不摧,为什么?因为水的使命是无比坚定、不可动摇的,它只是流向低处,没有任何私欲,不会因为一点挫折而改变目标,也不会因为有多个目标而三心二意。

从弱处着手，量变引起质变，弱者道之用，这就是弱之胜强；目标坚定，历经艰难险阻、百转千回，始终朝着目标前进，这要远胜刚而不易折。天下没有人不知道这个道理，但是却没几个人能够践行。

有人可能又要曲解老子的意思了。老子说要柔，不就是教我们不要有原则，不要被道德束缚吗？所以，我没有什么底线，只要给钱，什么都可以做，这不就是柔了吗？这有什么难的？我现在就做到了呀！

老子说的柔弱，是以弱为切入点，持续地累积点点滴滴，而底线正是承接这些点点滴滴的容器，最终的目的还是为了"以弱胜强"。如果我们连底线都没有，不管漏斗口放开多大，下面没有一个容器承接，进来多少便漏出去多少，这样不就永远是个零吗？不就是永远的弱吗？怎么以弱胜强呢？

有了底线就不一样了，我们可以通过不断地积累，持续提高自己的底线。最初的底线是别人交代自己做事不要出问题。做到了之后，底线提高，变成别人交代自己做事，不但不能出问题，还要超出别人的预期。做到之后，再提高，不但超出别人的预期，而且要接近完美，让人无可挑剔。做到之后，再提高，不需要别人交代做事，自己就可以发现问题，自己找事做。做到之后，再提高，不但自己可以发现问题，解决问题，还可以创造机制一劳永逸地解决一类问题。做到之后，再提高，不但可以解决一类问题，还可以建立预防机制，治之于未乱。做到之后，再提高，不但可以治之于未乱，还可以无中生有，没有机会创造机会，利用低价值来创造高价值，使人尽其才，物尽其用，能有余以奉天下。

这才是弱能胜强的弱，你做到了吗？冲冠一怒容易，忍辱负重难。怒火攻心，头脑发热，是肾上腺素刺激下的原始冲动，不光人有这种反应，所有哺乳动物都有同样的反应。失去理智，违法乱纪，造成损失，甚至闹出人命，最后锒铛入狱，害人害己，这就叫"勇于敢则杀"。这种事猪狗畜生经常干，一个人做出畜生一样的事情，有什么可骄傲的？

很多时候死并不可怕，心灵的煎熬比死更可怕。为什么那么多人选择自杀？就是因为有一种折磨叫生不如死。如果在前面加一个期限呢？十年生不如死和自杀让我们选，我们会怎么选？有些人可能会选择自杀。如果期限是一个问号，不知道要多久才能结束这种生不如死的状态，甚至也没人能确定是否会有那么一天可以结束生不如死的状态，我们会怎么选？绝大多数人可能都会选择一死了之。而只有那些拥有坚定使命的人才会选择忍辱偷生，因为生死荣辱早已被他们置之度外，使命是他们唯一追寻的目标。

够承担国家屈辱的人，才配做君主；能承受国家灾祸的人，才配做天下的王。能够承担所有风险，即便倾家荡产也在所不惜的人，才配做创业者；能够承受所有公司压力，所有责任一肩挑起的人，才配做公司的老板。

《论语》中记载了舜对禹说的话，"朕躬有罪，无以万方；万方有罪，罪在朕躬"。每每读到，我都不禁热泪盈眶。中华文明为什么能够绵延不绝？正是因为有尧舜禹汤这样的古圣先贤，他们负重前行，才有子孙万代的歌舞升平。这样的祖先，难道不值得我们敬仰吗？不值得我们感恩吗？不值得我们拼死维护他们的声誉吗？

反观创业者、老板，如果没有"受国之垢""受国不祥"的决心，我劝各位还是不要接受这个位子比较好，德不配位，必有灾殃！

第四章

方法论

做事有什么"必胜法"

天下皆知美之为美,斯恶已;皆知善之为善,斯不善已。故有无相生,难易相成,长短相较,高下相倾,音声相和,前后相随。是以圣人处无为之事,行不言之教。万物作焉而不辞,生而不有,为而不恃,功成而弗居。夫唯弗居,是以不去。(第二章)

老子提倡的方法论用现在的话说叫辩证法。虽然身为中国人说这话有王婆卖瓜之嫌,但是没办法,事实摆在那里,两千多年前的《道德经》白纸黑字、不厌其烦地在讲辩证法,这比黑格尔的哲学观点的提出早了几千年,而且《道德经》里的辩证法流传之广、影响之深,也远超黑格尔的《精神现象》。可惜,有的中国人忘记了祖先的辩证法,以至于现在开自家门,还得去人家那里借把钥匙才行。

这一章,讲的就是辩证法三大基本规律的第一条,矛盾的对立统一。

我常常在想,老子这些排比是为了增加容错率吗?或者是在用归纳法但没法穷举,所以只举了几个例子?抑或只是简单的修辞手法?现在已经无从知晓了,总之他的目的显然达到了,大家都能明白"矛盾总是成对出现"。

但是老子不谈"对立",他谈的是"相辅相成",这显然比"对立统一"要更实用。假如我们的认知是"对立",那么要如何做?拉一派打一派吗?这显然就不如"相生""相随",对吧?所以,孔子也说"和而不同",这就是中国哲学的味道,我们研究这些东西,是为了"中用"。我甚至怀疑《中庸》就是"中用",或者说"中用"是主要含义,这一点回头在聊《论语》的时候详细展开吧。

不知道大家有没有发现,"对立"和"相生相随"看起来相反,但实际上它们是对一件事物的两种价值判断。什么叫价值判断呢?半杯水放在那,有人认为差半杯就空了,有人认为差半杯就满了,谁对谁错?都对。这是和稀泥吗？不是，就算再严谨，能证明哪一个是错的？

虽然没有对错，但是不同的价值判断却会把我们导向截然相反的"如何做"。半杯空先生，他会很焦虑，怕杯子空了，想方设法地保住仅有的半杯水；半杯满先生，会很积极，因为杯子马上就要满了，那就再加把劲把它加满呗，于是他会放下杯子去找水壶。结果呢？半杯空先生的上限是半杯水，而这却是半杯满先生的下限，价值判断就是这么神奇。

同样的道理，强调"对立"的会暗示自己选边站，只要站到了一边，自然就要跟另一边对着干，必欲灭之而后快。美的就想消灭丑的，好的就想消灭坏的，不只想，做起来也是毫不犹豫，义正词严，以至于无所不用其极。什么是丑的呢？跟我不一样的就是丑的，越不一样越丑。什么是坏的？当然还是跟我不一样的喽。最后就是铲除异己。这样的人少吗？到处都是。豆腐脑应该咸还是甜？榴梿是香还是臭？抖音神曲好听还是不好听？对立的例子比比皆是。

但是老子不这么想，他强调"相生"，他说两边都一样，我们不用选，愿意站哪边站哪边，想换随时换，换来换去也无所谓，唯一只有一个前提，不管站在哪边都要与另一边"相生"。

我爱吃咸豆腐脑，你爱吃甜的，那你就吃甜的呗，点菜的时候一样来一碗就得了；我爱吃榴梿，你受不了，我躲起来吃别让你闻到就得了；抖音神曲你自己听，戴上耳机，我管你呢？

有人说，这样会不会变成善恶不分呢？这是个好问题。老子把这种"相生"列举了一下，相成、相形、相盈、相和、相随，我们都不用管这些字具体什么意思，总之一眼就能看出来都是好词。没有相杀、相煎、相害吧？什么意思呢？就是要共赢，是"和而不同"而不是"同而不和"，那样就变成了小人，结果是双输。

现在流行"摸鱼"，如果按这么说，是不是摸鱼也没什么不行的？如果从摸鱼本身看，我们得不出结论，那就要升一个维度去看，大家都摸鱼的结果是什么？没多久公司就倒闭了，对不对？我们怎么办？换一家继续摸？确定有人要我？除了摸鱼我还会什么？人家凭什么要我？需要我去摸鱼吗？

这就叫双输，这就叫相害，我们摸鱼害公司倒闭的同时也害自己失业，公司纵容我们摸鱼害自己倒闭，同时还害我们失业，大家都算咎由自取。但是其他员工呢？他们兢兢业业做错了什么，要跟着一块失业？不过好在他们的努力让自己长了本事，可以换一家干。

怎么才能共赢？刚才说了，肯定不能选边站，那样就"对立"了。那怎么办？我们要跳出来，提升一个维度之后，就可以找到那个共同的目标了。

我的一个团队负责人，负责产品，做得出类拔萃。年底了，我一对一请每一个人吃饭聊，到了这位同事，因为他做得好嘛，平时也坦诚，我就半开玩笑问他："你干了这么多活，想要点什么奖励呢？"他说："这都无所谓的事，老板给多少是多少呗。"我说："怎么也学得油嘴滑舌了，以退为进是吧？"他说："那倒不是，主要是我也不是为了赚钱才在这儿的。"我说："哟呵，那你说说你为啥在这？"他说："其实也不为啥，我就想把事做好。在我们这事情多机会就多，又能踏踏实实做成事，那就待着呗。"

我知道他家里没矿，就明知故问："看来你是不差钱啊！"他知道我了解他的情况，就说："您别逗我了，我不是不差钱，我是觉得把活干好，钱自然少不了。公司要真上市了，就算您不给我钱，外面也有的是人给我高薪。当然了，您也不是那样的人。"我说："行，还是你硬气，要不我怎么得求着你帮我干活呢……"

那年，他拿了最高档年终奖和期权激励。这还真不是怕他走，而是因为他的价值就应该匹配这个价格。这位同学跟所有团队都有合作项目，而且都做成了，更关键的是，这些项目的负责人还都是其他人而不是他。他平时也催这个怼那个的，不过怼归怼，只要项目完成就拉倒，之后提都不提。有个团队项目庆功会，拉他上去切蛋糕，他不去，后来死活被拽上去了，就站在最旁边。其他负责人都服气，不给最高档算是赏罚不明，团队还怎么带？

这就叫"处无为之事"，不是什么都不做，而是不刻意去做。怎么才能不刻意？把目光放长远，把目标定高，不是数量高，而是维度高，高到和周围的人共赢，那时候做什么事就都顺理成章了。

刚才说的这位同事，他的团队全都跟他一个风格，我看他们忙得脚打后脑勺。平时也不怎么开会，最多也就开个晨会互通有无。但是团队成员的风格却高度统一，比那些动不动培训企业文化的好多了。所以，他们的团队还是票选出来的最佳团队。

我女儿5岁的时候去练乒乓球，练了两次就不想练了，怎么说都不管用，那么小也不知道什么叫三心二意、半途而废对吧？我带着反弹板去练球，她不去，非要看书。我说看书可以，但是得去球馆看，不然没人照看你。于是，她就跟去了。到了球馆，我用反弹板练球，她在一边看书。等我练了一会，也出汗了，她颠颠跑过来，说要不我陪你练吧？我说："你不是看书吗？怎么又想练球了？"她说："我看你打得也挺有意思的。"

绝大多数事情，我们想靠嘴说服别人是不可能的，就像我也说不清楚乒乓球有什么意思，可打上了就是有意思。但如果不去打，想让我描述清楚乒乓球的乐趣，我是没那个本事的。这就叫"行不言之教"，不是不能说，而是说了没用，就算说得清道理，别人也体会不到那种感觉，最后还是得自己先干出个样子，把人家吸引来尝试一下，尝试了才能明白。

如果非说不可，也只能像老子这样，用类比，例如跟"道"类比。道什么样？你看万物生机勃勃，周而复始，能看出来道做了什么吗？道诞生了万物，但它把万物据为己有了吗？做成了这么大的事，道自己认为自己了不起了吗？这是多大的功绩啊，道表现出来是它的功劳吗？

不居功大家才不会离开我们，这就是"道"为我们做出的好榜样！

面对压力如何淡然处之

载营魄抱一，能无离乎？专气致柔，能婴儿乎？涤除玄览，能无疵乎？爱民治国，能无知乎？天门开阖，能为雌乎？明白四达，能无为乎？生之畜之，生而不有，为而不恃，长而不宰，是谓玄德。（第十章）

这句话，已经被彻底玩坏了，以致现在有人一看到营魄、一看到气、一看到玄就说是迷信。人家庙里搞神秘主义是门生意，我们搞神秘主义把自己唬得一愣一愣的是图什么？我们读书，是要学以致用的，要为我所用，搞出来鬼啊、神啊的，难不成还真想成仙不成？而且老子这么大的思想家，全篇都在指引我们去悟道，为什么就在这句当不当、正不正开始忽悠我们修仙、养生了呢？老子精神分裂了吗？

显然不是，老子从来不关心什么修仙、养生，他只讲为人处世，当然了，我们把为人处世练好，万事顺遂，心情愉快，身体自然也不会差，但这些只是做人做事的副产品。

营魄，就是魂魄，这就是古人在当时的技术水平下，对"人"的认知，基本是仅凭借思辨做出的模型，没有经过严谨的实验验证，所以模型精度只能随缘。这是人类发展的必然过程，没有科学方法论、没有仪器设备，也就只能凭借思辨了。

这个粗糙的模型，简单讲是这样的。人既有形，就是身体，又有神，就是精神。主宰精神的那个东西，就叫作"魂"，魂是无形的，比较轻，也比较飘忽，是可以离开身体的。魂离开身体人就会精神失常，或者呆若木鸡，但是魂还可以回来，回来就恢复正常。当我们发呆的时候，古人认为就是"灵魂出窍""魂游天外"了，自己体会一下，其实还是挺形象的，虽然不准确，但是不是还挺浪漫的？

主宰形的那个东西，就叫作"魄"，魄是有形的、附着在身体上、不能到处乱动。魄出问题，人就没办法行动，我怀疑是不是因为古人见到了脑血栓后遗症，发现这人精神都正常，什么都明白，就是说话、行动不利索，所以想出来了魄这么个模型？

魂这东西不光中国有，西方也有，叫"soul"（灵魂），人类经历的事都差不多，所以思辨出来的模型也是大同小异。我们不能因为模型不精确就一棒子打死，连引申义都不让用了，毕竟人家英国人也有迷信，我不照样喊着要找"soul mate"（灵魂伴侣）？而且，老子也不是想说魂魄本身，这句话翻译成现代白话，就是形神合一，形不离神，神不离形，大体就是表里如一、言行一致的意思。就是我不能装，心里想的和表现出来的要一致，心里乐开花，表面气呼呼，这不行，这样就是"离"了。

"专气致柔，能婴儿乎？"我不能一看到气啊、柔啊这些字，就往修真、迷信上面联想。古人那时候没有"潜意识"这个概念，也没有"协调性"这个概念，所以他们把这种协调性、潜意识又抽象了一层，建了"气"这个模型。其实，这个模型是很符合直观的，即便现在看来，也是个不错的模型，可惜被后人用歪了。

气字的甲骨文字形与"三"相同，应是云的象形，指云气，后来引申为所有千变万化、若有若无之气。古人习武，必定要练习协调发力，这跟现代搏击是一个道理。一拳打出，必须力从地起，蹬踏、转胯、转腰、转背、送肩、出拳，这就是一条动力链，环环相扣，如同甩鞭子一般，必须一气呵成方能打出有力一击。古人没有解剖学知识，所以他们就认为这种协调发力，是由一股"气"贯穿始终的。本来是很有想象力的一种模型，可以很好地指导提升实战表现的。可惜后来被人们玩坏了，变成了迷信拿来招摇撞骗。要我说，这些人不是蠢就是坏，大多数应该兼而有之吧。

古人也讲"观气"，大概就是看一个人的"气质"来辨别吉凶祸福。其实，这就是在看人们潜意识所体现出来的外在表现。真正大彻大悟、融会贯通的人，做什么都信手拈来、挥洒自如，在旁人看来，便是"谈笑间樯橹灰飞烟灭"。为什么能这样？因为人家"事上磨"得多了，为人处世都固化到了潜意识里，成了条件反射，想不守规矩都做不到了。

好比骑自行车，会骑的骑上就走，让他模仿一下不会骑车的样子，他反倒不会，为人处世也是一个道理。所以，孟子也说"吾善养吾浩然之气"，一个意思。

为什么"专气致柔"，就像婴儿？因为都是潜意识嘛，不用想、随心所欲、浑然天成，就像婴儿一样自然、不刻意、不做作。

那么为人处世，怎么才能达到这个程度？中国有一门传统"功夫"，就是《大学》里面的"格物"。格，木之分叉是也。格物，即是对"物"进行分类和归类，对应西方的逻辑学。朱子说："今日格一物，明日又格一物，豁然贯通，终知天理。"说的就是不停地训练分类，把对逻辑工具的应用固化到潜意识里面去，如此便"豁然贯通"了。当然，他没有强调"实验验证"，因为他所格的物，主要与人相关，在日常交往过程中就可以验证了。后来阳明先生进一步提出"心外无物"，强调格物就是格自己的"心"，用现代话说，就是去分析自己在认知中建立的关于客观世界的模型。不过，阳明先生过分强调了去分析"欲情念"这一条线，当然这也是针砭时弊，是当时的对症良药，今天我们既要继承也要发展。把朱子和阳明先生的格物合起来，加上科学对客观世界的建模，是不是就完整了？

熟能生巧，终有一日将格物的方法固化到了潜意识里，岂不就既"知天理"又"随心所欲不逾矩"了？

"涤除玄览，能无疵乎？"其实讲的就是格物的效果。也是神秀和尚说的"身是菩提树，心如明镜台。时时勤拂拭，莫使惹尘埃"。而慧能和尚说"菩提本无树，明镜亦非台。本来无一物，何处惹尘埃"，则对应了老子的"能婴儿乎"，对应了孔子的"随心所欲不逾矩"。

看看，"仙人""圣人""佛祖"，说的都是一个意思。为什么会这样？难道真有天机。当然不是。只是因为他们用的都是汉字、说的都是汉语。语言潜移默化的力量是巨大的，不知不觉就会把大家同化。只要知道了精忠报国，就不可能没有爱国热血；只要知道了青梅竹马，就不可能不向往两小无猜，这就是语言的力量。

只要是以中文为母语、自己承认自己是中国人的，那他就是中国人，哪怕金发碧眼也一样是中国人；反过来，母语不是汉语、不承认自己是中国人的，就算父母都是中国人，那么他也不是中国人。

很多人说佛教是印度的，这话太绝对。用梵文写的佛经是印度的，用中文写的佛经就是中国的。中国的佛教已经被汉字彻底同化了，里面很多例子都借助了中国经典典故，例如"明镜"便是借鉴了老子的"玄览"，"览"通"鉴"，意为镜子，所以，汉传佛教其实跟印度佛教不完全等同。

说这话倒不是满足民族主义情绪，只是给各位一个建议，读佛经的时候把它当作中国的经典读，这样才能领悟其中的奥妙。读不懂的，去中国经典里面找借鉴，道家的、儒家、法家的、墨家的，这样才更容易融会贯通。否则去读梵文，那就成了缘木求鱼，贻笑大方了。

后面的无为，又是一个重灾区，很多人借着这句话，宣扬混吃等死、死猪不怕开水烫的精神。但是看看老子的前半句，是不是爱民治国？谁能靠混吃等死治个国看看？无为，就是不要刻意而为，不要追求功利，就是后其身、外其身的意思。虽然不刻意，但是为还是要为的，否则怎么爱民治国呢？"无为"这两个字全篇多处出现，意思相互印证，本就是没有争议的，回头遇到了我们再展开详细谈。

"天门开阖"，又是个坑，书中还提到过"玄牝之门"，它们是类似的比喻，只不过这次用的是"天门"，然后说"能为雌乎"，不是跟玄牝、天地根相对应的吗？意思就是我们还是要"为雌"，雌有很多优点，这里说的就是可以绵绵不绝、生生不息、用之不尽地产出万事万物。后面章节还有一句"知其雄，守其雌"，到那儿我们再详细讲这个"雌"。

"明白四达"谁都明白。"能无知乎"，要稍微解释一下。不管是知道的"知"，还是通智巧的"智"，其实都不影响理解。在《道德经》的语境里，所有用来讽刺的知啊、智啊、仁啊、义啊、学啊、贤啊前面都加上"刻意"两个字就好理解了。老子从来不反智，不反人类、不反对爱……他只是反对刻意地去标榜这些。

玄德，对，就是刘备字玄德的那个"玄德"，这就是指大的、德的极致，没有任何其他意思，千万别拿它去修仙。"生之畜之，生而不有，为而不恃，长而不宰"，就是后其身、外其身、不争、退、上善若水……总之就是，做好事，不留名，不但不留名，甚至连做了什么都不在乎，有功劳自己看不见，不争不抢，不想拥有，不去掌控。

我们甚至连它是不是好事都不在意，自己只是追求道，按照现有的道的模型也就是按德来做事，做好做坏，有功没功，有恩没恩，这些跟我有什么关系呢？

形式逻辑是万能的吗

视之不见名曰夷，听之不闻名曰希，搏之不得名曰微。此三者不可致诘，故混而为一。其上不皦，其下不昧，绳绳不可名，复归于无物。是谓无状之状，无物之象，是谓惚恍。迎之不见其首，随之不见其后。执古之道，以御今之有，能知古始。是谓道纪。（第十四章）

这章所有内容都是对道的描述，没有再用类比，改成了平铺直叙，以形而下的语言来描述形而上的"道"。方法还是那个方法，伸出手指给我们指方向，然后再告诉我们别去关注手指，也不要关注中间的障碍物，抛开这些之后往前看，边走边看，走得远了自然就看到了。

《道德经》很多句子都是押韵的，夷、希、微古音应该是押韵的，诘、一应该也是押韵的，状、象、恍是押韵的，首、后也是押韵的，道、有、始、纪这两对古音应该也押韵……是不是很有意思？在当年，这些可能就是在贵族圈传唱的"歌谣"，类似于《诗经》里面的诗。所以，还是按照诗的方式去理解，不要去抠字眼，关键是体会它的意境。

总的来说，道是看不见、听不见、摸不到的。夷，就是人背着弓，原意是征讨，后来引申为平，夷为平地就是这么来的；希，甲骨文字形上面是网，下面是布，比喻织得很稀疏的布，后来引申为稀疏；微，甲骨文字形是整理头发，引申为小。字源其实也是挺有意思的，有点像猜谜，演进过程就像悬疑电影，有兴趣的朋友可以去研究一下。

然后老子说，夷、希、微这三者是没办法进一步下钻了，到这它们就混合起来了，称之为"一"。这句话用现代白话翻译就是：如果我们站在还原论的角度不断探究道的组成时，最终都会遇到瓶颈，总有分到不能再分的时候。而分到这么细致后，我们就没有办法综合了，因为太复杂，形成了一个混沌系统，而人类还没有办法为混沌系统建模。所以只能说，到这里就算到了边界。我们把边界状态、不可建模的那些东西都统一还叫作"一"。这里要注意，这个"一"并不是"道"，而是由道而生的最初状态，我们不是不能直接描述道，我们是连道前面那个"一"都无法精确描述。虽然无法精确描述，但我们却可以曲线救国，可以类比、可以绕着弯地说个大概，老子全篇都在说这件事。

什么是还原论？就是形式逻辑最基本的方法，从大到小依次细分，例如把物体分割成分子，把分子分割成原子，把原子分割成质子、中子、电子，再分成夸克，再分成一堆更微小的基本粒子。老子当然不知道可以分到这个程度，但是当时没有实验条件并不代表就不可以思辨。古人的思辨功夫并不比现代人差，他们的认知主要是受生产力水平局限，也就是没有技术力量去进行实验验证。而在那些他们可以进行实验验证的领域，反而集中了古人大量的智慧，现代人恐怕未必比得上人家。例如做人，现在的教授们恐怕没几位敢说自己为人处世的水平堪比古人吧？

古人虽然不知道分子的存在，但是他们通过基于宏观事物的思辨还是能够发现还原论的局限性的。你看,老子就发现了这个问题,"一"这个东西我们就没办法继续还原,已经到了看不见、听不到、摸不着的地步,那么边界以外的"道"是什么样就更没法说了。但是还要描述这个"一",怎么描述呢?只能绕着说,它的上边也不光亮,它的下边也不昏暗,渺茫一片,不可形容,结果还是回归到了"无物"。就像我们观测黑洞,电磁波虽然无法从黑洞逃逸,但是黑洞周围那么多天体围着它转,各种电磁波发生弯曲,这些我们还是能观测到的吧?观测到了这些,也就可以知道中间有个极大质量的天体了。这个天体表面不可见,光都无法逃逸,那除了黑洞还能是什么?所以,描述"一"也用了同样的套路,悟道也是一个道理。

这就是没有形状的形状,没有形象的形象,这东西能叫什么呢?其实就是个难以描述的东西。迎着它看,看不到它的头,追着它看,又看不到它的尾。"一"是这样,"道"就更是这样,它们同样无边无际、不可名状,我们怎样才能追随它呢?

下面这句是全章的要点了:我们只能按照前人总结出来的经验来应对当前的事物,能知道前人的"道",我们自己的"道"也就有了标准。说到这,老子就停了,这句话他没说完,我给他补充上:有了前人定下的标准,我们通过自身的实践,就可以不断迭代这个"道"。而我们迭代之后的"道",又会变成后人迭代的基础,日拱一卒,愚公移山,便可以不断向着"道"前进。

为什么有些人总能一针见血地抓住问题关键

致虚极,守静笃。万物并作,吾以观复。夫物芸芸,各复归其根。归根曰静,是谓复命,复命曰常,知常曰明。不知常,妄作,凶。知常容,容乃

公，公乃王，王乃天，天乃道，道乃久，没身不殆。（第十六章）

老子又开始讲怎么悟道了。首先，要"致虚"，用现在的话说叫虚心、放空、空杯心态。大家还记得之前讲过"道冲"吧？为什么道是"冲"，我们自己却要致"虚"呢？为什么不学道一样"致冲"呢？因为道外无物，道就是万物的依托，所以道不能虚，这个之前讲过。而道大，我们自己渺小，渺小如我想要悟道，自然不能给自己设置局限，一定要尽量地放空才有可能接近于道。所以，不只要放空，还要极致地放空，所以叫作"致虚极"。什么叫"极"呢？其实没有一个目标叫作"极"，它仍然是个方向，就是告诉我们尽可能地放空，不需要控制，这样才能向着"极"靠近，但是不用担心，我们达不到的。

"致虚极"是前提，有了这个前提，我们可以开始悟道了，方法就叫"守静"。要做到什么程度呢？要做到"笃"，这个字的字形从马从竹。骑过马的同学应该能有点直观感受，马很重，慢走的时候，那真叫一步一个脚印。有人曾经骑马的时候，不小心被马踩了一脚，脚指甲直接被踩掉了，肿了好几周才好。幸亏还是泥土地，这要是柏油路直接就骨折了。所以，这种马慢走的脚步就引申为厚重、坚定。

笃就是"笃信"的笃，这个倒还好理解，关键是这个"守静"要怎么理解呢？别着急，后面这些就都是讲"守静"的。老子先稍微展开了一下，万物生长，我们来观察他们往复运转的规律，这就叫作守静，"守"就是坚持观察，"静"就是那个往复规律。

是不是还不太理解？没关系，老子后面又继续进一步展开了。万物纷纷纭纭、缤纷百态，但不论什么事物，最后都会复归到最初的状态。例如从无到有，最终还是复归于无；从生到死，最终还是复归于死；树叶从树枝上发出，最终掉落泥土又成了树根的养分。所以，什么叫"静"？狭义地说，回归到了最初状态就叫作静，与之对应的，所有归根之前的过程就叫"动"。而静代表了什么呢？静代表了这个往复规律的完成，这叫"复命"。

其实这个"静"已经是狭义的了，是老子为了让大家容易理解，讲的一个简化版。而前面那个"守静"，才是广义的"静"，这就像狭义相对论和广义相对论的意思。为什么古人管这种规律叫"静"呢？因为，它是不变的，不变就是不动，不动便是静。而"守静"就要"观复"，观察运转规律就必须跳出这个过程来看。在过程中看，它就一直在动，只有跳出来，看到了往复的全过程，从无到有再到无，从头到尾看全了，我们才能掌握规律，才能"守静"，这还是"外其身"的方法。

这种往复规律是永恒不变的，所以叫"常"，掌握了这种规律，就叫作"明"。日月为明，指的是自身发光，当然古人肯定不知道月亮只是反射的太阳光，我们不能吹毛求疵。这个明后来就引申为真正的智慧，而《道德经》的语境里，用知、智、智慧这几个词来表示智巧、机巧、聪明、处心积虑一类的意思，这就是老子个人的用词习惯，通过上下文我们是很容易理解其真正含义的。

之前也说过，自然语言这个工具并不严谨，尤其文言文惜字如金，我们绝不能断章取义，一定要放到上下文、放到全篇去参照着理解，然后再去通过实践检验；随心所欲地理解，很可能南辕北辙。

接下来老子又说，不了解这种亘古不变的规律，肆意妄为，那就凶多吉少了。而掌握了这个规律，自然就有了格局，有了格局才能凡事为公。凡事为公才能处事周全、领导众人，有版本这个"王"是"全"字，这不影响理解。处事周全、领导众人就接近于天的境界。天的境界接近于道，所以这也就是遵从"道"的法则做事了。这样处事方能长久，这样做人才能终身没有灾祸。

全章我们再综合来看，老子想说的悟道方法是什么呢？总结成现代白话，就是归纳法，而归纳的过程则应用辩证法原理中的否定之否定。老子想说的意思是，悟道不能一味地去演绎和分解，一直观察"动"是观察不完的，万物生生不息，我们看到的只能是个没完没了。想要掌握规律，就要跳出来观察它往复运转的规律，也就是"观复"。跳出来了，我们才能发现规律，这种规律是亘古不变的，守着这些规律做事，叫作守静，做人做事全部符合这些规律，当然就接近于"道"了，都接近于道了，自己还会有危机吗？

做人是一场艰苦的修行

唯之与阿，相去几何？善之与恶，相去若何？人之所畏，不可不畏。荒兮，其未央哉！众人熙熙，如享太牢，如春登台。我独泊兮，其未兆，如婴儿之未孩。儽儽兮，若无所归。众人皆有余，而我独若遗。我愚人之心也哉，沌沌兮！俗人昭昭，我独昏昏；俗人察察，我独闷闷。澹兮，其若海；飂兮，若无止。众人皆有以，而我独顽似鄙。我独异于人，而贵食母。（第二十章）

这一章估计是老子怕我们在追寻道的路上走得太艰苦以至于半途而废，所以跟我们交交心，帮我们调整一下预期，让我们坚持住。

庄重承诺与曲意逢迎，相差多远？美好和丑恶，能差多少？这句话有的版本里面是"唯之与呵"，翻译过来就是"恭敬与倨傲"，也能说得通，但意思还是那个意思，就是好坏之间的差异其实没多大。但是要表示这个意思，还是"唯之与阿"更好一些。阿，就是阿谀奉承的阿，也是刚正不阿的阿。大多时候承诺与逢迎看起来都是承诺，表面确实没什么区别，关键就在于心里的念头。

别看都是承诺，但"唯"就是美好的，"阿"就是丑恶的，两者就是一念之差。我们的心正，承诺的时候，心中只想着去努力达成，那就是"唯"；我们的心不正，承诺的时候心中想的就是先应承下来，哄着对方高兴，至于能不能做，以后再想办法，那就是"阿"。这种事想必所有人都遇到过，自己也都做过，就是俗话说的"先应承着"。而我们究竟怎么想的，虽然人心隔肚皮，别人不知道，但自己却骗不了自己。

如此一来，后面这句最让人摸不着头脑的"人之所畏"，就好理解了吧？人畏惧的是什么呢？畏惧的正是"善恶只在一念间"。一念就是唯，一念就是阿，一念就是善，一念就是恶。难道这还不值得我们畏惧吗？

不光是我们应该畏惧，"一念之间"这种东西不论在哪里、不管什么时间、不论什么人都是需要畏惧的，过去是，现在是，将来也是，永远不会改变。这个"荒"字用得非常精妙，忍不住深究一下。荒，上面是草，下面那个字就是水流的流字的右半边，也读"荒"的音，表音的同时，也与时间有关。所以荒字是会意字，表示用不了多久，到处就会长满野草。对比一下"念"这个东西，是不是也像野草一样，如果不管，很快就会长得到处都是、千奇百怪、杂乱无章？形象吧？

那"未央"用得也很妙，表示"漫漫无尽"，就是《诗经》中的"夜如何其？夜未央"的"未央"。妙在哪里呢？妙在不仅充满诗意，还与"荒"押韵。我们仔细品读，《道德经》有很多对仗工整、韵律和谐的句子。

"众人熙熙"，"熙"字，下面是火，上面是人的脸颊，指篝火照得脸颊光亮、温暖，引申为欢乐，犹如开篝火晚会一般。你没看错，篝火晚会这玩意，从古至今，都是大家喜闻乐见的活动。太牢，是最盛大的祭祀，有猪牛羊三牲，祭祀之后是宴会。春登台，就是我们现在的春游，我们喜欢的，古人也喜欢，这就是人性，千百年来，一点都没变。

这句什么意思呢？就是其他人都想参加篝火晚会、想参加盛大祭祀宴会、像春游一样喜不自胜。只有我，淡泊宁静，无动于衷，像个还不会笑的婴儿一样。大家看最后这句"儽儽兮，若无所归"，一副疲惫不知所归的样子，能想到什么？是不是跟《史记》中《孔子世家》里面"东门有人"形容孔子"累累若丧家之狗"一模一样？孔子怎么回复的呢？"然哉！然哉！"

为什么两大宗师不约而同用到了同一个意象？因为他们都在茫茫人世间追寻着"道"，而"道"又是如此的精微，善恶一念之间便是天渊之别，令人如临深渊、如履薄冰。以至于孔子说"朝闻道，夕死可矣"，这是何等的苍凉？而在追寻"道"的路上，每个人都无依无靠，自己茫然不知方向，东一头西一头地误打误撞，四处碰壁，撞得灰头土脸、头破血流，可仍然不停地四处寻找，看不到尽头，不正如疲惫不堪的丧家之犬吗？

众人都心满意足，只有我若有所失。我的心可真是愚蠢啊。一般人彰显自己、光彩照人的时候，只有我暗淡无光；一般人精明干练、明察秋毫的时候，只有我沉默寡言。如海一般没有尽头；如风一般无休无止。众人都有一技之长，只有我这个山野村夫冥顽不灵。只有我与众不同，因为众人只活在万物之中，而我却崇尚万物之母，万物之母是什么？当然是"道"了。

这段老子真是掏心窝子了，大家在修行的路上，苦了累了，回来听听老子的心声。人家宗师尚且如此，我辈怎敢不披肝沥胆、砥砺前行？

为什么我已经很努力了，可还是赚不到钱

企者不立，跨者不行；自见者不明，自是者不彰，自伐者无功，自矜者不长。其在道也，曰余食赘行，物或恶之，故有道者不处。（第二十四章）

企，这个字，就是一个人下面加了一只踮起来的脚，原意就是指踮脚。踮着脚干什么呢？有可能是想看得更远，这叫企望。有可能想收获更多的东西，这叫企业。所以，什么叫企者不立？就是说踮着脚是站不稳的，争名逐利的人就是企者。

求名的往往一门心思地刷存在感，例如网上有些"喷子"，觉得喷得越多、说话越极端就越容易出名。可结果正相反，说的话没有内容，全是负面情绪。可谁也不是垃圾桶，自然没人去看这些垃圾话。所以，他们越是想出

名、越是求关注，就越适得其反。而越是被忽视，他们心里越着急，喷出的负能量越多，如此循环，直到被大多数人拉黑或者被系统屏蔽掉。

反而是那些没什么功利心的，专心解答本领域问题，说话中肯有干货的人容易被人关注。因为人家不需要关注，没想着出名，他们只是觉得事实就是如此，便把那些东西写出来。没人看没关系，因为那是自己的经验总结，就算没人看自己也要总结嘛。如果有人看，那没准就可以帮到别人，自己做总结有收获，别人借鉴了也有了收获，何乐而不为呢？

我见过的创业者中，那些急功近利一心赚钱的，现在都回去打工了。为什么？因为打工赚钱更容易啊。每个月旱涝保收，自己干好自己那摊就完了，甚至上班摸摸鱼，只要不耽误事也没什么。可创业当老板有心思摸鱼吗？一睁眼就是一堆事，一闭眼就是满脑子账，现金流能不能撑到下一个月？每个月都觉得下个月要挂了，天天饱受煎熬。如果仅仅是为了赚钱，谁会去遭这个罪？就不要说管理层不和、员工闹矛盾、用户投诉这些烂事了。所以，赚钱这个小目标是支撑不了我们创业的。我们创业想熬到上岸，支撑自己的也只能是自己心中的使命。

"跨者不行"，用我们现在话说，就叫步子大了容易伤着自己，经典从不过时。如果只是迈大步走路，路途不远也还可以凑合，但是我们跑个十公里可就体会出这句话什么意思了。真有不少人跑步喜欢迈大步的，因为看专业运动员跑步步子都很大，跑起来很帅，所以自己也刻意迈大步。这些迈大步的人跑不了多久就会受伤，膝盖受不了了。正确的跑步方法是，先提高步频，步频提上去了，再开始提高步幅。而且，提高步幅的方法不是刻意迈大步，而是训练腿部肌肉力量，尤其是腘绳肌力量。力量提高了，步幅自然就大了，那只是肌肉力量提升的副产品而已。

很多人提问，为什么我已经很努力了可还是赚不到钱？这些人就是典型的"企者不立，跨者不行"。他们以为有钱人之所以有钱，就是因为他们一门心思地赚钱，无所不用其极地捞钱。信以为真之后，自己也一门心思地赚钱，甚至每天早上起来对着镜子喊"我一定要发财"。于是，精神勃发地走出家门，开始为赚钱而奋斗。

怎么奋斗呢？领导让我干这个活，自己得盘算一下，这个活值多少钱？如果超过了自己的工资，那不但没赚到钱，反而亏钱了。我是为了赚钱啊，亏本的买卖怎么能做？推三阻四，宁可摸鱼也不干活。

别人找我帮忙，盘算一下，要是帮了他这个忙，他可能有100块收益，那我跟他要50不过分吧？然后就没有然后了。用不了多久，自己旁边埋头苦干、乐于助人的都升职加薪了，可自己还是那点干巴巴的死工资。一定是哪里出了问题，我比他们都想赚钱，比他们都努力地捞钱，凭什么他们加薪了，我却一分钱都没捞到？于是开始抱怨同事、老板、父母、社会不公平、国家内卷。这种人在老子那个时候就有，现在也还是有，几千年过去了，人性一点都没变。

后面老子又用了几个排比，越是自己显摆越不招人待见，越是自以为是越被别人瞧不起，越是自己往自己身上揽功劳就越是做不出业绩，越是自高自大就越是没办法做大做强。

老子说的四种人，实际上只是一种人而已，这种人有点什么小成绩就非得显摆出来，因为他们太缺少关注，太自卑。越是自卑就越求关注，怎么求关注？只能尽量显摆。可结果就是大家对他嗤之以鼻，显摆多了，可能就被人屏蔽了。

这种人必然还伴随着自以为是的毛病，如果不自以为是，他们就不会去显摆了。只有那些觉得自己了不起的人，才会去显摆自己，对不对？那些谦虚的人会显摆自己吗？当然不会，不是人家不愿意显摆，而是人家从心底里觉得自己就是很普通，根本想不出来显摆什么。

还是这种人，因为自卑，所以他们就更需要给自己脸上贴金，千方百计地抢功劳。可事还没做成呢，他们就天天合计着怎么把合作者的功劳据为己有，那还能有心思做事吗？再说，合作者又不傻，八字还没一撇呢，他们就已经开始跟人家争功劳了，这要是真有点成绩还了得？这样的话，谁还会跟他们合作？避开都是好的，惹急了故意拆台也在情理之中。

这类人一旦有了点权力，那就更要显摆了。怎么显摆呢？当然是滥用权力了。于是他们就会管得特别宽，管得特别细，生怕哪个地方没管到浪费了这点来之不易的宝贵权力。让他去当个保安，看个大门，他都能充分利用这点权力去刁难访客。所以，就算当保安他也当不长，没两天就被投诉下岗了。保安尚且如此，创业者难道不应该引以为戒吗？

以上这些行为，对道而言，就叫"余食赘形"。这个又是一个精彩绝伦的比喻，剩饭大家都见过吧？看着恶心吗？同样是饭，为什么看了剩饭会恶心？因为我们吃饱了呀，再吃就吃吐了，残羹剩炙一刺激，没准就真吐了，能不恶心吗？

再看看自己肚子上的游泳圈，是不是怎么看怎么别扭？没有人喜欢这些赘肉吧？甚至如果有个大胖子坐自己对面，是不是连饭都吃不下？我们倒不是歧视胖子，但人的审美就是这样，我们不喜欢多余且没用的东西，我们喜欢简洁优雅，以至于极简。

为什么我们的审美追求极简？因为人类的最底层需求只有两个，一个是安全，一个是自由。什么叫安全？安全就是摆脱恐惧。恐惧来自哪里？来自对未来的无知。如何预测未来？我们需要建模，广泛地建模，为万事万物建模，以至于为宇宙建模，我们在思维中建立模型的过程，用老子的话说，就是在追求"道"。

但是我们的思维能力有限，怎么能给万事万物建模呢？所以我们需要归纳。在一个更高维度把无穷无尽的模型抽象出来，变成有限的模型；再升维，把有限的模型归纳成少数模型；再升维，把少数模型归纳为一个模型，最终的这个模型就接近于道了。为什么只是接近于道，而不是达到了道呢？这就是老子开宗明义第一句说的"道可道，非常道"。

所以你看，我们的思维方式就是不断地升维、不断地抽象、不断地归纳，我们就是在不断地追求简洁、优雅。这就是我们审美的最基本原则，它是演化的结果。

最后老子总结说，名也好、利也好、权也好，这些都是多余的东西，万物都不待见它们，所以有道的人自然也要对它们敬而远之。

有人可能会说，那说的是有道之人，我又不是有道之人，我要争名逐利、满足一己私欲有什么问题吗？就算我们一心想要名利，也要讲究方法。想要乘凉，不能趴在地上找影子，要站起来去找树。

如何沟通

以道佐人主者，不以兵强天下。其事好还：师之所处，荆棘生焉；大军之后，必有凶年。善有果而已，不敢以取强。果而勿矜，果而勿伐，果而勿骄，果而不得已，果而勿强。物壮则老，是谓不道，不道早已。（第三十章）

这章如果原封不动搬到《孙子兵法》里面去，一般人也不会觉得有问题。按照道的法则辅佐君主的人，不会以武力使天下臣服。为什么不呢？因为杀人偿命，天经地义。有被抽了大嘴巴，不但不想着还手，心里还美滋滋的人吗？这种人就被称为"阿Q"。正常人的反应必然是君子报仇十年不晚，对吧？后来从老子这段话演化出一个成语，叫"天道好还"，有人用到这个词的时候事儿一般小不了。

军队所过之处，必然田园荒芜，荆棘丛生。打过仗之后，接下来必然是大凶的年景。古时候跟现在不同，那时候真的是地广人稀。城市都很小，城墙以丈计高，以雉计面，长三丈高一丈为一雉。春秋时代的城墙礼法规定，大的诸侯，都城不超过三百雉，下面的城市，则不准超过百雉。按墙高三丈算，一雉就是一丈长，周长一百雉，就是三百三十多米，百雉算下来，一面墙也就几十米长。一座城，也就现在两个标准操场那么大吧。城外面另有一道外墙叫郭（未必都有），用于抵御强敌，两道墙作为缓冲。郭外面叫作郊，就是城乡接合部，这个词现在还是那个意思没变。郊外面叫鄙，就是现在说的农村。那里的人忙着种地，通常没什么文化，所以古人谦虚的时候就称呼自己为鄙人。鄙外面叫野，住在野的人称为"野人"，他们不受君主管理，真的很野。还有个词叫"在野"，对应的是"在朝"，也是从这儿来的。

在野还偶尔有几户人家，再走远点，那就真的是荒山野岭了。所以，古代的城市和现在完全不是一个概念。现在两个城市之间也住满了人，想找个没人的地方都很困难。古代则相反，大部分是无人区，城市与城市之间是大面积真空地带。所以，古人打仗才必须要攻城，因为只有城里和城周围才有人。稍微远点的地方连个人影都没有，跟谁打去？

说了这么多就是想说，春秋战国时期，各国始终处于缺壮丁的状态。就这么几坨子人，让他们打仗就没人种地。没人种地，田地荒芜，荆棘丛生，又没有储备粮，好好种田都不一定吃饱饭，不种田去打仗，来年一定挨饿，很可能演化成饥荒。所以，为什么秦国可以平灭六国，很大一个原因是拿下了蜀地这个大粮仓，连年征战还饿不死，这在当时无疑是一大先决条件。

善有果而已，不敢以取强。用孙子的话说，就叫"不战而屈人之兵，善之善者也"。两句几乎没什么差异，基本就是孙子用他那里的方言翻译了老子的方言。后面两位宗师基本都在不谋而合，老子说只要达到目的就好，达到目的要见好就收、不要刚愎自用、不要自高自大、不要自吹自擂、不要耀武扬威，就算达到目的，那也只是自己被逼无奈，不得已的选择而已。这跟孙子说的，"兵者，国之大事。死生之地，存亡之道，不可不察也"不就是一个模子刻出来的吗？我怀疑老子在当时的影响力远超我们的想象，说《孙子兵法》的思想脱胎于《道德经》也不为过，孔子的思想，也是继承了老子的思想，拆分成儒道根本就是没事找事、搬弄是非而已，人家是一脉相承的关系。

老子最后说，追求强盛过头了，就要走下坡路，这就是不按道做事的后果，蹦得越欢，死得越快。老子这话放到现在，就是那句"不作死就不会死"。

我们工作中是不是也经常碰到这种人，凡事都要争个你死我活，不把人家说服,死不甘休?好话也不能好好说,得理不饶人,非要逞口舌之能。学校有学霸,戏团有戏霸、球队有球霸,老板也有不少霸道总裁。我们也别笑话别人,没准自己在别人眼里也是一霸。

不是经常有人问,遇到笨人心里生气怎么办?用老子的辩证法来看,说不明白和听不明白也是对立统一的矛盾体,我们怎么就知道不是自己说不明白,而是人家笨,听不明白呢?而且,只要我们生气,动了情绪,不管之前谁有理,接下来都已经没用了,那时大家已经不是在讲道理,而是在互相宣泄情绪了。这就是老子说的"以兵强天下",得理不饶人也是一种暴力。既然我们把暴力强加于人,人家必然要反抗,这就叫"天道好还"。哪怕对方听懂了,甚至就算他赞同我们的话,但人家就是要跟我们怼,不是为了争对错,就因为你让我不爽了我要争口气。

所以,一定记住老子说的"善有果而已",我要的不是说到人家里磕头认错,我要的是人家配合我们跟我们合作共赢。所以不要怼天怼地,心平气和地把情绪理顺了,气儿顺了,事儿才能顺。心里要清楚,沟通的唯一目的,是让对方在情绪上接纳我们,而不是从道理上被迫接受。说清楚道理简单,假设一致,按照逻辑推导出的结果就必然一致。情绪可就难了,这又是个混沌系统,所以要像用兵一样慎之又慎、因势利导。

这就是创业者的沟通之道。

互联网思维是什么

大道泛兮,其可左右。万物恃之而生而不辞,功成而不名有,衣养万物而不为主,常无欲。可名于小,万物归焉而不为主;可名为大,以其终不自

为大，故能成其大。（第三十四章）

"大道泛兮"，用的还是水的意象，大道像水，无形无色，无孔不入，无处不在。万物赖以生存，道从不拒绝，也从不居功。"衣养万物"是用了拟人修辞的手法，意思是道使万物丰衣足食，却不做万物之主，可以称之为小。"万物归焉"也用了拟人的手法，万物都归顺于道，可道仍然不做万物之主，可以称之为大。因为道不认为自己伟大，总是站在万物身后，总是跳出万物之外，所以才成就了它的伟大。

这章的字面意思很好理解，基本算是大白话，但是内容却非常有意思，它跨越两千多年解释了互联网平台的迅速崛起。现在我们日常用得最多的是什么？当然是微信了，衣食住行，一个微信就全部解决，微信俨然已经成了基础设施。能想象如果哪一天微信没了，生活会变成什么样吗？

全世界每天应该有十几亿人在用微信，但是有人会注意微信是谁在运营吗？不会，我猜很多人可能都不知道微信是哪家公司的。这就是一个标准的互联网平台，它做到了"功成而不有"。

它把运营工作做到了极致，至少到现在，我都没见过微信频出故障，十几亿人这么高频率的使用还能做到这么稳定，稳定得简直没有存在感，稳定得让人觉得是理所当然，这就是"衣养万物而不为主"。

既然微信这么方便、这么稳定、又免费，人们当然就爱用它，从来没听说谁是被强迫安装微信的，也很少听说谁拒绝微信，因为有百利而无一害呀，这就是"万物归焉而不为主"。

为什么互联网公司可以迅速崛起，并且增长到如此惊人的规模？根本原因就是，这些平台都把自己放得很低，做产品的第一目的就是满足用户体验。所以，我没见过任何一家互联网公司对用户盛气凌人，店大欺客在这个行业里面是极其少见的。这已经不是"用户就是上帝"的问题了，而是"我的使命就是服务用户"的问题。区别就在于，互联网提升用户体验的动力是内生的。好像一个画家创作一幅作品，他并不关心谁会看，甚至不关心有没有人看，他只是把作品做到极致。而当他把作品做到极致之后，人们自然享受他创造的艺术之美，他自然也会名利双收，但这些是他在乎的吗？当然不，他创作下一幅作品时，仍然还是同样的心态。这就是，"以其终不自为大，故能成其大"。用现在的话说，就叫匠人精神。

中国不乏这样的基础平台，互联网公司只是其中最耀眼的那一个。可为什么这样的平台只有在互联网时代才会产生？因为互联网极大地降低了沟通成本，使得平台可以高效低价地触达十几亿、几十亿的受众。同时，互联网技术使得公司可以把流程固化在系统中，这是迭代的基础；系统产生大量数据，这些数据可以清晰地指引迭代方向。迭代，是一种可怕的力量，所谓水滴石穿、铁杵成针。这也是老子后面要讲到的，弱者道之用，也就是量变产生质变。这些内容我们在后面遇到时再展开。

那互联网基础设施又是谁提供的呢？是电信公司。中国的电信基础设施建设不说是世界第一，至少也可以算是数一数二的了。起码比美国、欧洲、日本强，不论是覆盖率、稳定性还是收费低廉方面，都要好，大家用了二十几年都找不出什么不满意的地方，这不又是一个很好的例子吗？

互联网需要电力支撑，电力又是谁提供的呢？是国家电网。这个公司在中国人心中存在感之低，与其价值之大，形成了巨大反差。为什么这个公司那么没有存在感？因为我们的电力从来没有出现问题。十几亿人口，时时刻刻都在用的电网，居然几年、几十年都没有出过问题，这难道不是一个奇迹吗？如此高质量的服务，低廉的收费，甚至形同免费，不又是一个很好的例子吗？

在中国，这样的例子太多，所以这个国家本身不也是"以其终不自为大，故能成其大"的例子吗？

如何才能做什么像什么

反者,道之动。弱者,道之用。天下万物生于有,有生于无。(第四十章)

前面讲过了矛盾的对立统一,这一章开始讲辩证法的另外两大定律。反者道之动,说的是否定之否定。

面前有座山,初看就是一座山。聚焦看时,满眼只有巨石泥土堆叠,上面又长满了花草树木,其间又有飞禽走兽,这哪里还是山呢?当我们看了这许多细节,再把焦点放大,那分明还是座山,只是比最初时多了许多细节,变得活泼了。当我们在山上发现一块奇石,便又会去看那奇石,又去搜索其他新奇之物,眼前的便又不再是山。

我们看到了山,否定了山,又否定了之前的否定,之后再否定,以此循环,就是反之又反,这就是"道之动"。

一粒种子,初看只是一粒种子。把它种在土里,它会发芽,那它还是种子吗?发芽之后,会长成青苗,那它还是芽吗?青苗会长成小树,那它还是青苗吗?小树会长成大树,那它还是小树吗?秋天大树结出种子,种子掉在地上,落叶成为它的肥料,树上光秃秃的,那他还是原来那棵树吗?几百年后,树枯萎死掉,颓然而倒,但那些种子已经长成了无数的树,它们不也还是树吗?种子否定了自己,变成了树,树否定了自己,可结出的种子成了更多的树,以此循环,反之又反,这也是"道之动"。

弱者道之用,说的是量变引起质变。面前一座沙丘,能看到沙粒,究竟是多少粒沙堆积起来的呢?谁也不知道。拿走了一粒沙,这个沙丘会消失吗?显然不会,甚至看不出任何变化。那么再拿走一粒呢?显然也没什么影响。如此这般,每次拿走一粒沙,拿了一亿次之后呢?拿了一万亿次呢?恐怕沙丘就消失了,就算没消失,至少也变成了一个小沙堆。

这就是演化的力量。看起来微乎其微,弱得不能再弱,但这却是世间最强大的力量，道就是用这种力量生成了整个宇宙。这两句说的就是辩证法的两种运行方式，而其所基于的，正是矛盾的对立统一，也就是《易经》所言，"一阴一阳之谓道"，也就是前面讲到的"天下皆知美之为美，斯恶已"云云。

万物生于有，有生于无。前面讲过"道法自然"，这两句是一个意思：我们的认知是在感官获取的信息基础上经过长时间演化迭代而成的。但是人的感官能力极其有限，宏观观察不到，微观也观察不到，所以人类基于直观信息而演化出来的认知能力也极其有限。虽然有限，但对人类而言已经很复杂了，所以人类需要语言工具来进行复杂认知。而语言的最小单位是概念，而所有概念均来自直观，所以概念没有办法被精确定义，这是之前讲过的"名可名，非常名"。

所有概念中最基础的概念是"时空"，没有时空就没有一切概念。而人类对时空的认知也是直观的，直到最近百十来年，我们才发现自己之前对时空的认知存在非常大的问题。如果空间如我们想象得恒定不变，那很多事情就无法解释了，例如水星进动，这个现象如果不用空间弯曲导致光产生弯曲来解释，那就只能假设光是可以拐弯的，这个假设显然会引发更大的混乱。

更致命的是，如果假设时间是恒定不变的，同样无法解释高速运动系统中以及大质量天体附近的种种现象。只有当我们假定光速不变时，我们的模型才能准确预测这些现象。所以，时间也不是恒定不变的。

后果是什么呢？"因果"也是有局限性的。人类关于因果的认知来自时间均匀流逝的直观假设，但是如果时间可以弯曲，甚至时间可以改变方向呢？这就导致，时间并不是一个常量，而是一个变量。通过对黑洞的计算，我们发现原来时间不但会改变方向，甚至会消失。在黑洞的奇点处，时间并不存在。

基于对黑洞特性的研究，加上发现了宇宙背景辐射这个证据，宇宙大爆炸假设是比较容易被接受的。也就是说，这个宇宙的四维时空诞生之前，也是一个奇点，在那个奇点处并不存在时间。时间是在奇点爆炸的一个普朗克时间之后产生的，在那之前不存在时间也不存在空间，自然也就没有因果，因此大爆炸并没有原因，因为那个点不存在因果这个概念。

这是不是能够帮助大家理解老子所说的"有生于无"呢？当然，我们不能说老子预言了大爆炸理论，也不能说老子是科学的，因为老子只是通过思辨给出了一个假设，这个假设并没有经过实验验证，所以他只是思辨，不是科学。但即便只有思辨，能够在如此深邃处得到一个可以使整个思想体系自洽的支撑点，老子的思辨功夫，不可不谓叹为观止！

创业又何尝不是"有生于无"的过程？如何在一片混沌中生出那个"有"？如何才能找到自己的成功之路？如果真有一种方法的话，那么大概只能是"试错"了吧。不断地发现错误迭代错误，这叫"反者道之动"，控制试错成本小步快跑，这叫"弱者道之用"，保证成功到来之前还没有失败，我们能做的恐怕仅此而已。

至于怎样才算成功，似乎也只能去问我们的使命了。

一切不以实践为目的问题都不值得讨论

知者不言，言者不知。塞其兑，闭其门；挫其锐，解其纷；和其光，同其尘。是谓玄同。故不可得而亲，不可得而疏；不可得而利，不可得而害；不可得而贵，不可得而贱。故为天下贵。（第五十六章）

凡是可以说的，都是不需要说的；凡是需要说的，都不可说。这就是知者不言，言者不知。老子发现了语言的局限性，而深层次的问题，是形式逻辑的局限性。例如，凡是水果我都喜欢吃，苹果是水果，所以苹果我喜欢吃。这就是形式逻辑推论的一般形式，"凡是水果我都喜欢吃"是大前提，"苹果是水果"是小前提，"苹果我喜欢吃"是推论。这就是著名的"三段论"。

为什么三段论可以作为形式逻辑推论的一般形式？为什么我们敢说它是绝对正确的？因为，它就是概念定义的等价形式，如果它不正确，那么这些概念就不会存在。看上面的例子，"水果"这个概念的定义是什么？"苹果"这个概念的定义又是什么？水果这个概念就是通过把苹果、橘子、香蕉等水果概念聚类而形成的一个概念。既然水果是通过苹果等概念进行定义的，那么苹果自然就具备了水果的一切特征，否则就不会有水果这个概念。反过来说，之所以我们把苹果认定为水果，正是因为苹果具备了水果的一切特征，否则苹果就不会被认为是水果。所以，概念的分类是概念内生的一种属性，概念之所以是现在的定义，正是因为它是这样被分类的。这就是三段论绝对正确的原因，如果它不正确，那只能是概念错了。

那么问题来了，既然分类是概念本身就具备的内生属性，我们把它用语言表述出来有什么用呢？答案是没有用，概念的定义早于三段论而产生，有没有三段论形式，概念都还是那个概念。客观地说，形式逻辑对于能够理解形式逻辑的人来说，就是"绝对正确的废话"。而对于不能理解形式逻辑的人来说呢？既然理解不了，不还是"废话"吗？

"知者不言，言者不知"这句话，老子并没有用什么修辞，而是平铺直叙地陈述了语言和形式逻辑的局限性而已。这种局限性，在两千多年后的西方哲学体系中，被维特根斯坦再次提出了。

有人会说，既然"知者不言，言者不知"，为什么老子还要讲出这么多"言"呢？这不是自己说自己不知吗？首先，老子开宗明义的时候就已经承认自己不知，"道可道，非常道，名可名，非常名"说的不就是不知吗？其次，"不知"并不等于"不可知"，老子所说的这些正是在努力地减少"不知"的程度，希望可以从"完全不知"变成"不那么不知"。

最后，老子所有的"言"其实都在谈"行"，而并没有在谈"知"。老子在谈所有"是什么"和"为什么"的问题时，其实都是在围绕着"如何做"来谈的。

这是中国哲学的一个显著特点，它的综合、抽象程度要高于西方哲学。

因为我们很早发现了语言的局限性，于是跳过了形式逻辑，对演绎法采取了克制态度，而主要使用类比与归纳。同时，不主张通过形式逻辑去观察事物的时间切片，而是主张通过辩证法，在具有时间维度的四维时空中为事物建模。既然跳过了形式逻辑那些"绝对正确的废话"，中国哲学的目的就不单单是理论，而是强调实践，所以中国哲学是非常实用的学问，而非百无一用的理论。

既然追求实用，那么无非关注两种关系，一种是人与物，另一种是人与人。或者确切地说，应该是心与物以及心与心之间的关系。因为对于心而言，身也是物。甚至对于心的"名、理、知"维度而言，"欲、情、念""恻、仁、德"这两个维度也是物。对于"恻、仁、德"维度而言，"名、理、知"维度与它互为物。既然是物，就都可以通过"格物"来"致知"。

其中，中国哲学家很早就发现，如果想获取幸福，人与人的关系远比人与物的关系更重要。我们一切的痛苦均来自于他人。如果从出生开始，宇宙中就只有我一个人，那么我的精神上将不会有任何痛苦，我甚至不会发明"痛苦"这个概念。就像野兽一样，生老病死、顺其自然，就算饿、就算疼、就算愤怒，但它们并不会发现这是"痛苦"的，而只会自然而然地发泄而已。

现实世界中，人之所以精神上会痛苦，正是因为有"他人"的存在，他人对我的看法使我痛苦。更确切地说，应该叫我所认为的他人对我的看法使我痛苦。例如有些人觉得自己一无是处，为什么？只可能有一个原因，那就是我们认为他人认为我一无是处。我只有站在他人的角度去审视自己价值观的时候才会产生评价，否则我们的价值观怎么会认为价值观本身一无是处呢？价值观之所以是现在这样，正是因为它认为这样才是对的，如果它认为这样是错的，那么价值观自然就包含了"认为这样是错的"这个价值判断，那么它就是另一个价值观了。

这就是后来萨特所说，他人即地狱。当然，现实并没有萨特说得那么绝望。中国哲学很早就已经注意到了问题的关键是"人与人"之间的关系，以至于我们早早地就把"物"抛在了一边，一心一意地研究起了"人"。

怎么研究人？人心隔肚皮，研究他人显然不可行，所以我们只能研究自己，研究自己的心。把自己研究明白了，研究透了，推己及人，也就明白他人了，这就是老子说的"以身观身"，也就是儒家说的"修、齐、治、平"。

如何修身呢？实际上就是修心了，就是不断梳理、归纳、抽象"道心三维"中的三个维度。当然，最常见的就是格"欲、情、念"。格到"欲"，这个维度就到头了，但为什么要把注意力从私欲引导至通欲呢？这就涉及"恻仁德"的维度了，决定这一步的，只能是我们的"德"，也就是价值观。那么就还要去格"恻仁德"的维度，但是它是一个混沌系统，格的方向是什么呢？显然没办法格到一个完美的程度，完美了，不就达到"道"了吗？所以，德还需要为我们的"名理知"维度指明方向。什么样的"知"才是美的？这个问题"知"本身回答不了，只有德可以。

作为实用哲学，最终还是要落在"行"上面，也就是需要给出实践方法。老子给出的方法是，堵住私欲的口子，关上私欲之门。没有私欲就不会与人争利，不相互争利就不会有纷乱。没有纷争，人与人之间就会和谐，大家不追求私欲而去追求通欲，在最基本的层面上就可以达到统一。这种微观统一，宏观和谐，叫作"玄同"。和与同，之前已经讲过，这里不再复述。所谓玄同，不是绝对的同，而是孔子所说的"和而不同"。

之后，老子和孔子又说到一块去了。达到了玄同，也就是和而不同，就是孔子所说的君子。君子不会被外部因素所左右，不能过于亲近，也不会过于疏远。不去追逐利，自身的利益也不会被损害。不去追逐权力，自身的权力也不会丧失。君子执掌自己的命运，这才是天下最大的权力。

如果不好理解的话，我再贴一段孟子的话作为注释："富贵不能淫，贫贱不能移，威武不能屈，此之谓大丈夫。"是不是更好理解一些了？

如何才能立于不败之地

以正治国,以奇用兵,以无事取天下。吾何以知其然哉?以此:天下多忌讳,而民弥贫;民多利器,国家滋昏;人多伎巧,奇物滋起;法令滋彰,盗贼多有。故圣人云:"我无为,而民自化;我好静,而民自正;我无事,而民自富;我无欲,而民自朴。"(第五十七章)

《孙子兵法》有云:"凡战者,以正合,以奇胜。"看看,是不是又说到一块去了。

老子可以算中国有史以来最大的隐士了,已经不是"大隐隐于朝"那么简单了,他隐于历史长河之中。所谓得隐,可不是寂寂无闻就算隐了,如果那样就算隐,绝大多数人就都是隐士了。所谓隐,是指发挥了巨大作用,但却姓名不显。就像老子这样,虽然只留下来五千言,但是每每读到,我们都不禁浮想联翩,这五千言牵连之广、影响之大,总能突破我们的想象。

如果传说中老子骑牛西出函谷关是真的,他的目的似乎只有一个,那就是在将周的文化、知识融会贯通之后,去更广阔的天地中传道授业去。老子早就发觉,以一己之力追求道只是杯水车薪,怎么办?那就培养出千千万万个老子,大家一起追求道,百年不够就千年,千年不够就万年,愚公移山、精卫填海。我也曾设想,假如我是老子,当融会贯通文化、知识之后要做什么?答案似乎仍然只有一个,传道授业解惑而已。

史籍中多次提到孔子问道于老子,《礼记》也记载了孔子问礼于老子,这些多半可能是孔子自述时说的。毕竟是他年轻时候的事情,自己不说,谁又能知道呢?不管老子怎么想,以孔子的感恩之心,必定是时时铭记老子这位恩师的。

孙子受老子的影响有多大并没有直接证据,但从《孙子兵法》来看,撞车的地方实在不少,内核思想也高度一致,所以你说他没有受老子影响,也的确很难解释。毕竟孙子是齐国人，紧邻的鲁国出了一位孔子，孔子问道于老子，这事作为齐国贵族的孙子不可能不知道。知道了不拿来学学，恐怕也说不过去。

说回到本章，孙子说的以正合，意思就是用兵不能急于出奇制胜，先堂堂正正地摆开阵势，正面抵抗住对方，然后再想怎么取胜，这就叫"立于不败之地而后争胜"。

好比下象棋，高手上来常用的无非就那么几种开局，最常见的先手中炮，后手屏风马。我们什么时候见过高手对决，上来就出铁滑车、敢死炮的？这些歪门邪道糊弄糊弄菜鸟还行，对上高手就是找死了。

什么叫以正合？就是堂堂正正地布局，不露丝毫破绽，兵来将挡、水来土掩，也叫"以己之不可胜，待敌之可胜"。如何才能做到堂堂正正？当然不只是心里想着然后摆出个堂堂正正地样子那么简单。如果只是摆个花架子，人家进攻却不知道怎么应对，岂不成了纸上谈兵？所以，功夫还在局外。比赛只是展示训练成果，平时打谱、实战、复盘才是真功夫。所以，想要堂堂正正的"以正合"，功夫也都在战场之外，也就是老子所说的"以正治国"。

不争名夺利，让利于民，打起仗来，不用号召，大家自己就会拿起武器，踊跃参军，不为别的，就为了保家卫国。师出有名，名正言顺，士兵们自然士气高昂。人民富足，国库充盈，粮草自然源源不断。赏罚分明，号令统一，训练有素，军队自然有战斗力。众志成城，三军用命，难道还会打败仗吗？这就是"以正治国"，用孙子的话说，这就是"道天地将法"中的"道胜"。

自己已经立于不败之地，就要想办法抓对方的破绽了。对方没有破绽怎么办？那就要使用诡计诱使他露出破绽，在象棋里面就叫"骗招"。高明的骗招至少是计算到五步之后，我们看不出来暗藏杀机，而眼前利益巨大，所以就容易上当受骗。人家弃子争先，我们一招慢，招招慢，最后虽然多子，却还是被人家将死。这就叫"以奇用兵"，也就是"以奇胜"。

治国是建设，用兵是破坏，建设要守正，破坏要出奇，这两个千万不要搞反了。如果我们千方百计阴招用尽去夺取天下，那就是在作死。不作死就不会死，所以叫"以无事取天下"。

为什么老子知道呢？因为他见过反着来的，就是以奇治国，结果怎么样呢？忌讳越多，百姓越穷；人与人越争夺利益，国家就越混乱；人们越投机取巧，歪风邪念就越滋长；法律越琐碎，犯法的人就越多。

国家太大，不好理解，我们就放在公司里面看看这几种现象吧。一个公司如果这也不让做，那也不让做，每个人都被固定在自己的岗位上，变成巨大机器的一颗螺丝钉，那这个公司肯定不会有什么发展。而在市场上，逆水行舟，不进则退。我们不进步，别人进步，很快我们就不存在了。诺基亚、摩托罗拉、柯达这些曾经显赫一时的企业，不都已经荣光不再了吗？怪谁呢？柯达率先发明了数码相机，怕影响传统胶卷业务，自己雪藏了数码相机。诺基亚、摩托罗拉早就有大屏方案，但是觉得手机应该小巧，不也被苹果降维打击了吗？

公司里面，如果鼓励员工之间竞争，会怎么样？那就免不了互相拆台，我做不成你也别想做成，反正公司关心的是排名，我排名比你高就好了，公司利益谁在乎？这种公司能好得了吗？

老板想方设法地压榨员工，使劲往自己兜里划拉钱，员工会乖乖双手将钱奉上吗？当然不会，上有政策，下有对策。我们跟100个员工争利，就有100个人盯着我们的漏洞，跟1000人争利，就有1000个人盯着我们的漏洞。如果我们跟所有用户也争利呢？几百万人盯着自己，盼着自己出错好狠狠地坑我一把，谁敢保证自己从不出错？

为了避免员工投机取巧，我们就要制定复杂的规章制度。规定得越细，触犯的人就越多，这是一定的吧？如果一个公司人人都违反规章制度，那么大家会怎么看这些规章制度呢？当然就把它当作"新常态"了，规章制度就是用来违反的嘛。谁都不在乎规章制度了，规章制度还有什么用？

正确的做法是什么呢？老板的作用，就是搭台子，找演员。台子搭好了，演员就位了，让他们尽情发挥，请他们开始自己的表演，我们等着看好戏就得了。这叫"我无为，而民自化"。

老板最忌讳的就是手伸得太长，管得太宽，这是与员工争权。我们花100万，就是想雇一个"太监"对自己言听计从？那样的话，找点群众演员多好，价格便宜量又足。我们喜欢指手画脚，团队自然就会缩手缩脚。只有当自己消停了，团队才能走上正轨、大展拳脚。这叫"我好静，而民自正"。

建立好机制，找对人，让大家做出业绩就能赚钱，然后就不要多管闲事了。只要我们自己不瞎折腾，请放心，我们找的人都不傻，能赚钱谁不玩命干呢？玩命干还能不赚钱吗？这叫"我无事，而民自富"。

我们把利益分给团队，团队赚到了钱，满足了生活需要，注意力自然就从私欲逐渐转移到了通欲。大家开始求知、求美。因为有了共同的方向，彼此相处便更加和谐。相处更和谐，业务就会做得更好，业务做得更好，就会赚更多的钱，赚了更多的钱就更没有私欲，更加一心一意地去追求道。这叫"我无欲，而民自朴"。

我们的公司里，没私欲、追求道的人不用多，有10个，公司上市就指日可待。有100个，公司肯定可以成为一家伟大的公司。有1000个，妥妥的世界顶级企业。有10000个，这家公司恐怕要富可敌国了。

"量变引起质变"在实践中如何应用

为无为，事无事，味无味，大小多少，报怨以德。图难于其易，为大于其细。天下难事必作于易，天下大事必作于细。是以圣人终不为大，故能成其大。夫轻诺必寡信，多易必多难。是以圣人犹难之，故终无难矣。（第六十三章）

弱者道之用，量变产生质变，现在老子来解释，如何用？不要刻意而为，顺其自然而为；不要刻意找事，从手头的小事做起；不要刻意追求口味，那不过是吃调料而已，品尝食物的原味就好。

想做大，就要从小处着手。想做多，就要少量多次，量变产生质变。然后，出现了最具争议的一句话，报怨以德。孔子说，"以德报怨，何以报德？以直报怨，以德报德"，这不是跟老子唱反调吗？

我们还是要把孔子的这句话放到上下文中去理解，不能断章取义，曲解原意。这句话的上文是，有弟子问孔子，"以德报怨怎么样"，然后，孔子才说出了"以直报怨"的名言。大家注意，"以德报怨"和"报怨以德"虽然看着相似，但放在各自的语境中，意思天壤之别。孔子弟子这么问孔子，显然是把"德"当作了一个褒义词在用。意思很简单，就是别人对我不好，我却对别人好，这种做法怎么样？孔子的意思也很明白，别人对你不好你却对他好，那如果别人对你好，你怎么办？显然也只能对他好，那这不就是是非不明、恩怨不分了吗？所以，不能这样，要以直报怨。

孔子说的可是以直报怨，为什么没有说以怨报怨呢？显然孔子并没有反对老子的意思。在老子的语境里，德不是个褒义词，而只是个中性的名词。所以，虽然与老子的用字不同，但是放到上下文中去理解，还是很容易判断的，其实二位说的是一个意思。一个人用手指方向，另一个人用树枝指方向，方向还是那个方向，我们管人家用什么指干吗？

什么叫"抱怨以德"？还是接着"大小多少"来说的，意思是不管你怎么对我，我都不在乎，我只管一步一步朝着我的目标奔，这叫"抱怨以德"。难的事情都需要拆解成容易的小事，一点一点做；大事也要拆分成细节，一个一个完成。所有难事，都只能从简单的事做起；所有大事，也都只能从细节入手。所以，没有哪个明白人上来就想一口吃个胖子，都是通过日积月累，最终才能成就大事。随便承诺的，我们听个乐就得了，他必然做不到。夸海口说易如反掌的，我们也就当个笑话看吧，他很难做成事。

圣人从来不敢轻视任何事，整日都是"战战兢兢，如临深渊，如履薄冰"。正是因为有了敬畏之心，所以他们最终才能克服困难，成就丰功伟业。这就是《周易》所说的"敬慎不败"。

据我观察,做不成事大体有两类人。一种是眼高手低,信心爆棚。觉得自己牛得不得了,做什么都一副胸有成竹的样子。这种人不但做不成事,反而把大家的预期吊得老高,最后事情做砸了,期望越大失望也越大。另一种人则正好相反,遇到问题还没怎么样,心里就打起了退堂鼓,这么难自己怎么做得来?这么大的事,自己怎么干得了?能做这些事的一定都是天才吧,自己不是天才,所以肯定不行。

妄自菲薄的比盲目自大的一点都不少。为什么?因为这两种人归根到底其实是一种人,就是对自己没有清醒的认识,没有掌握由少到多,由易到难这个做事的普遍规律。时而有了点进步,就开始骄傲自满,时而遇到点挫折,又开始灰心丧气,像个还不懂事的小孩一样情绪不稳定,所以才叫他们小人。

刚去打羽毛球,遇到一个业余5级的对手,我们就高山仰止了,21分自己连3分都得不了,唯一的得分还是人家失误送的。在我们看来,他简直就是神一样的存在。很多人见识过了,就开始自暴自弃,觉得自己不是那块料。而实际呢?我们找个专业教练指导,从握拍练起,一个动作一个动作打磨,有个100课时,所有的技术动作就可以掌握了。自己平时再多打打,一周三练,少则两三年,多则三五年,自己也就能达到业余5级的水平了。这难吗?不难,可关键就是要堆训练时间,堆到量变引起质变。

刚创业,看别人分析问题一针见血,自己却总是没有思路,于是又打起了退堂鼓,认为自己脑子笨,学不会。其实,分析问题无非就是持续提问嘛,不会提问怎么办?我们可以只问三个问题,是什么,为什么,如何做?也就是,问题中核心概念的定义是什么?分析问题的目的是什么?如何实现目的?每天分析三个问题,一年就是一千个问题,十年就是一万个问题,一件事情做了一万遍,还能做不好吗?

做人,也是一个道理,为什么有人胸襟坦荡,一身正气?你以为是天生的?这些人不食人间烟火,没有七情六欲?当然不是,是人家时时刻刻都在格自己的"欲、情、念"。有了一个念头,便问自己,这个念头是什么情绪引起的？这个情绪又是什么欲望引起的？如果是私欲，是不是已经超出了自己所需？是不是可以把多余的注意力转移到通欲上面去？长此以往，形成了习惯，不用刻意去想，在潜意识里顺其自然地不停运转，那时候便达到了"随心所欲不逾矩"。

最终，我们还是要面对那个问题，如何为宇宙建模，如何追求道？答案很简单，从日常的点点滴滴做起，把每一件事做好，做到极致，对每一个细节追求完美。做人就把格物做到极致，创业就把公司打造到极致，就算玩也要参加系统训练，把自己的技术、体能、球商推到极致。不要浪费时间在低水平徘徊，重复发明轮子只是浪费时间。有了这些极致体验，就可以用它们去迭代自己的价值观，也就是德。即便最终也无法到达道，但至少我们可以走得很远。

如何做计划

其安易持，其未兆易谋，其脆易泮，其微易散。为之于未有，治之于未乱。合抱之木，生于毫末；九层之台，起于累土；千里之行，始于足下。为者败之，执者失之。是以圣人无为，故无败；无执，故无失。民之从事，常于几成而败之。慎终如始，则无败事。是以圣人欲不欲，不贵难得之货；学不学，复众人之所过。以辅万物之自然，而不敢为。（第六十四章）

前面这句，套用水的意象比较好理解。端水的时候，水面平稳才不容易洒；走路也要注意，水面一旦有了摇晃的迹象，就不好控制了。冬天水缸会结冰，要趁着刚上冻，冰还脆的时候赶紧搅拌，这样就不会冻实。这活我小时候干过，一旦冻实了，就没法喝水了，没准水缸还得撑裂。水洒出来，趁着少赶紧驱散，这样才不至于积水。

总结一下，"为之于未有，治之于未乱"就是《周易》里面的"君子以思患而豫防之"，也就是《左传》里面的"防微杜渐"。大家应该没人不知道"防患于未然"这个词吧？就是这个意思。

可问题是，谁都知道防患于未然，可为什么有人就是做不到呢？因为人类被时间的单向性死死地限制住了，我们永远无法确定下一秒会发生什么，而当前的诱惑却是实实在在的，要是你会怎么选？当然是落袋为安了。哪怕是在饮鸩止渴，也可以安慰自己说今朝有酒今朝醉嘛。

抖音刷一天，回头想想，能记起来哪怕一条吗？大鱼大肉吃那么多，高血脂又高血糖，回头还得减肥吧？游戏一玩就是一晚上，每次都痛下决心卸载，过不了多久又安装回来了吧？看完这集肥皂剧就去学习，然后就是再看一集，通宵把剧看完了，书却一眼都没看吧？从明天开始努力工作，可到了公司，看着堆积如山的项目，无从下手，于是就又蹲厕所玩游戏摸鱼去了吧？

防患于未然，说着容易做起来难。

怎么办呢？老子又给我们出主意了，还是之前的方法，从小处着手，先开始，再迭代。对"合抱之木，生于毫末；九层之台，起于累土；千里之行，始于足下"这段解释得最好的，偏偏又是儒家的宗师——荀子。《劝学篇》上过学的人应该都会背吧？"积土成山，风雨兴焉；积水成渊，蛟龙生焉；不积跬步，无以至千里；不积细流，无以成江海。"读完之后，如果有人非要说儒道势不两立，你还信吗？

老子和荀子说得已经够明白了，想防患于未然，我们必须从"微任务"开始。例如坚持不刷抖音，每天吃两餐，坚持不玩游戏，坚持不看剧，等等。把多出来的大把时间用在读书上，用在工作上，用在把一两个爱好玩到极致上。

不论是工作、学习还是爱好，都从计划开始。不要小瞧计划，很多时候，计划做得好，这事就已经成功了。计划是一种机制，核心是快速反馈系统。

我们之所以开始不了或者坚持不下来,就是因为对象太复杂,一眼看不到尽头,不知道从哪里下手,过程太长又没有反馈,做着做着就懈怠了,这也是人之常情对吧?

怎么解决呢?有人说靠自律。说实话,自律是除了"天才"之外,我听说过最愚蠢的概念。怎么才能坚持学习?你要自律!就等同于说,我也不知道怎么坚持,你就硬着头皮学吧。这不是一句废话吗?

正确的方法是什么?不是硬着头皮做,而是把大项目拆解成微小的项目,每个项目都有明确的输出,项目越小就越容易切入,反馈越清晰,就越容易坚持。为什么打游戏容易上瘾?因为所有游戏都是快速反馈系统,一刀下去就出一个数字,杀一个怪经验条就涨一点。既然每一刀都有收获,我们就会乐此不疲地砍下去。

拆解计划也一样,至少要拆解到天,每天都有交付,每天都有反馈。如果能拆解到半天那就更好了。试想一下,中午吃饭前,自己看一眼上午的工作成果,两项计划按时完成,进展还是很大的嘛!下午是不是就更有干劲了?记住,计划不是给老师、领导、别人做的,计划是给自己做的,它可以让自己把项目做好、把学习学好,经验和知识是我们自己的。

谁都不能一口吃个胖子,饭要一口一口吃,而且饿的时候再吃,吃撑了就不要再吃了,这是规律,吃不下了硬要吃,那就吐了。这就是,"为者败之,执者失之。是以圣人无为,故无败;无执,故无失"。

虽然我们从小处着手,一件事一件事地做,一个细节一个细节地抠,事都是小事,细节都是细枝末节,但是我们可千万别轻视任何一件小事,不可忽略任何一个细节。也就是韩非子所说的,"千丈之堤,以蝼蚁之穴溃;百尺之室,以突隙之烟焚"。你看,对"慎终如始"讲解得最好的,又是法家了。

"欲不欲",不以他人的私欲为欲,所以就要"欲通欲";"学不学",学众人所不学的,复盘众人的过错。两千多年前,老子就提出了复盘的概念,不知道算不算这个概念的发明人。总之,圣人做的都是微调、都是辅助,主线还是顺其自然,不敢任意妄为。

为什么说决策时，应极力避免这个问题

民之饥，以其上食税之多，是以饥；民之难治，以其上之有为，是以难治；民之轻死，以其上求生之厚，是以轻死。夫唯无以生为者，是贤于贵生。（第七十五章）

老百姓吃不饱，就是因为税收多了，粮食都用来交税了，所以吃不饱。老百姓不好治理，就是君主们事儿太多了，过于敢作敢为就变成了肆意妄为，成天瞎折腾，所以才治理不好。老百姓不怕死，就是因为君主们为了满足一己私欲，搜刮了太多民脂民膏，以至于民不聊生。既然生不如死，为什么还怕死呢？所以，不去追逐私欲的君主，要比追逐私欲的君主更贤明。

这个道理简单吗？简单。容易做吗？不容易。为什么不容易？君主自己的私欲很容易知道，可老百姓的生活状况就很难知道了。君主通过机构和官吏治理百姓，跟老百姓打交道的又只是下级官吏，层级稍微高一点的官吏就已经与基层脱节了，更不用说君主了。

不知道老百姓的疾苦，就失去了反馈通路。好比我们平时吃牛肉，谁会觉得这有什么不好吗？可是如果让人当着自己的面杀一头牛给我们吃呢？自己是不是也会于心不忍？君主们的问题大体如此。

中国古代的君主并不像大家想的那样一言九鼎。首先，想要继承君主的位子，竞争就已经很激烈了。如果继承人的人格真有严重缺陷，那么这个人是很难在竞争中胜出的。就算坐上了君主的位子，手下那么多贵族，官僚个个也都不是吃素的。他们各自都有自己的利益，你君主胡作非为，把国家搞得乌烟瘴气、民不聊生，下面的贵族、官僚也会被殃及池鱼，人家也不干。所以，极少有哪个君主是反社会、反人类的。

大多数时候出现那些不靠谱的君主，其实主要还是缺少反馈通路。君主为了一己私欲办了坏事，办了坏事自己不知道，又没有人告诉他，于是一错再错，以致酿成大祸。

别说古代君主了，就是现在信息这么发达，老板们有无数的数据作为反馈，难道就能避免决策失误吗？就能避免执行走样吗？例如老板想要规模，压给下面的人去执行，他们就开始想办法。为了确保完成指标，每一层管理者都会给自己留一个安全垫。老板说做到 100，我下达的时候就说 120。因为奔着 120 去做，才有可能达成 100，这叫求其上者得其中。下一层再下达，就变成了 150，还是那个道理。等到了一线销售手里，目标可能就定在了 200。销售怎么办？眼看就要达不到业绩，达不成业绩就要滚蛋，于是哪还管得了公司规定，管它什么手段就都来吧，坑蒙拐骗、无所不用其极。最后的结果呢？就算目标达成了，服务质量也完蛋了，很可能一个不错的品牌的口碑就此毁于一旦。

老板冲销量有错吗？没有错，可一层层地执行下去，这事儿就跑偏了。所以前面为什么要讲"勇于敢则杀"？就是这个道理。上有所好，下必甚焉。怎么避免？根上还是要格清楚自己的欲情念，否则一念之差就可能失之毫厘，谬以千里。

冲销量这个念头怎么来的？其核心还是来自于"恐"的情绪，怕失去市场、怕错失扩大规模的时机、怕失去投资人的青睐……恐惧的背后是什么？还是私欲，怕公司倒闭，怕自己倾家荡产，怕失去了光环……如果按部就班地努力，公司会倒闭吗？不但不会，反而能积累良好的口碑，将来可以厚积薄发。既然性命无忧，那为什么非要急着上岸呢？上岸了要做什么？无非就是喘口气，再跳下来游，对不对？预期如此，何不在水里面多游一会儿，享受这个过程，锻炼一下身心？等万事俱备了再上岸，岂不更加顺理成章？

贪多、求快就很可能导致与人争利。若与员工争，就会压榨员工；若与用户争，信口雌黄，承诺了又不兑现。与人争利，人就会与我争利。人人与我争，我还好得了吗？所以说，"夫唯无以生为者，是贤于贵生"。

第五章

修身

最可怕的莫过于自欺欺人

谷神不死，是谓玄牝。玄牝之门，是谓天地根。绵绵若存，用之不勤。（第六章）

又来描写道了。老子特别喜欢谷啊、溪啊这些洼地，也特别喜欢用若啊、或啊、不啊这些若有若无的表述，当然玄、虚也都是他的偏好。其实这就是人家写作风格，是在作类比，本来也没办法精确。告诉了我们一个大方向，又给我们指出了错误方向，我们就应该知道怎么走了，至于具体的道路，只能自己走着看。对于这种风格，很多人想多了，觉得老子有点藏着掖着，背后肯定有什么不可告人的秘密。你看，这就是不实践带来的后果，想象一下，如果是我们要描写老子所描写的对象，自己会怎么写？拿起笔来自己试着写写，看能不能写出言之凿凿的描述？很可能一个字都写不出来吧？或者写出来了，回头再看人家老子写的，就把自己的稿子当废纸扔了。写的东西都一样，语言还不如人家生动，留着又有什么意义？这时候我们就知道老子不是有所隐瞒，"道可道，非常道"，对这句话的理解更深刻了吧？人家已经尽力了，几千年来，说得最好的还是人家。

还有一些字在当时是很常见的字，例如这个"玄牝"，现在生活在城市的人估计一辈子都没见过耕牛吧？农村用耕牛也越来越少了。大家广告里常见的是奶牛，这些牛大多数都是引进品种，从荷兰进口的，是经过了几十代杂交筛选出来的，产奶量极高，跟中国本土的耕牛在各种体征上都有天壤之别。所以，在现代人的印象里，牛就是荷兰奶牛那样的。加之农业机械化，现在很少有用耕牛耕种的吧？所以，本土耕牛已经很少见了。古代耕牛就很常见，属于生产必备工具，很多朝代是不允许杀牛、吃牛肉的。《水浒传》里动不动来半斤熟牛肉的都是梁山好汉或者土匪，吃牛肉就是跟朝廷对着干的标志。

一般耕牛就两种，我们现在知道"老黄牛"，而另一种就叫"玄牝"或者"玄牡"，玄就是黑中带红的那种颜色，玄牝就是黑红色的母牛（"牡"则可指公牛）。我们现在去网上搜照片，耕牛还是玄色的居多。老子说玄牝，就是拿当时最常见的事物做类比，这样大家才好理解。谁知道时过境迁，读者反而没见过牛，还觉得这是个什么稀奇玩意呢。如果老子现在重写，他肯定也就不用这个来比喻了。

当然了，用这个比喻，我猜还有一个原因，下面这些少儿不宜了，大家谨慎阅读。这个"牝"字，左边是个牛，右边是个匕，这个匕在甲骨文里，就是女性生殖器的形状，所以这个字就是母牛的意思，后来引申指母兽。与之对应的是牡，右边这个土，在甲骨文里就是男性生殖器的形状，所以这个字是公牛的意思，引申指公兽。

大家是不是觉得老子这个比喻有点为老不尊、老不正经呢？其实啊，古人对这些东西没那么多忌讳，既然它在那里，就没什么不能说的。所以，这就叫说者无心，听者有意了。生殖器这东西，不管我们说还是不说，它都存在，难道还能割了不成？人家说的时候，我把它当作一般事物就好，别总去脑补，去想那些不可描述的画面。是我们自己非得往歪了想，难道为了不让自己想歪，还要消灭所有可能引起邪念的东西不成？

这就是孔子说的，"诗三百，一言以蔽之，曰：思无邪"。

少儿不宜结束，下面请正常阅读。还有"谷神"这个词，不是有了神字就神秘主义、封建迷信了，那你现在说的"学神""股神""赌神""篮球之神"是不是都是神秘主义、封建迷信？谷神这个神，除了在《道德经》里，谁还听说过有这么个神？所以，老子也是怕大家想歪了，用心良苦地造出了一个新词，为的就是让大家知道，他说的不是什么神仙，而就是"学神"一类的比喻而已。

读书、看文章，先去理解人家的意思，理解透彻了再"择其善者而从之，择其不善者而改之"。也只有当自己理解透彻了，才有能力批判。上来就抱着找碴儿的心态读，我们读它干什么呢？一无所知也可以"批判"，对不对？

只不过这种批判被叫作"杠"。

大多数人没办法进步的原因不是父母不行，也不是国家不行，父母要是没有我们，人家过得好着呢。国家有的是能人，只有我们不行，是谁的问题？我们的问题就在于考虑问题的时候，第一个先把自己有问题的可能性排除了，然后千方百计去找别人的问题。这就叫灯下黑，所以孔子说，"君子求诸己，小人求诸人"。

老子这句话还是在比喻"道"，空无一物却运转不息，就像母牛的产门，可以不停地孕育、生产，绵绵不绝、用之不尽、生生不息。我们就别再抬杠说产门里不是空的，有子宫，子宫里有受精卵，人家比喻是为了让我们了解比喻对象，不是让我们研究比喻本身的。

如此掰开了揉碎了讲，是不是就知道老子并不是故弄玄虚了？只是随着时间的推移，中国人的语言习惯不停地演变，很多字我们后来用得越来越少，以至于就让很多人产生了神秘感，怀疑老子为什么用这些字？是不是在暗示着有一种神秘力量？而大多数人是懒得思考的，所以别人说什么就信什么，或者自己随心所欲，想到什么就说服自己是对的，有时候明显驴唇不对马嘴的，也可以自欺，在心里暗示自己"就是这样"。

怎么才能避免自欺？我们还是要跳出来，例如，思考一下自己读《道德经》的目的是什么？是为了出去跟人家显摆自己博览群书、见解独到？那我给你指条明路，去读梵文佛经，因为那玩意没人弄得明白，可以信口开河，想怎么说就怎么说。中华文化没有中断过，《道德经》里面许多字都能溯源，原意、引申意一目了然，没有自由发挥的空间。而且，前后五千言，翻来覆去说的就是道、德两件事，不同角度、不同侧重点反复地说，前后有不少相互印证。我们得承认老子比自己的水平还是要高吧？要不怎么人家的著作跨越几千年流传下来了呢？所以，妄图故意歪曲人家原意的行为，无异于以卵击石，只能是自取其辱。

我们读《道德经》的唯一目的，就是拿去实践，而不是拿去跟别人争对错。我们之所以对，只能是因为实践有效果，否则的话，就算把所有人都说服了，可做什么都搞砸，那又有什么意义呢？

最后，顺便说一句，大家用粤语朗诵一下这段，它是押韵的。《道德经》里面很多文字，其实都是押韵的，只不过我们现在口语发音变化，不容易发觉。这意味着什么？《道德经》其实是诗的语言，怎么读诗就怎么读《道德经》，大体就对了。

为什么要学习水

上善若水。水善利万物而不争，处众人之所恶，故几于道。居善地，心善渊，与善仁，言善信，正善治，事善能，动善时。夫唯不争，故无尤。（第八章）

诗，是模糊的表达，表达的是意境，而不是精确的意思。所以，怎么读诗？有不认识的字、理解不了的字，就把这个字拿出来去查，查字典、查《说文解字》、查字源演化。但是，这是准备工作，千万不要舍本逐末，把它当成了全部。我们真正要做的，是理解了一个字之后，把它放回去读句子、读章节，最后一定要通篇连起来读，连起来去体会它的意境。这就是之前不停在讲的，人家给我们指方向，我们先看一眼手指，但不要盯着手指一直看，去看方向。

就好比这句话，这是说水吗？是说道吗？是说德吗？其实都是。《道德经》之所以难读，就是很多时候人们过分看重分解，钻进去就出不来，最后忘记了综合。看到了眼前的目标，就忘记了还有一个长远的目标。我们要记住，老子打的所有比方、做的所有类比，都是用不同方式在给我们指引方向，有时候用手指，有时候用教鞭，有时候用树枝，手指、教鞭、树枝就是那些类比，我们并不需要关注它们，而是要顺着它们指的方向去看，那个方向就叫道。

但是看了就能看到吗？当然不能。眼神再好能看多远？一公里之外都很难分辨清楚。所以还要"行"，而"德"就是在指导我们怎么"行"。我们必须要动起来，走出去，才能看得更远，也才能接近于道。

"上善若水"，就是老子又换了个方法在给我们指方向。水，善于使万物获利却从不与它们争夺，停留在众人厌恶之地，所以与道相近。善于择地而居，善于使心境深远，善于以仁爱之心与人交往，说话善于守信，为政善于治理，做事善于发挥能力，行动善于选择时机。这些，说的都是水的特点，但又是在说水吗？谁看不出来这是借物喻人？因为不争名夺利，所以不会有过错。其实，理解之后回过头来再看这一章，就是"上善若水"四个字，再聚焦就是这一个"水"字。

我们想一想水是什么样子？无色无味，司空见惯，因为太平常，所以没人把它当回事。渴了想喝水，那就喝，洗手、洗衣服想用水，那就用，外面小溪、小河不停地流淌，灌溉农田，滋养禾苗产出粮食，我们才有饭吃。水里生活了鱼虾，动物口渴了也去饮水。植物要吸水，动物要饮水，人要喝水，但是水从植物、动物、人这里获取什么了？水根本不在乎，水把它所滋养的对象当作"刍狗"而已，所以说，水与道相似。

既然水与道相似，我们模仿道没有抓手的话，就模仿水好了。水的目的是什么？滋养众生吗？当然不是。水只是向着低洼处流淌，至于众生需不需要，水才不关心呢。但是，水在低处汇聚，众生自然就向低处聚集，拦都拦不住。这就是道，我只按我的规律运行，万物于我只是"刍狗"，虽然我不在乎你，但只要我按部就班地运转，你就必然会获益。你获益了，自己高兴就好，回馈我，我不在乎，不回馈我，我无所谓，就算反过来骂我，我也不会减少你的收益，因为我只是在运转我自己，你怎么样与我无关。

《三体》里面有句话，叫"消灭你与你无关"，而道则正好相反，"对你好但与你无关"。既然道是如此，德又该如何呢？

人都需要有一个使命，当然每个人的使命可以不同，而且可以逐渐升级迭代。但是这些使命都有一个"终极版"，就是追求道。这话听起来有点神秘主义了，因为道这个字被很多不知所谓的人玩坏了。那么我们换个说法，那就是每个人的终极使命，都应该是为宇宙建模，意思还是那个意思，听起来是不是符合科学精神了？

我们还得解释一下"宇宙"，不要以为自己是中国人，就看得懂中国字。这是一个无奈的事实，因为汉字经历了从甲骨文、金文、小篆、隶书、楷书到现代简化字演变的漫长过程，所以说，很多汉字的演变，都可以拍成一部微电影。画面、电影是艺术，艺术就有意境，所以许多个汉字都有它的本意以及引申义。绝大多数人，可能这辈子都没有赏析过这些电影，那怎么可能理解汉字的内涵呢？

上下四方谓之宇，古往今来谓之宙，所以用现在的话说，宇宙就是时间与空间的总和，也就是四维时空以及万事万物。而建模，就是要把一切时空信息进行抽象，并在我们的思维中建立一种能够为我们所理解，并能够用以预测未来的模型，这种模型一旦达到完美，就是老子所说的"道"。但是我们无法直接获得一个完美的模型，最初只有一个粗制滥造的模型，但是"有"正是一切的开始，"有"了我们就可以迭代它，先别管快慢，总之我们可以前进了。

那么怎么迭代呢？就是我们去按照那个粗糙的模型实践，但绝不是埋头苦干，实践的同时，要时刻瞄着那个完美模型的方向不断去调整。每次调整一点就更加接近道一点，如此不断迭代，即便最终仍然无法达到完美，但自己的人生却有了意义。那个被自己不断迭代、打磨的，不完美、但趋向于完美的半成品模型，就叫作"德"。

而《道德经》全篇最有意义的，并不是道、德这两个概念，因为它们只是状态、是结果，而真正有意义的是实现方法。如此高层次的方法，已经是产生一切方法的方法了，所以我们可以叫它方法论。

总是在极度自信与自卑之间摇摆怎么办

　　重为轻根，静为躁君。是以圣人终日行不离辎重，虽有荣观，燕处超然。奈何万乘之主，而以身轻天下？轻则失本，躁则失君。（第二十六章）

　　再轻的东西，也会因为重量落回根部，好比枯叶，即便轻得可以随风而去，但最终还是要落叶归根；躁，这个字从足从喿，指走得急，表示焦急、轻浮，但是再焦躁的人最终也需要静下来，没有人能一天到晚走个不停。

　　所以，君子终日行走于天地之间，永远离不开辎重。辎，以帷布遮住四周的大车，主要用于装衣物，也可以睡觉，类似于今天的旅行房车。后来引申为出门所需的一切物资，也指军队的后勤保障。君子，古时候有地的贵族称"君"，所以君也就是国的一把手，也叫国君，分为公侯伯子男五个等级，这些等级叫爵位；"子"，通常是君的下属，分为大夫和士两个等级，当然里面还有细分，就不展开说。这两种人加一块，就是周代的贵族，是世袭的。到了老子那个年代，这些世袭贵族已经传承了几百年，甚至上千年，例如夏、商遗留下的那些贵族，传承时间非常长。

　　时间长了，他们就有了自己的圈子。什么是圈子？就是拥有相同习惯的群体。圈子里面的习惯跟圈子外面不同，所以圈子是相对固定的，不容易出，也不容易进。这个君子圈的习惯被称为"礼"，就是孔子后来一直研究并倡导的那些文化习惯。现在社会，身份世袭的贵族很少了，但基于家族血缘的上流社会圈子文化在很多国家都存在，甚至可以说只要生产力发展，就会产生上流社会圈子，只不过大家的叫法不尽相同罢了。在英国叫绅士，在欧洲叫骑士，在美国叫 old money，在日本叫武士，等等。而这些特权世家的存在也不完全是消极意义，因为他们不事生产，衣食无忧，所以他们就不用局限在求生欲和繁殖欲中，而有精力去满足求知欲和美欲。所以，很长一段时间里，他们能抵达文化的核心。

荣观，就是荣耀的外观，通常是指在朝廷上做大官风光的样子。燕当读作"宴"，就是平静、安定的意思。处，居住，也可以引申为处理、对待。超然，就是超然物外那个超然，恬适清静。

以上老子讲了这么多，"重""静""辎重""燕处"，似乎都在描述一个意象，就是做人要有根。那这个根是什么呢？当然就是德，也就是我们的价值观，而德又要同于道，所以也可以说根在于道。只是，道太过博大，为了实践，我们还是把根放在德上好了，反正"人、法、道、天、地"，根在德上，自然也就在道上。

不管多轻浮，最终让一个人做出决定的也只能是他的价值观；不管多躁动，最终让一个人安静下来的也只能是他的价值观；行走于天地间，价值观就是我们的辎重，不论走多远我们都要回到辎重处去补充给养、修养精神；在朝为官，不论多么风光，最后散朝之后都要回家，这个家就是我们的价值观，不论世间多少纷争，价值观都可以让我们超然于物外。

既然君子之行离不开辎重，作为万乘之主，在面对天下时，又怎么可以因为自己的"身"，也就是一己私欲，来做出轻率的决定呢？

所谓"万乘之主"，指的就是周天子了，因为只有天子可以有万乘，诸侯只能有千乘。乘，甲骨文字形是人在树上，指登上之意，后来引申为车。在周代，四匹马拉一辆战车，称为一乘（shèng）。春秋以前，诸侯之间打仗是要指定时间、指定场地、指定人数、邀请裁判的。那个时候诸侯对战争的理解更像是一场决斗。而比赛场地通常在平原上，面积也不会太大，地形都是一马平川，谁被打出场地就算输了。所以，在这种条件下，车战就成了主要战争方式。当时的车就相当于现在的坦克，是军队的核心。一辆车上有甲士三人，车下配备步卒七十二，后勤还有二十五人服务这些作战人员。所以，一乘战车就有一百人围绕着，这就是一个作战单位。

所以，"万乘"可不只是一万辆战车那么简单，那可是雄兵百万，还有四万匹战马。当然了，这是天子可以拥有的军队规模，是上限的概念。平时常备军当然没有这么多，否则谁养得起他们？

所谓天子万乘，诸侯千乘，就跟现在的《中导条约》《核不扩散条约》差不多意思，大家商量好一个军队规模，谁都别搞军备竞赛。当然，到了春秋时期，这些条约逐渐变成了一纸空文，就跟现在的世界格局一模一样。中国人玩了几千年的东西，现在世界各国也还在玩，人类吃一百个豆还不嫌腥。

回到正题，这句话老子想说的是什么呢？显然他是说给周天子听的，也就是说给最大的那个君主、大宗听的。各位创业的老板可要洗耳恭听了，换到现在，对应的不就是我们这些企业一把手吗？

事业做得越大，越要修炼自己的德，让它变得厚重、宁静，也就是要建立起一套属于自己的完备且自洽的价值观。我们的所有言行，最终都要落到这个价值观上。德就是我们的辎重，就是我们的根，就是我们的君，就是让我们可以超然物外的心灵家园。

不要轻率、草率地做可能违背了自己的价值观的决定，这样就失去了根；不要躁动，躁动也很可能违背自己的价值观，这样就失去了根。因为最终不论如何，我们还是要回到这个根的，绕的圈子越大，走的冤枉路只能越多。

当我们的手里是万乘之国时，任何一个小的决定，都可能影响成千上万的人。所以，越是坐到高位，越是要如临深渊、如履薄冰，时刻提醒自己不能受到私欲的干扰，不能受情绪的影响。做决定之前，静下心来，分析一下自己的"情"，是不是带着喜怒？这种喜怒有没有影响自己的判断？

再分析一下自己的"欲"，做这个决定是不是为了满足一己私欲？自己是不是急功近利，只想着赚钱、只想着出名？

如果带着情绪，如果有了私欲，那就危险了，这就是"以身轻天下"。自己的决定与自己的价值观不符，就算赚到了钱，出了名，但最终仍然会后悔，因为自己违背了自己的价值观，变成了自己讨厌的人。甚至，自己已经不是自己了，因为自己的行为不符合自己的价值观，价值观才是真正的自己，而现在的自己却并不是自己了。自己被杀死了，而杀手正是你自己。

这就是老子说的，"轻则失本，躁则失君"！

人如何才能有自知之明

知人者智，自知者明。胜人者有力，自胜者强。知足者富，强行者有志。不失其所者久，死而不亡者寿。（第三十三章）

这一章用孟子的一句话概括，就是"凡行有不得者，皆反求诸己"。

善于揣度别人心思、能摸清别人心理的叫作智巧，能够了解自己的才叫高明。这句话真可谓一针见血、鞭辟入里！看看现在有多少人在问，"怎么看透人的心理""如何能够快速看透一个人"，问这种问题的人是怎么想的？他们幻想有一种读心术，能够瞬间摸清楚对方的想法，这样不就可以投其所好或者制其要害了吗？

投其所好的想法也还好，无非就是想投机取巧罢了，好逸恶劳是人之常情，倒没有什么大的危害。但试图摆布他人就其心当诛了。试想一下，如果是自己被别人摸透了心理，只能任人摆布，我们怎么想？又会如何做？是不是必欲杀之而后快？夺人自由，更甚于取人性命。在自己做事之前，要换位思考，古时候把这种能力叫作"恻"，即心之通则，用现在的话说，就叫共情。共情的过程，叫作"恕"，即心之如也，此心如彼心，便是恕。子贡问孔子，有没有一句话是可以终身去践行的？孔子说的就是"恕"，"己所不欲，勿施于人"。

老子这里所说的正是一个意思，既然我们自己不希望被他人看穿、受其摆布，那推己及人，当然也不应该去钻营这些智巧，想方设法地影响或者控制他人。这么做，不过是偷鸡摸狗，不走正路。不走正路，最终反而会偷鸡不成蚀把米，不但不高明，反而是真愚蠢。

什么才叫高明呢？自知的人才叫高明。揣度他人、控制他人，就是与他人争夺控制权。既然我们去争，人家必然会反击，人家是控制自己，我是去控制别人，而且名不正言不顺，你觉得谁会赢？简直就是蚍蜉撼树、不自量力。可是别人我们管不了，却可以管自己。了解自己、控制自己，名正言顺，想怎么了解就怎么了解，想怎么控制就怎么控制，对不对？

你看，我们连自己都还没有了解，就想去了解他人，这跟羽毛球初学者上来就想单挑林丹有什么区别？不可能实现！浪费时间不说，以卵击石还容易自取其辱。那要如何自知呢？

《道德经》实在太凝练了，这五千字大多讲的还是"是什么"的问题，最多为了让大家更好地理解引出了一些"为什么"，但是至于"如何做"，老子并没有详细讲。其实，这是《道德经》的一个问题，就是过于追求综合，追求意境，归纳、类比做得好，可演绎做得并不好。给人的感受就是，作者写出这些经典，压根就不是给大众看的，而是谁爱看谁看，至于看懂看不懂，一切随缘。当然了，很大一个原因确实就是因为老子没想到自己的著作在几千年后会被如此广泛地传播，《道德经》这部书非常明显就是写给天子、诸侯的，连士大夫可能都不是作者的目标读者。所以，后世没有管理实践经验的人当然理解不了。虽然理解不了，但是意境在那里，就会让人有一种模模糊糊觉得它就是真理的感觉，所以就出现了各种牵强附会、生拉硬扯、神秘主义。老子真要是看到了，估计能被气乐了。

对于"如何做"的问题，倒是儒家继承下来并加以展开，提出了"格物致知"。这四个字出自《大学》，而《大学》是《礼记》的一篇，《礼记》又是西汉时戴圣依据典籍整理编撰的，自己创作的成分很少。尤其"格致诚正，修齐治平"作为《大学》开宗明义的纲领，不大可能是戴圣原创的，其来源应该还要往前追溯。就语言形式而言，应该不会早于春秋，因为用字已经很有春秋时期的风格了。但是，就算这个表达形成于春秋时期，其内涵的形成却未必那么晚，很可能是要继续向上追溯的，到周公、文王是有很大概率的，到尧舜禹汤也不是不可能。毕竟《尚书》中舜禅让给禹的《禹谟》中就记载了中华文明的十六字心法，"人心惟危，道心惟微，惟精惟一，允执厥中"，而格物致知，正是对"惟精惟一"的展开。既然这种含义在舜的时代已经成文，那就说明其思想还需要继续向上追溯。是不是能追溯到炎黄、伏羲？现在的线索有限，就不得而知了。

很多人问我什么是格物？为什么这么重要的概念，其内涵现在几乎失传了？其实还是上面讲的那个问题，中国哲学太强调综合，过于追求意境，甚至发展出了不立文字的"禅宗"，这对用户而言是极其不友好的。好比我们想打乒乓球，教练说照着马龙、张继科练就好了，你说这让初学者怎么练？所以，我建议初学者，还是要从科学入手，因为路径清晰可以循序渐进。而且，科学实际上就是形式逻辑加上实验检验，对于了解客观世界而言，这是目前已知的最优解。这种方法得出的结论最容易被理解，同时也最可靠，所以非常适合初学者打基础。

有了科学学习的基础，熟练掌握了形式逻辑，具备了科学精神之后，再去钻研中国哲学。其中科学能接手的就交给科学去解决，剩下的科学接不住了，我们再求诸中国哲学。还剩下哪些呢？主要就是美学、伦理学、方法论、认识论、本体论等领域，对应的中国概念就是德（美学与伦理学）和道（方法论、认识论、本体论）。

至于格物的格，指分门别类；物，即万事万物，只要能格的，都叫物。什么叫作能格？有"名"的才能格。换句话说，所谓格物，就是在整理概念，给它们做分类和聚类。例如把欲望分解成"生性知美"四种基本欲望，这样一来，所有的欲望就是这四种基本欲望的综合，这种分类没有遗漏，子类之间彼此不重叠，而且每种欲望的影响相仿，子类的划分是均衡的，那么这就是一个好的分类。这个过程就叫格物，说白了就是通过不断地问"是什么"，来给概念总结出一个清晰的定义。

什么是知呢？其实就是基于各种概念，通过演绎、归纳、类比三种方法将它们连接起来形成的概念树。

了解了格物致知，"自知"应该就好理解了吧？就是格自己嘛！格自己的什么呢？之前我们讲过，格我们的"心"。我们的"心"又有三个维度，一是"欲情念"，二是"恻仁德"，三是"名理知"，我叫它"道心三维"。我们格自己，就是要在这三个维度去问自己"是什么"的问题，不停地去分类和聚类。需要到什么程度呢？向下要到最小颗粒度，以至于这个概念本身就可以解答"如何做"的问题；向上要到混沌系统，因为我们还没有能力去解析它，不得不暂停下来。

之前也讲过，我们最常见的格物对象就是自己的"欲、情、念"。例如，文章读到这里，我们觉得豁然开朗，于是冒出了一个念头："如果这么格物的话，是不是我就可以发财了呀？"于是就有了格物的素材，马上格一下这个念头，为什么会产生这个念头呢？就要从情绪上找。

有两种基本情绪，"恐"和"慰"，就是恐惧和安慰。这个念头的情绪根源显然就是知晓了格物的方法，开心了，"慰"占了大部分因素，但同时又觉得自己生活没有保障，需要钱，所以"恐"占了小部分因素，二者一综合便产生了"情"，也就是情绪。

为什么会产生这个情绪呢？就要从欲望上找。"恐"主要是因为求生欲、繁殖欲无法得到满足，问问自己，想赚钱是不是跟这两者有关？私欲一定不好吗？饮食男女，人之大欲存焉，没有人没有私欲，所以我们不能说它不好。饿了吃饭，到了年龄结婚生子，这是再正常不过的事情，有什么不对吗？没有。但是，如果饿了非要吃山珍海味，成人了一定要娶三妻四妾，私欲追求过度，就会出问题。出什么问题呢？过度了就会与人争利，与人争利人就会与我们争利，结果往往就会两败俱伤。欲望得到满足便有了"慰"，饮食男女容易得到满足，两个馒头一夜鱼水也就差不多了，这种"慰"来得容易，去得也容易。与之形成对比的，通过满足求知欲和美欲所得到的"慰"则要强烈得多，也持久得多，而这两种欲不是私欲，而是可以为所有人创造价值的"通欲"，因此我们可以尽情地追求，把"意"从私欲引导到通欲上面来，至此我们也便知道该"如何做"了。

排比句，讲透了一句，后面的也就好理解了。战胜别人，可以说是有力量，战胜自己，才可以称为强。是不是有人要问，有力量不是挺好吗？为什么非要强呢？一是因为力量是相对的，总有比我们还有力量的人会战胜我们；二是因为力量是会变化的，我们不可能从生到死力量恒强不变，有强的时候就有弱的时候。强的时候我们战胜别人，弱的时候别人就会战胜我们，这叫"天道好还"。既然这样，战胜别人只是一时的，不能算作强。强，甲骨文的字形是一个"弘"字，右下角加了一条虫。弘，左边一张弓右边一条曲臂，表示有力。再加一条虫什么意思呢？据说这种虫指的是米里生的米虫，只要有一条就会快速繁殖出无数条，指持续增加。

之所以说"自胜者强"，就是因为"自胜"是可以持续增强的，不会败，反正都是自己的事，自己说了就算，只要我们想，不停地格物，就可以不停地"自胜"。朱子就说，"今日格一物，明日又格一物，豁然贯通，终知天理"。你看，这不又是给老子的"弱者道之用"做注解了吗？

"知足者富"，字面意思好理解。我们要是专心品尝过馒头的甜美和面香，一天吃两个馒头也会很满足，那样的话我们现在的存款可能足够吃一辈子了吧？吃喝不愁，难道不是富吗？但是，我们要结合上下文看，老子前半句说的"智""有力"可都不是他提倡的，后半句"明""强"才是他提倡的。所以，"强行者有志"中的"强"字刚才讲了，是力量持续增加。志，心之止，即心最终要到达的地方。所以这句的意思是说，只有坚持不懈去实践，我们的心才能有所归宿。言外之意就是，小富即安没什么出息，持续努力才叫有志气。

不失去自己的处所，那么就可以长久。这个久，最早就是针灸的"灸"字，后来引申为持续的时间长。但是大家要注意，这是一个中性略偏贬义的词，指的不是自然的延续，而是需要外力加以辅助才能维持，所谓"持久"就是要"扶持"才能久。对应的后面那个"寿"字则是个褒义词，意思就是老年人无灾无病，生命绵长。那什么叫死而不亡呢？死，字形是一个人跪在尸体旁哀悼，字义到现在没什么变化。亡，是一把刀折断了，指失去了作用。所以，死是一个中性词，亡则带有贬义了。后来死亡往往连起来说，就是死了同时也没有用了。但是，死了却未必就会没有用，像老子这样死了几千年我们不还是在学习他的思想？我们能说老子没有用了吗？当然不能，所以这就叫"死而不亡"，这就不是需要维持的那种"久"了，而是自然而然、绵延不绝的"寿"了。

整篇总结起来,还是孟子那四个字,"反求诸己"!

国之利器为什么不可以示人

将欲歙之,必固张之;将欲弱之,必固强之;将欲废之,必固兴之;将欲夺之,必固与之。是谓微明,柔弱胜刚强。鱼不可脱于渊,国之利器不可以示人。(第三十六章)

鸟在飞的时候,要扇动翅膀。想合上翅膀,就要先张开翅膀。歙,会意字,即合羽,指鸟合上翅膀。

想要有收益,就要付出成本。所有以上这些,就叫作"微明",微妙且高明。现在,我们用得最多的就是"将欲夺之,必固与之",说的时候通常咬牙切齿,基本就等同于说"欲使其灭亡,必使其疯狂"。所以,这段话一直被人理解成老子是在教人处心积虑地算计别人。

可是,人家老子并没说要对别人使用这些方法吧?是我们自己把其他人当作敌人,必欲除之而后快,所以才绞尽脑汁地想办法算计人家,只不过正好读到了老子这句话,就以为是在教自己迂回战术,对不对?如果我们没有害人之心,大可以把这句话当作是老子对自己的警示嘛!提醒自己做什么事要懂盛极而衰、亢龙有悔,这不就正能量了?

或者我们把它看作是自己追求"道"的方法。之前不是讲了互联网思维吗?他们的做法就是这样,通过免费甚至补贴来培养用户习惯,建立起一个平台。用户养成习惯之后,才开始提供有偿服务,把钱赚回来。这不就是将欲夺之，必固与之吗？

做生意，或者先交钱，或者先交货，一手交钱一手交货的少之又少。作为卖家，我们不舍得货给人家试用，人家不知道货怎么样，怎么会买呢？作为买家，我们不想给钱，还想订制商品，人家也是有前期投入的，怎么会冒风险给我们做呢？既然我们的目标是做生意，就别在乎眼下这点小利益、小风险，抠唆就什么都做不成。

工作也是生意，我们把劳动力卖给公司，我们是卖家，公司是买家。我们的货好，买家自然愿意出高价买，前提是得有证明。拿5000块的工资，干10000块的活，做好了，我们的劳动力就值10000块。而且这个价钱不以公司或者我们个人的意志为转移，这家不愿意给，市场上有的是人愿意给，找机会跳槽走人就得了。

而有些人给他们5000块钱，他们觉得自己最多就干5000块钱的活，甚至怕干多了便宜了公司，还要想方设法地摸鱼，最后可能只能干3000块的活。自己白白浪费生命不说，越偷懒就变得越懒，越懒就越负能量。抱怨公司不识货，不给自己涨工资，给涨到10000块，我不就可以干10000块的活了？结果恐怕不但没涨工资，反而被优化掉了。

老子只是告诉我们一个客观规律，至于我们用它做好事还是做坏事，都是我们自己的事，跟老子无关。不过，后面这两句却是老子规劝君主的，柔弱会胜过刚强，鱼儿离不开水，国家的"利器"不可以拿来示人。这几句话的解释历来五花八门，不过，如果给一个有管理实践经验的人来看，意思却再清楚不过了，老子说的就是如何管理。

所谓"柔弱胜刚强"，说的还是上善若水的意象，利万物而不争便是柔弱，往低处流也是柔弱，正因为柔弱才能无孔不入、无所不包。正是因为有了柔弱的性质，才会吸引万物众生，心甘情愿地投奔到水的周围。石头倒是刚强，但是有人会围着石头生活吗？

鱼水之情，从古至今含义都没有变过，指的就是君与民的关系。君就是鱼，民就是水，水离了鱼无所谓，鱼离了水就是死鱼。所以，这就是管理者对待团队应有的态度，团队是水，而我们是鱼。

既然我们是鱼，那么应该如何对待水？答案是，"国之利器不可以示人"，说白了就是不能炫耀暴力去吓唬团队。最典型的反面教材，不就是严刑峻法、独裁统治的大秦吗？当然了，秦朝相比于周朝，还是有很大进步的，起码打通了平民向上晋升的通道，这是一次升维。如果始皇帝多活几年，把权力交接得顺畅一些，下一代再微调一下政策，也未必就不行。当然，我们也可以说，不能顺利交接就是权力本身的特征，这当然也对。

所以，以始皇帝的雄才大略都抵不住权力的反噬，作为普通管理者，我们是不是得好好掂量一下自己了？管理团队的时候，是不是就别想着搞得跟军队一样等级森严？那些没用的繁文缛节是不是能省就省了？出台各种惩罚制度，是不是需要慎之又慎？就算不得已开除几个人，如果不是本质问题，是不是就不要大肆宣扬，搞得人人自危了？这些暴力手段，就是老子所谓的"国之利器"。

对于国家也是一样，我们见过哪个正常国家成天宣讲刑法的？不是不应该普法，而是我们把刀拿出来吓人的这种方式不对。遵纪守法的人被吓得惶惶不可终日，生怕自己已经被盯上了；那些心思不正的人反而觉得找到了发财的机会，原来怎么发财都写在刑法里面了呀，那我就挨个犯一遍好了；更有些人，本来犯了点小错，罪不当诛，可是我们把刑法搬出来这么一吓唬，他们就觉得自己是不是没有活路了？反正都是死，还不如干票大的，于是不就有"王侯将相，宁有种乎"了吗？

所以，暴力手段是管理者的核武器，它的作用是威慑，当它发射的时候，基本上一切都没有太多意义了。

什么是做老板的第一大忌

道生一，一生二，二生三，三生万物。万物负阴而抱阳，冲气以为和。人之所恶，唯孤、寡、不毂，而王公以为称。故物，或损之而益，或益之而损。人之所教，我亦教之："强梁者不得其死。"吾将以为教父。（第四十二章）

这章原本难在"道生一"里面的"一"是什么。"一"就是对立统一的"一"，就是矛盾双方的统一体，就是有正反两面的硬币，就是太极，也叫太一。老子在讲《周易》吗？《道德经》必然是在《周易》的基础上演化而来的。作为周朝图书馆馆长，说老子不读《周易》，你能信吗？

这个"一"，还是《尚书》中《禹谟》里舜对禹说的"人心惟危，道心惟微，惟精惟一，允执厥中"里面的"一"。老子不可能不读《周易》，也不可能不读《尚书》吧？当时都是竹简，记录的信息并不多，一个图书馆估计也没有多少书。而那时候书和文字刻在青铜器上，刻在竹简上，成本得多高？说一字千金也不为过吧？守着这么一堆价值连城的宝贝让我随便看，任谁都会不舍昼夜、手不释卷吧？

这个"一"还是孔子所说"吾道一以贯之"的"一"，曾子解释是"忠恕而已矣"，这说的是孔子的"道之用"。而孔子的"道之体"，必然是与老子，与《周易》，与《尚书》一脉相承的。因为，孔子看的书跟老子是一样的，周的文化奠基人就是武王的弟弟周公，而周公被封在鲁国，孔子便是鲁国人。

理解了这个"一"，那么"一生二"就好理解了，"二"就是矛盾双方，中国的说法叫阴阳。《周易》说"一阴一阳之谓道"，也就是矛盾双方对立统一，反之又反的永恒运动。这种运动便产生了三，然后是四、五、六，以至于无穷。量变引起质变，最终产生了宇宙万物。

这个"三"有人认为是"天地人"三才，也未尝不可，毕竟在我们的认知里，这三者是万事万物汇聚的焦点。也有人说，这个三是阴阳产生的"和"，也就是黑格尔在辩证法中所说的"正反合"的"合"，这么理解也可以，确实也是生发万物的过程。

而以我的理解，老子的三似乎并没必要特指什么，他只是在说量变需要一个过程，所以一二三要逐渐走过来，到了三之后这个系统就非常复杂了，我们很难再去建立解析模型，所以就直接到了万物。这个说法倒是又暗合了"三体"问题，不知道是凑巧了，还是老子确实观察并发现了混沌系统的特点。不过不管是不是巧合，老子清楚地理解"混沌系统"，这一点是确凿无疑的。

万物背着阴抱着阳，就像一个"盅"里面的阴阳二气相调和，冲，之前讲过，同盅，即内空的容器，如现在喝酒用的酒盅。这比喻的还是辩证法的几个原理。

之后，老子又例行由道讲到德了。人们都不喜欢孤、寡、不穀，幼而失亲谓之孤，老而无伴谓之寡，人品不好叫不穀，这基本是人类最惨的三种情况了。但是，君主们偏偏这样称呼自己，为什么呢？因为我们已经至高无上了，就不能再追求赞誉了。所谓物极必反、盛极而衰、亢龙有悔，为了避免这些悲剧的发生，当我们"益"到快满了的时候，就要"自损"了。怎么损？就是不争、谦退嘛！

就像河谷，为了防止河水溢出去变成洪灾，就要时不时地疏通河道，把河谷挖得更低，这样水大的时候才不至于泛滥成灾。做人也是一个道理，我们想想自己身边发生的事，只要自己有一点成就，溢美之词是不是就铺天盖地席卷而来了？这个时候，人就容易飘飘然，俗话说"不知道自己怎么回事了"，这是非常危险的。

好不容易创业当了老板，就对团队颐指气使？你放心，这个团队绝对带不好，用不了多久，我这个老板没准也当不长久。因为我把别人当奴隶，别人自然会反抗，败事容易成事难，只要有一个存心给我捣乱的，那放心，什么事我都干不成。所以，当老板首先要调整心态，后其身、外其身。颐指气使就是在争权，揽功甩锅就是在争利。我们跟团队争，大家就变成了比赛双方，地位对等，我们就一个人，而人家人多势众，我在明处人家在暗处，谁强谁弱不是一目了然？

如何才能立于不败之地？不下场比赛就永远不败。把权力和利益都让给团队，我们负责定目标、找对人、给资源支持他们就好。这在法家叫作"术"，就是让君主在场外做裁判，也是一种老子思想的应用，只不过是消极的。更积极的做法呢？不要做裁判，去做教练。培养队员、布置战术、分析形势、鼓舞士气，这是老子思想的积极应用。

老子说，这些道理都是前人教授我的，我也把它们拿来教人。不知道大家有没有发现，中国哲学的宗师们从来没有一个强调自己的理论是原创的。老子这么说，孔子也说"述而不作"，意思就是我所讲的道理只是复述古人的，我自己并没有创作。孟子说"游于圣人门者难为言"，意思就是圣人把该说的都说了，我已经没得说了。

这就是中华文明传承数千年，连绵不绝、屹立不倒的原因吧，而究其根本，还是中国古老辩证思想的潜移默化。我们承认矛盾，但强调统一，这叫作"中"；我们承认运动是永恒的，但强调反之又反，这也叫作"中"；我们承认事物是会发生质变的，但强调这种显著的质变必然是由微小的量变引起的，应对好这些细小的量变叫作"和"；我们承认宇宙是个混沌系统，没办法为其建立精准模型，但仍然强调"道可道""人亦大"，人是需要去努力追求道的，这叫作"德"，德便是"道之用"。这种"用"细微而弱小，所以我们把这种用叫作"庸"，这个字甲骨文的形象是上面乐器下面水桶，表示日常所用。以上这些概念就是我们耳熟能详的，"允执厥中""中和""中庸"了。

最后这句话，说得比较狠了，强横的人不得好死，这是我教人的宗旨。梁，原本没有下面的木，左边是水，右边是桥，指的就是横在水面上的桥，这也是桥梁的由来。具体说，高高拱起的叫桥，平平直通的叫梁。后来，建造房子用的那个贯通东西的横木是架在"栋"上面，也就是支撑的柱子上面，与桥梁的梁类似,所以就加了一个木字,表示房梁了。梁的特点是横着的,所以强梁也就引申为强横了。

老子这句话说得很重,放到现在基本相当于破口大骂,为的就是让后世人提高警惕,不是怕强横的人欺负人,而真的只是为了那些缺根弦的强横者好。欺负人的代价有多大?哪怕我们只欺负了一个人,这个人被逼急了跟自己玩命能受得了吗?更何况,其他人还在看着呢,他们能看得下去吗?而且,大多数情况下,很少有强梁只欺负一个人吧?欺负了那么多人,人人都要跟自己玩命,我还能知道自己是怎么死的?

尤其手握权柄之人,更是要慎之又慎,因为我们欺负人实在太容易了,可能就是在不经意间。但是,被欺负的人可不会管我是不是故意的,人家被我害了,就要找我报仇。想象一下,日常生活中有个人天天憋着跟自己玩命,我们是什么心情?

所以,各位老板,还是好自为之。

如何保持目标明确

大成若缺,其用不敝。大盈若冲,其用不穷。大直若屈,大巧若拙,大辩若讷。躁胜寒,静胜热,清静为天下正。(第四十五章)

我们创业时,一个项目做着做着就会出来很多分支项目,于是又去做这些新的项目,然后发现又会有更多的项目冒出来,仿佛永远也做不完,公司也永远存在缺陷。于是我们沉下心来,一个项目接着一个项目地做下去,忽然有一天再抬头审视公司的时候,惊讶于公司已经这么大了,有这么多的用户、这么多的员工，创造了这么大的价值。公司越大，事情也越多，这叫"大成若缺"。不断地发现问题，解决问题，公司变得越来越成功，永远不会破败，这叫"其用不敝"。

为了解决问题，我们不停地学习新东西。可学了一个新概念，就会多出来好多新概念。学了多出来的概念，又会有更多的新概念冒出来，仿佛永远也学不完，自己的认知永远存在缺陷。我们感叹自己是多么的无知啊！有了这种心态便更加如饥似渴地学习，这叫"大盈若冲"。我们不断地获取新的知识、掌握新的方法，认知体系也不断地突破边际，于是总是可以找到解决问题的办法，这叫"其用不穷"。

我们不再一马当先。即便自己先找到了解决方案，即便自己的判断千真万确，也要忍耐，知而不言是一种煎熬，但我们仍然忍受着团队人员七嘴八舌、东拉西扯的讨论，因为需要让他们自己找到答案，这样他们才会觉得自己是项目的主人，才会有成就感，也才会成长，这叫"大直若屈"。

我们做事不再思前想后，不会等到计划天衣无缝时再去行动，而是先行动起来，找到最小的突破点，尝试着切入进去开始做。边做边复盘，发现问题、解决问题，控制试错成本，快速迭代。别人嘲笑我们，因为我们看起来像个笨拙的婴儿在蹒跚学步。可转眼间已经迭代了百代、千代，当初的婴儿已经健步如飞，让那些嘲笑的人瞠目结舌，这叫"大巧若拙"。

别人与我们辩论，不管他如何伶牙俐齿、巧舌如簧，我们只问他三个问题。是什么？也就是问题中概念的明确定义是什么？为什么？也就是辩论的目的是什么？以及如何做？也就是辩论希望求得一个怎样的解决方案？当他无法回答时，辩论就结束了。在别人看来，我们笨嘴拙舌，只会问几个简单问题，可我们只是觉得这种辩论是在浪费生命，多投入一分钟都是多余的，这叫"大辩若讷"。

静胜热，如何静？想清楚自己的目标，眼里只看一个目标，心里只有一个目标，径直走向这个目标，这就是静。也就是德的本意，眼直、心直、行直。我们发现一个问题，但是解决它会得罪人，于是开始犹豫要不要做，心中烦躁。这是因为我们有了两个目标,一个是解决问题,一个是不得罪人,我们在两个目标之间摇摆不定,所以才会烦躁。我们需要去除一个目标,只留下一个目标也就静了。那么去除哪个呢?再往上抽象一层,自己更大的目标是什么?是做一个有价值的人,还是做一个讨好别人的人?做一个有价值的人,是我们的大目标的话,那还管别人高不高兴干吗?

如何才能使所有的目标清晰明确?我们要形成一套完备、自洽的价值观,所有的判断均由这个价值观做出,这些判断自然前后一致,不偏不倚,我们才可以知行合一。

此时,我们的心不但静如止水,而且澄澈见底,对任何人都不必遮掩,敞开心扉给他们看。有的人瞥一眼,便知我们一尘无染,也便对我们敞开心扉;有的人凝视我们,见我们纯净如许,却又深不可测,便会追随我们。如此,便可以为天下正宗。

如何避免低效劳动

不出户,知天下;不窥牖,见天道。其出弥远,其知弥少。是以圣人不行而知,不见而名,不为而成。(第四十七章)

看到这几句,宅男们终于找到知音了。"不出户,不窥牖",这不就是宅男的理想嘛!实际上,老子那个年代,是绝对不会出现宅男的。一个人一天不出门,左邻右舍估计就上门来了,因为他们一定会以为这个人病得不轻。因为,按照《周礼》的规矩,除非生病,否则白天是不能待在家里的。为什么古人连待在家里都不让,还写到官方文件里面?因为,那时候生产力不发达，养不起闲人。一个成年男人几天不出去种地，田地可能就杂草丛生、害虫横行了，今年收成没了，全家没准都得饿死。古代在家宅着可不是闹着玩的，是要出人命的。

既然不鼓励宅，那老子这一番话是什么意思呢？前面不是讲了"道生一"吗？老子这两章就是要给我们讲，如何达到那个一。

与概念分类对应的是概念的聚类，也就是归纳。当我们熟练掌握了概念分类之后，会习惯性地追求不遗漏、不重叠、相均衡这三个优秀分类的特征。为什么分类可以具备这三个特征？因为，这是概念本身就具备的特征，也就是之所以能演化出今天被我们广泛认可的概念，正是因为这些概念本身具备了可以被拆解为优秀分类的属性，否则这个概念本身存在缺陷，就会在漫长的演化过程中被淘汰掉。所以，这是概念系统本身具备的形式，这种系统也被叫作形式逻辑。由于形式逻辑研究的是概念自身的形式，所以形式逻辑是"绝对正确"的。为什么要打引号？因为"绝对正确"这个概念本身就是被形式逻辑定义的。换句话说，之所以一个概念的分类符合形式逻辑，就是因为形式逻辑就是这样定义这个概念的，否则它就不属于形式逻辑这个系统，所以形式逻辑不可能错。

但是形式逻辑的问题也随之出现了，既然所有形式均来自系统内概念本身，那么这套系统就无法产生本系统中不存在的新概念，也就是凡是形式逻辑说的话，都是正确的废话，它对于一个已经掌握形式逻辑的人而言毫无意义。而恰恰是形式逻辑以外的那些，对于我们来说才是新的、未知的、有价值的。于是用一句话概括就是，凡是形式逻辑说了的，都是废话，凡是有用的，形式逻辑都不说。

所以，我们才需要类比和归纳。类比之前讲过很多了，下面讲讲归纳。归纳的优势显而易见，它可以告诉我们原本不知道的。例如，我们自己饿了就想吃好吃的，所以就归纳出：基本上所有人饿了都想吃好吃的；单身了，就想找个人陪，所以就归纳出：基本上所有单身的人都想找个人陪。难吗？不难，我们用不着接触多少人，就能归纳出这个道理。所以老子说，"不出户,知天下;不窥牖,见天道。"

反而有些人,自己不静下心来归纳,总是一味地贪多求新,熊瞎子掰苞米,掰一穗,扔一穗。看着倒是忙得够呛,到头来可能还是只有一穗。所以老子说,"其出弥远,其知弥少。"这不是老子反对行万里路读万卷书,而是反对贪多嚼不烂。孔子也说过类似的话,就是著名的"学而不思则罔"。它们都是一个意思,都是告诉我们不要一味地去求新求奇,而是要静下心来对已有的东西进行归纳。如果不归纳,怎么能做到"吾道一以贯之"?

是以圣人不行而知,不见而明,不为而成。这句话老子说得有点夸张了,但我们结合前文读,也能理解老子的意思,还是强调归纳的重要性嘛!估计当时的君主们有这个毛病,就是凡事图新鲜、爱看热闹,但就是不走心,看过就忘,下次差不多的事,他还当作新鲜事儿一样,吃一百个豆不嫌腥。老子应该就是对症下药,极言归纳的重要性,希望君主们引以为戒。

我们也别嘲笑古代君主,以为人家不开窍,我们现代人不开窍的程度比人家可能还有过之而无不及。看看那些埋头苦学的"好学生",为什么起早贪黑地学习,成绩就是提高不了?因为同样的题型,稍微变换一下形式他就不会了。就算做了一万道题,第一万零一道还是不会,这就是不归纳,学而不思的后果。

工作中有多少人操作 Excel 还是"一指禅"?用鼠标点点点,最简单的公式、快捷键都不会用?我曾经就带过这么一位,工作是真"努力",加班到很晚,我的大会都开完了,出来看她还在加班。我当时好奇给她的小活也不复杂,怎么干到这么晚?于是就过去看看,发现还真就是我担心的那样,她在用鼠标一个单元格一个单元格的复制粘贴呢。我忍不住教她用了几个简单公式,10分钟搞定了。她也挺惊讶,还拍手叫好,说还是老板厉害……结果,过了几天我看她操作 Excel 还是"一指禅",她不加班,谁加班呢?

我们不是圣人,不可能不行而知,但是老子讲的归纳,对大多数人来说确实如何强调都不为过。

当然了,强调归强调,但老子的话其实只说了一半,我需要把另一半补上。归纳虽然有它的优势，但是缺陷也是显著的，那就是不可靠。就算我们遇到的所有人饿了都想吃大餐，也不能证明，我们没遇到的人也是如此，甚至我们都没法证明遇到的这些人将来会不会变。以我自己为例，原来我也是这样以为，但是后来饿了就只想吃个馒头，因为还有更多有意思的事要做，哪有闲工夫吃山珍海味呢？

这也就是"经验主义"被"理性主义"攻击的软肋，经验主义就是盲人摸象，偶尔对了，可能还是瞎猫抓到了死耗子。就像"理性主义"同样也有软肋，正如上面讲的，说出来的都是废话，有用的却不说不出来。这又是人类认知方法的一体两面，矛盾对立的统一体。

虽然老子话说了一半，但我们也别急着批判人家，毕竟类似的事孔子也干过，而且干的比老子更离谱。有客人来问一年有几季，子贡告诉他有四季。那人信誓旦旦地说，一年只有三季。两人争执不下，便去问孔子。孔子看了那人一眼，就说一年有三季。那人听后，志得意满、趾高气扬地走了。可子贡不干了，说夫子你怎么胡说呢？一年能是三季吗？孔子说，你看看那个人，一身绿，分明就是蚱蜢成精，他春天出生，秋天就死了，你跟他说四季，这不是瞎耽误功夫吗？你没事闲的呀，跟他吵什么劲呢？子贡这才恍然大悟。这就是"夏虫语冰"的典故。

孔子和老子这种表达方式虽然不严谨，但论针砭时弊，恐怕效果要比咬文嚼字好得多吧？我们读书，要挑着对自己有用的读才好，有用的都还读不明白，就先别想着批判了。尤其历经几千年大浪淘沙的经典，读的时候心中起码要存着点敬畏，我们不大可能比几千年间的大儒都高明，所以不到万不得已，切忌出言不逊。

为什么说为学日益，为道日损

> 为学日益，为道日损，损之又损，以至于无为。无为而无不为。取天下常以无事，及其有事，不足以取天下。（第四十八章）

前一章讲了归纳法的重要意义，这章是上一章的延续。

学东西，不管是学知识还是学技能，只要学，自己会的就越来越多，这好理解。不好理解的是"为道日损"。好在，我们前面讲了归纳法，现在连着读，是不是就明白老子想说什么了？

还是以羽毛球为例。初学阶段：今天学握拍、明天练步伐、后天练高远球分解动作，练好了再练吊球、网前小球、杀球、四方球战术、杀上网战术……隔几天就有新东西，总是能掌握新的技术、战术，这就是"为学日益"。

等我们把所有基本功都练扎实了，教练一定会强调"动作一致性"，就是不管打高远球、吊球还是杀球，除了触球点以及那个瞬间的拍形不同之外，其他的环节都是一样的。为什么要这样？因为一致性高，对手就很难判断我们的意图，他需要等我们触球了才能做出判断，如果提前预判，我们就可以根据他的预判去调整自己的动作，这样他就被动了，可能要二次启动，有时候可能直接就丢分了。你看，这就已经开始"为道日损"了。

等技术动作已经完全定型了，上场比赛的时候，我们还会想着标准动作吗？还会去考虑这个球应该回高远还是吊网前吗？根本没有时间考虑，靠的都是下意识反应。所以，这个时候，可以说已经"损之又损"，把"技战术"都融入了潜意识，以至于根本想不起它们来。

至于自己的判断准不准，应对得合理不合理，能不能抓住对手弱点，能不能掌控比赛节奏，这些就是所谓的"球商"了。之所以取这样一个名字，就是因为这种东西已经无迹可寻，背后是非常多的复杂因素，而我们在场上有0.1秒的反应时间都是很奢侈的,之所以那样判断、那样应对,根本就没办法还原出来个因为所以。而顶级高手之间的对决,技战术大家同样炉火纯青,身体素质同样登峰造极,那最后拼的是什么?就是"球商",也就是身经百战之后,融入潜意识里面那些东西。因为背后是一个混沌系统,所以我们没有办法为它建模,这种模糊的美,就是我们之前讲过不止一次的"境界"。最高境界,就是无为,因为根本用不着动用工具理性,做出判断的是我们构造出来的一个模糊模型,也就是德。

做人也无外乎如此。很多人处心积虑地想学独门知识、独门技术,误以为世界上真的存在"武功秘籍"一样的东西,获得了就可以一步登天、平步青云。只可惜,武侠小说被叫作"成年人的童话"不是没有道理的,因为它把这个世界抽象得过于简单,终究还是童话。

当然,学习总是没有错的,老子也没有反对学习,而是强调在学习新东西的同时还要进行归纳。为什么很多人知识学了不少,技术也掌握了不少,可就是不知道人活着是为什么?有那么多人问,"既然人迟早要死,那活着的意义是什么"?就是因为不归纳,学而不思则罔。

为什么我们一定要了解活着是为了什么呢?因为,作为人,我们一切痛苦都来自恐惧,而一切恐惧则来自无知,一切无知则来自对未来的不可预测性。之所以不可预测,首先正是因为我们不知道自己想要预测什么,其次才是我们有没有能力预测。

有人问,怎么才能看透一个人的心理?显然他是想预测别人的行为。可预测别人的行为是为了什么呢?显然是为了与他争利。争利又是为了什么呢?为了更多的利,为了发财。发财又是为了什么呢?为了衣食无忧。衣食无忧又是为了么呢?恐怕只剩下混吃等死了吧?反正都是等死,为什么不现在就躺平等死呢?差别无非就是多浪费了几十年的粮食而已嘛!可能又怕挨饿不舒服吧,所以你看,这些人甚至连虚无主义者都还不如,起码人家是真的看开了生死的。

我们不应该评价人家的是非,毕竟这是很私人的东西,没有对错之分。

不过可以想一想，一个最终目的是想发了财之后混吃等死的人，有没有可能发财呢？世界上有千千万万这样的人，大家都想发财之后混吃等死，怎么就能轮到我们呢？唯一的可能是不是只有靠买彩票中奖？这可能就是为什么彩票被叫作"成年人童话世界的钥匙"的原因吧。

还有更令人绝望的消息，那就是我们越刻意地做什么，反而越做不好什么。打羽毛球，我们刻意地想把球回远，拼命地回想每一个环节的标准动作，可最后偏偏打不远。为什么？因为想得太多，动作脱节，还慢半拍。不只是打不远，能打上都谢天谢地了。我们想赢得比赛，时时刻刻暗示自己，"一定要赢""输不起"，上场之后反而四肢僵硬，头脑空白，什么战略战术都抛到九霄云外去了，剩下的只是一身蛮力。别说赢了，不输得很难看都已经阿弥陀佛了。

赚钱跟打羽毛球是一个道理。一心想赚钱，挖空心思地抠钱，就像打高远球的时候刻意去做好每一个动作，结果自己满心欢喜地等着成功的喜悦，最后收获的却只是失败的苦果。为什么会这样？因为我们的动作脱节了。公司给我五千工资，我最多就干五千的活，心想多干一分我不就亏了？我可是要发财的人，怎么能做亏本买卖呢？于是花了大量的时间去衡量要干多少工作，想方设法地摸鱼。看着旁边勤勤恳恳的人，我还笑人家是傻子，永远只能被剥削。可结果呢？人家因为工作出色，升职的升职，加薪的加薪。就算没有升职加薪的，也找个机会跳槽走了，因为辛勤工作锻炼了自己的能力，新公司高薪聘请，结果还是升职加薪。反观自己，觉得自己做了五千的活，没想到还高估了自己，成天摸鱼，还一肚子负能量，最后被公司劝退不说，一点本事没学到，去哪哪都不要。

用不了几年，那些没什么"心眼"，做什么都踏踏实实，一门心思做到极致的人，升到了更高的职位，接触到了更高层次的人，把行业摸得更加透彻，自己也有了一定的积累。他们觉得现在的行业还存在这样那样的弊端，这些弊端并不符合自己的审美，如果不能去除这些弊端，自己的强迫症就要犯病了。于是他们开始创业，他们不缺钱、不缺地位，创业只是因为"看不惯"，觉得不够美。最终能让行业改变的，能为社会创造价值的，只能是这些人。与他们所创造的价值相对等，经济机制给予他们回报，从来没想过要发财的人，反而被动地发了财。

这就是老子所说的，"取天下常以无事，及其有事，不足以取天下"。

这些人成功之后，会混吃等死吗？恐怕不会，他们会觉得自己的价值观还存在太多不完美，需要一处一处地修补。每修补好一处，另一处原本不那么显眼的又显得格外刺眼起来，于是只好马不停蹄地继续修补。他们虽然衣食无忧，但是却比任何人都忙碌，比任何人都动力十足，因为他们知道，自己正在接近"道"。

如何面对私欲

天下有始，以为天下母。既得其母，以知其子。既知其子，复守其母，没身不殆。塞其兑，闭其门，终身不勤。开其兑，济其事，终身不救。见小曰明，守柔曰强。用其光，复归其明，无遗身殃，是为习常。（第五十二章）

天下母是谁？是"一"，就是"道生一"的那个一，就是矛盾的统一体，就是太极，也叫太一，就是舜告诉大禹"惟精惟一"的一，就是孔子所说"吾道一以贯之"的一，这在前面讲过了。

其子是谁？就是这个矛盾的统一体不断地运动，不断地否定再否定，量变引起质变，产生的所有子类、子概念，这是一个演化的过程。

既然所有的子概念最终都可以归纳到"天下母"，那我们就不需要去穷尽子概念。遇到什么新鲜概念，套用"天下母"的对立统一、否定之否定、量变引起质变，就可以推得子概念，就可以采取适当的应对。就好像我们背几何定理，所有定理都是由那五条公理推导出来的，只要守住五条公理，掌握了推导方法，我们就可以推得无穷无尽的定理。

做人也是一个道理。想清楚自己想要什么，假如就是为宇宙建模，是追求道，那就所有事都奔着这个目标去努力，自然就没了争名夺利的心思。为了能够建立更完善的模型，我们甚至需要无私地帮助其他人，帮助他们完善自己的价值观。当他们的价值观完善到一定程度，他们就可以加入我们，共同建设那个模型。我们虽然对他们好，但与他们无关，我们只为了去追求道。

这叫"既知其子，复守其母，没身不殆"。

接下来讲的还是控制私欲。为什么老子一再讲控制私欲？控制私欲固然重要，但也不至于这么强调吧？对于我们普通人来说，好像也没有那么旺盛的私欲可以控制呀？因为老子这番话不是讲给我们普通人的，他的目标群体叫"君主"。这个群体如果穷奢极欲起来，真的会导致生灵涂炭、血流漂橹。对于这些人，老子极言私欲之害，最多也就算是个因材施教。我们可千万不要理解偏了，老子是发明辩证法的，人家可没有那么教条，非得让我们禁欲不可。

而本章老子所说的"塞其兑"，说的还不只是控制君主自身的私欲，比君主自身私欲更可怕的是天下人的私欲。如果每个人都与别人争利，天下不就变成了丛林？人人相攻伐，难以协同。人类失去了社会协作、各自为战的话，以人类攻防两端战五渣的实力，岂不是分分钟就被野生职业选手们给灭绝了？君主除了自己的私欲之外，面对的更大挑战便是这天下人的私欲。

要如何应对？还是从小处着手，以柔克刚，借力打力嘛！这叫"弱者道之用"。大家想吃饱饭，那就把土地分给大家，兴修水利，号召大家勤劳耕种。天子带头祭天，祈求风调雨顺，这玩意本身当然影响不了气候，但是它可以影响人心。如果每一个人都认为只要勤劳就可以吃饱饭，爆发出来的生产力可就十分惊人了，这就是我们"与天斗，其乐无穷"的底气。

放到现在，做老板的也一样。大家来跟着我们干，不就是图着赚点钱，过好日子嘛！那就尽可能地满足大家，把平台搭建好，制度建立起来，只要玩命干，出了业绩，公司跟你对半分。不但钱给足，老板还得身先士卒，带头一起玩命干。第一次干出业绩，分了钱，第二次就好办了，大家冲业绩赚钱，我们想拦都拦不住。公司都干到这份上了，离上市还远吗？何必跟大家争眼前那点小利呢？

这就叫"用其光，复归其明"。有私欲是正常的，人非草木，老子可不主张大家修成枯禅。私欲就是一把刀，用它杀人就是凶器，用它救人则是神器，刀不杀人，人杀人。

既然能把天下人的私欲引导到正途，自己坐享其成就好了，哪里还会遭殃呢？袭，左衽的衣服，是给死人穿的，本来对活人没有用，可是我们通过引导，把看似有百害而无一利的私欲也利用起来去做善事，这难道还不能永恒吗？

德不配位，必有灾殃，如何避免

治人、事天莫若啬，夫唯啬，是谓早服。早服谓之重积德，重积德则无不克，无不克则莫知其极。莫知其极，可以有国。有国之母，可以长久。是谓深根固柢、长生久视之道。（第五十九章）

需要治人、事天的人是谁？除了君主还能有别人吗？所以，这一章又是老子在教育君主了。

顺应天道治理国家的方法，没有比"啬"更好的了。这里的啬是指收敛私欲，也可以叫对自己吝啬。

收敛私欲，就可以尽早降服它。服，指降服。尽早降服私欲就是在积累厚重的德行，也就是我们现在说的构建自己的价值观。有了厚重的德行，也就是有了完整的价值观。有了完整的价值观，就没有不能胜任的工作。没有不能胜任的工作，就拥有了不可估量的能力。拥有了不可估量的能力，才可以去做一国之君。不但可以治理国家，而且可以掌握治理国家的方法，有了正确的方法，国家才能长治久安。

只有这样，才可以称得上是根深蒂固，也才能做到长治久安。"柢"，就是土下面的根，指植物的根埋在土下的部分。也有版本用的"蒂"这个字，指瓜果与植物的茎相连的部分。不论是哪个字，都不影响理解。

整个这一章，老子讲的是如何才能避免德不配位。德不配位这个词，现在好像已经提得很少了，因为大家觉得，德是比较虚的东西。现在一切向钱看，笑贫不笑娼，谁还关心价值观呢？于是，很多公司升职都只认业绩，不管价值观，倒是有点"唯才是举"的意思。

但是，人家曹孟德施行"唯才是举"可是在东汉末年，是个乱世啊。乱还不说，两汉的世家门阀积累了四百年，已经烂到根了。孝廉孝廉，比的是孝和廉，举的也都是豪门大族的子弟。这些人里面，很多人不孝和不廉，对治国理政一窍不通。不过这也不能怪人家，当时选拔标准就是这样，还能指望考生怎么办？那种选拔标准下，当然就不会有人去读四书五经，读了也考不上不是？所以，那个时候唯才是举，是拨乱反正，最多算是矫枉过正。

现在可是太平盛世，也早就打破了门第观念，这时候不提倡德才兼备，就会出问题了。看看网上有多少骂老板的？如果我们当老板，被那么多员工背地里骂，这个老板能当得安稳吗？

有些人抱怨，公司为什么不给自己升职？要我说，如果这么想升职，私欲还是重了些，不让我升职长远来看对我反而未必是坏事。我们追求权力，追求利益，而一旦又被打开了方便之门，自己更会变本加厉，这就是作死的节奏了。反而自己先把私欲调整好，做到对自己吝啬，不贪功不图利，一心只想把事情做好，做到这个程度，价值观基本完善了，"德"也差不多够重了，那时候再当老板也不迟。

当老板，大家以为是一件值得高兴的事吗？如果有这个心态，那就做不好老板。位置越高，汇集的焦点就越多，心态越是应该"战战兢兢，如临深渊，如履薄冰"。至少下面那么多双眼睛盯着呢，随便一点闪失，就会被人戳脊梁骨，那滋味我们确定自己受得了？

可"人非圣贤，孰能无过？"靠谨小慎微，是没办法避免错误的。唯一的办法，还是修炼自己的价值观，这是基本功、笨办法，但却是唯一的正道。我们的价值观修炼到多高，位置才配坐到多高。如果想做老板，起码得把自己的价值观构建完整，不能有覆盖不到的领域，更不能有自相矛盾的地方。这样的价值观，会生发出一个使命，而完成使命的路径才是我们的创业方向。

如果想更上一层楼，那就要奔着"随心所欲不逾矩"去努力了。

想成功，自己首先要成为一个"强者"

大国者下流，天下之交；天下之牝，牝常以静胜牡，以静为下。故大国以下小国，则取小国；小国以下大国，则取大国。故或下以取，或而取。大国不过欲兼畜人，小国不过欲入事人。夫两者各得其所欲。大者宜为下。（第六十一章）

作为大国要如何对待小国？大国应该谦卑，把自己的位置放低，仿照雌性，去做天下的焦点。雌性的特点是什么呢？雌性不争、无为，只是静静地等待雄性的追求，看起来很谦卑，但雄性都要围着她们转。所以，大国也要像雌性一样，对小国谦卑，通过自身的吸引力，包括经济和文化两方面，使小国折服。小国对大国也要谦卑，这样就可以获取大国的帮助。一个谦卑地折服他国，一个谦卑地获取他国帮助。大国无非就是想兼并小国的人畜，小国无非就是想从大国那里捞点好处。如此一来，它们各取所需，而其中关键还是大国要首先谦卑。

看看现在的美国，是不是蛮横无理，居然好意思当着全世界面喊出"美国优先"，大家觉得除了美国人，还有人会同意美国优先吗？好事都先紧着美国？凭什么呀？所以，美国这套还是春秋时候我们玩剩下的"霸道"，用不了多久就要崩的，客观规律使然，非人力可左右。

看看中国的做法，在全世界都喊着"我优先"的时候，中国喊了吗？没有。中国是没有这个实力去争吗？当然不是。中国是"行不言之教"，你们不是要贸易保护吗？你们是雄，你们争你们的。我的市场摆在这，有了这个资本，我就做雌。不但不设置壁垒，反而加大开放力度，欢迎大家来做生意。我们也不会客大欺店、店大欺客，做生意就要双赢，否则生意长久不了。有人没条件做生意怎么办？我们援建，帮你把台子搭好，你来唱戏。援建非洲不就是这个模式？一带一路不也是这个模式？如果没有美国这根搅屎棍，中国恐怕已经打通欧亚非了。大家一起做生意、一起发财，不比打打杀杀强得多？中国追求的叫作"王道"。

说国家有点脱离生活，我们就说说身边的，如何做一个强者？首先，我们要有使命。所谓使命，就是此生不论贫富贵贱、艰难困苦，都必须去追求的目标。这个目标很遥远，遥远到终其一生也不可能实现。然而，虽千万人吾往矣！有人会问目标如果不可能实现还有什么意义呢？意义就在于它指引了我们的方向。有了方向，人才能坚定，才不会东一头西一头，像个没头苍蝇一样乱撞。始终朝着一个方向前进，才能走得远，才能看到不一样的风景。

每个人都可以有自己独特的使命，可以是共产主义，可以是世界大同。不过，所有这些使命最终都可以归纳成一个，就是我们无数次提到的"为宇宙建模"，也就是老子所说的"道"。

其次，我们还需要一颗强者之心。如何才能拥有一颗强者之心？第一步，起码我们自己要认为自己是个强者吧？如果自己都不认为自己是强者，那自己怎么可能是强者呢？什么是强者之心？就是"以百姓为刍狗"嘛！简单地说，就是"对你好，但与你无关"。

再次，有了强者之心之后，如何行动呢？以百姓的心为心，把身边的人都视为合作伙伴，帮助他们实现他们的物质需求。怎么突然转变画风了呢？不是以百姓为刍狗吗？没错，百姓还是刍狗，帮助刍狗并不是为了刍狗，而是为了实现我们自己的使命。宏伟目标都不可能一个人去实现，我们需要感召更多的人，共同实现使命。我们利用刍狗去使刍狗自己幸福，反过来别人也会把我们当作刍狗，利用我们使我们更幸福。如此一来，大家便可以通过利用对方使对方幸福的方式来实现彼此的使命。而追求道，自然也是一个道理。

有人问了，如果我帮助的人是白眼狼，得了便宜还对我恩将仇报怎么办？这就是常见的弱者心态了。孔子说："君子坦荡荡，小人长戚戚。""长戚戚"，就是担惊受怕、畏首畏尾、愁眉苦脸、满肚子负能量的样子。自己的心态问题，能怎么办？还是要"反求诸己"。如何反求诸己？不是叫我放下屠刀立地成佛，而是叫我"先为己之不可胜"，让自己立于不败之地，然后再去帮助他人。

两个人交往，礼尚往来，总有一个人要先付出点什么对不对？买东西也不能严格地一手交钱一手交货，总是有人先给钱或者先交货吧？如果我们总是期期艾艾，担心给了钱拿不到货，那就没法买东西了，生活也过不下去。为什么现在人们敢在网上买东西？主观原因还是我们觉得这点风险自己承受得了，对不对？就算万一买了假货、投诉无果，我自己认了也没几个钱，是不是？只有有了"不差钱"托底，我们才敢上网买东西，这叫"己之不可胜"。

别人找我们帮忙，我们怎么知道帮了他会得到回报？如果他连声谢谢都不说怎么办？如果今后自己找他帮忙他不帮怎么办？如果担心这些，是不是每次帮忙之前都要先讲好条件，我帮你一次你也要帮我一次云云？但就算讲了，遇到小人将来反悔了，又怎么办？如果人人都这样想的话，还能交往吗？

所以，当我们具备了一定的物质基础，在能承受得了一定损失的基础上，还是要调整心态，去做坦荡荡的君子。帮助别人，只是自己的价值观认为应该帮助，而不是算账觉得这买卖划算。作为一个强者，我帮别人只是举手之劳，还会在乎他那点回报吗？他毕竟只是刍狗而已。

当能够以强者心态对待周围的人、帮助周围的人的时候，我们就是圈子里当之无愧的强者。如果我们以强者心态对待所有人，帮助所有人，我们就成了所有人之中当之无愧的强者。

为什么强者身上都具备这几个特质

江海所以能为百谷王者，以其善下之，故能为百谷王。是以欲上民，必以言下之；欲先民，必以身后之。是以圣人处上而民不重，处前而民不害。是以天下乐推而不厌，以其不争，故天下莫能与之争。（第六十六章）

要谦退。怎么谦退？"以言下之"，"以身后之"。怎么以言下之？

一是把自己的身段降下来，好办法是自嘲；一是把别人的身段抬起来，好办法是夸人。但是，做到这两者的大前提是，自己要有强者心态，就是"以百姓为刍狗"的心态。

为什么那么多人夸夸其谈，自吹自擂？因为他们不敢自嘲！他们的内心是一个弱者，认为自己需要保护，经不起风吹雨打。可是别人不来夸我，我脆弱的心灵怎么承受得了如此残酷的现实？所以，既然没人夸，就只好自己夸自己了。

而强者则不然，他们会认为，这些刍狗哪来的资格评价我呢？只有我才能评价我自己。那为什么不自夸，非要自嘲呢？因为呀，我们说的强者，只是心态上的强者，行动上虽然不会弱，但也不可能强到完美，总有解决不了的问题、处理不好的事，对吧？面对这些棘手的问题，强者也需要缓解压力、调节情绪，而最好的办法就是自嘲。藏着掖着压力就会越来越大，把自己弱的一面展示出来，找个出口把气放出来，既能缓解压力，又显得平易近人，一举两得，何乐而不为呢？而自夸反倒是给自己立了牌坊，牌坊越高压得自己越喘不过气来，别人也离我们远远地等着看笑话，两头不讨好的事，强者怎么会去做呢？

弱者不敢自嘲的同时，也不敢夸人，因为把别人抬上去，不就把自己比下去了吗？自己这么脆弱，怎么受得了被别人比下去呢？所以，绝对不能夸人。

强者正相反，他们被夸得多了、夸得烦了，巴不得逃离焦点呢。如果一个大学生去打篮球，小学生看他打得好，就围上来夸他太牛了，他是什么感觉？会喜悦吗？会当真吗？甚至会觉得没面子吧？怎么才能逃离焦点？最好的办法就是"以其人之道还治其人之身"，而且要"先下手为强"，在别人还没来得及张嘴夸自己的时候就率先"发难"，先夸他，这样自然而然地就把焦点引到了别人身上。

所以，自嘲看似拉低了自己，实则是拉近了他人；夸人看似抬高了他人，实际上也抬高了自己，能够发现别人的优点，说明我比他只高不低。拉近了他人，他人就会亲近我们；显示了自己的段位，他人就会尊重我们。以言下之，又是"进道若退"的实际应用。

怎么"以身后之"？把利益分出去，把功劳分出去，自己一点都不留，看起来是不是已经很"后"了？可谁才有权力论功行赏呢？当然是站在最前面那个带头大哥。我们给大家分得越多，自己拿得越少，大家就越拥护我们的权力。就算真的有一天换个人来分配利益，大家也不会同意，谁知道他会不会中饱私囊？毕竟人不为己，天诛地灭，天底下哪有几个舍己为人的？好不容易找到我们这样大公无私的人，大家怎么可能轻易放过呢？这个带头大哥，你当也得当，不当也得当！"以身后之"，也是进道若退的实际应用。

我们经常自嘲，时不时夸人，大家是不是就巴不得我们做老板？我们把利益、功劳全部分出去，大家是不是就死心塌地地追随我们？所以，"圣人处上而民不重，处前而民不害。是以天下乐推而不厌"。

做到这样，我们争了吗？没有争。如果有人想跟我们争，天下人能同意吗？不同意。除非他跟我们一样的"以言下之"，一样的"以身后之"，一样的不争，对不对？可如果他和我们都不争，又怎么可能产生"争"呢？这就叫，"以其不争，故天下莫能与之争"。

如何控制情绪

善为士者不武，善战者不怒，善胜敌者不与，善用人者为之下。是谓不争之德，是谓用人之力，是谓配天、古之极。（第六十八章）

善于为士的人，不追求武力。为什么不追求武力？因为目标是化干戈为玉帛，以战止战，而不是炫耀武力、穷兵黩武。善于征战的人，不会有愤怒的情绪。为什么不会愤怒？因为征战的目标是结束战争，使人们回归正常生活，而不是仇杀。

善于战胜的人，不会轻易与敌人交战。为什么不交战？因为战争的目标只是战胜，而不是多杀人。能不打就不打，上兵伐谋。

善于用人的人，把自己摆在很低的位置上？为什么要在低位？因为目标是把戏唱好，自己只负责搭台子，真正唱戏是演员的事，自己在台下支持他们就得了。所以孙子说"将在外，君命有所不受"。《礼记》有云"介者不拜，兵车不式"，就是甲胄在身，不必拜见君主，兵车之上，不必扶轼行礼。式，这里读作"轼"，车前面的横木。这些都是君主用来表示对将领们用人不疑的礼。所以，孔子说，"君待臣以礼，臣事君以忠"，这是对"为之下"最好的注释。古圣先贤们可从来没提过什么"愚忠"，反而孟子倒是说过"民为重，社稷次之，君为轻"这样大逆不道的话，让很多帝王如鲠在喉，可就是没有办法。

其实这些说的还是德，心直、眼直、行直，想清楚目标，只盯着目标，直奔目标。如此就不会想着穷兵黩武，就不会被仇恨冲昏头脑，就不会嗜杀如命，就不会对团队指手画脚。

这种德，与世无争，所以叫"不争之德"。这种用人不疑、疑人不用的能力，就叫"用人之力"。有了不争之德，有了用人之力，就可以被称为德配天地、德配古今了。

不武、不与、为之下，这些都还好，唯独不怒这件事不容易。而一旦控制不住情绪，必然会诉诸武力，必然会发生仇杀，必然容不下所用之人。

怎么控制情绪？

之前不止一次地讲过，要学会格物。物有很多，其中就有"欲、情、念"。时时刻刻注意自己的念头，这东西很微妙，一念为善一念为恶，善恶只在一念之间，这在前面的"唯之与阿"中讲过了。要格外留心自己的念，有了念马上去格。问自己这个念是善是恶？为什么会有这个念？背后是什么情绪？如果是"怒"，那么引发怒的欲又是什么？无非求生与繁殖两种私欲不同程度的综合。再看这两种私欲是不是追求过度了？过度了，就停下来，把多余的注意力引导到通欲上面去。如此，便消解了恶念，增加了善念。

一反一正，日积月累，厚积薄发，做到"随心所欲不逾矩"。这才是一个人的底气，敌军围困万千重，我自岿然不动。也只有具备了这个底气，才可以临机决断，危而不乱。才配为将，为帅，为君。

如何修炼自己

善建者不拔，善抱者不脱，子孙以祭祀不辍。修之于身，其德乃真；修之于家，其德乃余；修之于乡，其德乃长；修之于国，其德乃丰；修之于天下，其德乃普。故以身观身，以家观家，以乡观乡，以国观国，以天下观天下。吾何以知天下然哉？以此。（第五十四章）

讲这章之前，大家读读下面这段："大学之道，在明明德，在亲民，在止于至善。古之欲明明德于天下者，先治其国；欲治其国者，先齐其家；欲齐其家者，先修其身；欲修其身者，先正其心；欲正其心者，先诚其意；欲诚其意者，先致其知；致知在格物。"

有没有觉得这两段话说的是一个意思？你看，儒家的《大学》和《道德经》又说到一块去了。不只说到一块了，如果这两段放在一本书里，简直可以无缝衔接，毫无违和感。不信？我用《大学》的内容，来解释一下老子这段话。

"善建者"，建的是什么？是德，儒家所说的"三不朽"，立言、立功、立德，立德便需要"建"，建立建立，不建怎么能立呢？

为什么"不拔"？因为是明德。所谓明，之前讲过，自发光叫明，被光照叫亮，明和亮是相对的。既然是自发光，那么德便独立于万事万物，根基不在于任何外物，又怎么可能被拔除呢？

"善抱者"，抱的是什么？是民。用《大学》的话说，就是"亲民"。因为亲民，所以不会脱离民，而反过来，民也不会脱离我们。

做到明明德、亲民，自然可以子子孙孙绵延不绝，这不就是"至善"吗？之后，老子照例开始讲如何做了，也就是儒家说的修身、齐家、治国、平天下。以身观身，以家观家，以乡观乡，以邦观邦，以天下观天下，这说的不就是"格物"吗？之前讲过格物，也讲过"道心三维"，其中"名、理、知"

这个维度就叫作"格物致知"。再复习一下，生成"名"的过程叫作"认"，把名组织起来形成"理"的过程叫作"识"，把"理"进一步分类聚类的过程就叫作"格"，"格"好之后的"理"就成了"知"。

我们要格什么呢？对外格外物，对内格自己。格自己的什么呢？当然是道心三维的另外两个维度，一维是"恻、仁、德"，这个维度我们之前讲过了，不再复述。另一个维度就是"欲、情、念"，这是日常接触到最多的维度，因为这是一种动物本能，我们的注意力习惯性地走这个维度，因为可以直达"念头"，所以这个维度也叫"直觉"。

所谓的修身，就是修炼自身，确切地说，应该叫修心，是修自己的心，心修好了，身作为心的体现自然也就修好了。修心最重要的功夫就是时时刻刻格自己的"欲情念"，把自己的"欲、情、念"格清楚了，格透彻了，那么别人的"欲、情、念"我们自然也就清楚了，这就是"以身观身"。把家里人的"欲、情、念"格透彻了，就可以"齐家"。自己家格透彻，别人家自然也就透彻了，就是"以家观家"。然后，就是治国，以乡观乡，以邦观邦。再然后，就可以平天下，以天下观天下。

格物，是概念的分类和聚类，致知的"知"，就是形成的概念树。分类分好了，有了自己的概念树，用类比法推广到他人，再归纳到家，再类比他家……以至于天下。

第六章 我与他人的关系

对你好，但与你无关

天地不仁，以万物为刍狗；圣人不仁，以百姓为刍狗。天地之间，其犹橐籥乎？虚而不屈，动而愈出。多言数穷，不如守中。（第五章）

看到这句总是会心一笑，其中关键就在于"刍狗"两个字，真是惟妙惟肖。什么是刍狗？是草扎的狗，祭祀用的，跟我们现在烧纸钱、烧花圈，还有烧纸糊汽车是一个意思，老祖宗也是这样祭祀的，只不过他们讲究六畜兴旺，所以烧六畜。

现在已经不知道刍狗要不要烧了，按理说应该要烧的，因为人们觉得魂在天嘛，烧了才能升上去呀；魄在地，剩下的灰要埋在地下，这才算寄出去了"快递"，祖先才能收货。

这个刍狗有什么特点呢？第一，如果不是祭祀，它就是一堆杂草，一文不值。第二，这东西祭祀前要好好保存，轻拿轻放。因为用完要么扔了要么烧了，所以做工不会太仔细，不注意可能就散架了，参考我们现在的花圈。第三，祭祀的时候摆在祭坛前面，我对着祭坛恭恭敬敬行礼，刍狗也沾光，也接受我的行礼。

这句话什么意思呢？就是天地是没有企图心的，当然更没有分别心，万物都一样，都是刍狗，它看似对刍狗行礼，实际上是越过它朝它后面行礼；看似对刍狗小心呵护，但实际上不是怕它怎么样，而是怕它坏了影响祭祀；只在乎祭祀，刍狗只要满足祭祀要求就好，除了这个别的才懒得管。

"圣人"，也是一个道理。这个圣人跟孔子口中那个圣人还不是一个意思，那个圣人则又引申了一层，指的是内心尽善尽美的上位者。

老子说的这个"仁"，跟孔子说的那个"仁"也不同，要结合上下文，结合全篇去理解。老子的"不仁"指的是，不要为了仁而仁，就是不刻意，把眼光放远，放到刍狗后面的祭坛上去，甚至也不是祭坛，是放到我们要祭祀的对象上去。这样，虽然我们内心没想着要对刍狗仁，但实际上，它们获得的就是我们的仁，这种不刻意的仁，才是大爱。

总结起来就是一句话，"对你好，但与你无关"。其实老子全篇翻来覆去，各种比喻、类比，讲的都是这个道理，就是告诉我们要跳出来，站到更高维度上去看待事物，去实施管理。求其上者得其中，那想要得其上怎么办？你就要超越"上"，去"求"更高。

什么最高？当然就是道了。怎么求道？实际上道就不能求了，那要怎么办？具体方法不容易说清，所以老子全篇都在从不同角度去引导，看似啰唆，实际上就是想"量变产生质变"，让我们看得多了、实践了，终有一天能够悟出来。他都没办法三言两语说清楚，我当然也没办法，我们逐步看，边看边实践，慢慢悟吧。

后面这个比喻也很接地气，你说天地之间像不像个风箱？古时候风箱主体是皮子做的，叫橐，两头有进出气的排管，用竹子做的，叫籥，这个籥加一个禾，就是之前讲的"和"字。里边虽然是空的，但是永远不会瘪、总能吹出来风。

当然，老子不知道空气的存在，认知有局限，这我们要承认，经典多少都会有这样的问题。虽然实验能力不行，但是古人的思辨却很卓越。他们的智慧是，我知道我说不明白，而且说得越多错得越多，所以我也不给你一板一眼地说，我就给你指个方向。你别管我手指粗不粗、直不直，我没让你看我手指，我让你沿着我手指的指向看。而且，你站着不动，是看不了多远的，你得往前走。走不远、看不到东西，你不能怪我指错了路。你要边走边看，走得越远，看得也越远，越走越会发现，还真就是这个方向。所以，老子一再强调，少说话，说得越多，越穷途末路。

有什么话，自己先憋一会，做做看，之前不是讲过？未发谓之中，守住这个状态，就叫守中。做着做着，就发现刚才幸亏没说，说出来就丢人了，明显跑偏了，所以赶紧调整一下，偏右了就往左调，偏左了就往右调，调完就能说了吗？还得憋着，不断地发现偏离，不断地调整，守中是个动态过程。

我真要是这样做了，这样调整了，用不了多久，恐怕也就不想多说话了，因为大多时候说了就是偏了。

能守中就尽量守中，少说话、多实践，在实践中动态守中，快速迭代。实在不行了，不得不说了，那时候再说，说出来的话要"中节"，也就是说，退而求其次的话我也要追求"和"。

团队只是执行命令的机器吗

天长地久。天地所以能长且久者，以其不自生，故能长生。是以圣人后其身而身先，外其身而身存。非以其无私邪？故能成其私。（第七章）

又回来讲德了。其实讲德、讲道这个说法有好处也有坏处。好处是让我们分开来理解，可以聚焦，有针对性地理解能容易些；坏处就是，全篇不管是讲德还是讲道，其实最终都是在讲德，告诉我们德就要向道学习，因为对于人而言，德才是我们的抓手，而道只是方向。所有的类比，都是用常见的事物来引导我们理解道。而理解道之后呢？当然还是让我们按照道去修炼自己的德。什么是德？目直心直行直，甲骨文中的"德"字就是这么画的。所以，最后还是落实到行上面，而道就是告诉我们怎么才算"直"。

就算是讲道的时候，我们也要琢磨自己要如何按道的方式去实践；而讲德的时候我们也要琢磨，这个德对应了道的什么方式？最后，身体力行，都做过了、坑都踩过了，走过来，才算融会贯通。

很多人说，我看到某一句就受到了触发，豁然开朗，为什么老子不把那句放在最前面？因为老子不是为你一个人写的。有些人看好多遍，也还是一知半解。有些人看到一半突然被某句话击中要害，回头再读便大彻大悟。有些人看两三句就清楚了，越看越觉得醍醐灌顶，越看越觉得相见恨晚。还有些人不看、单凭实践经验总结也能贯通，回来再看只是印证，然后发现，哦，原来自己悟出来的这点道理，人家早就说明白了。而且，一共就五千字，静下心来一个小时也看完了，所以我们不要对古人吹毛求疵。

这一章，其实是比较容易让人顿悟的一章，就因为"后其身而身先，外其身而身存"这句写得已经再清楚不过了，领悟了这两句，所有的也就都领悟了。

举个例子。高中篮球队有这么一位，个人能力确实强，鹤立鸡群、出类拔萃，很多时候，球队一半的得分都是他一个人得的。所以，时间一长，他也就把自己当球星了。要球权，很多比赛，都是四个人看着，他一个人对五个人，就这样还不少得分，足见其实力。

可他也有个烦恼，就是比赛输多赢少，每次输球他都大发脾气，骂队友饭桶，好几次差点打起来。日常训练气氛很尴尬，一个个没精打采的，就他一个人练得热火朝天，他还想拼个得分王呢。

就这样，比赛越输越多，队友们一个个霜打得茄子一样。他自己当然也独木难支，进攻总是被包夹，又没有人策应，于是离得分王越来越远了。

这个打击有点大，他自己跟自己较劲，既然拿不到得分王，干脆老子一分不得了！他找教练换了位置，不打小前锋了，去打控卫，发誓自己再得一分就不姓原来的姓。

下一场比赛，替补小前锋上场，他凭借自己的组织，也让这个替补得了十几分，虽然仍然输了，但是他觉得，哎哟，有得打呀。他给自己定了一个目标，先让小前锋得分稳定上双，然后再让分卫稳定上双，然后是中锋，大前锋糙了点，放到最后吧。

他惊奇地发现，原来身边这些人打得都挺好的呀，不比自己差呀。大家有了球权，也都提起兴致了，该跑位跑位，该挡拆挡拆，没用几场，小前锋、分卫得分就都上双了，他们逐渐开始赢球。

等到中锋得分上双的时候，他们已经是市里强队了。可惜半决赛被淘汰了，只好去争三四名。争夺三四名的比赛异常激烈，终场前居然只差两分，这在高中比赛中是很少见的。大家一致决定，让他投关键球，这也是他发誓不得分以来，获得的唯一一个三分。最终，他们取得了全市第三，这是校史最好成绩。

这就叫"后其身而身先"。

再举个例子。曾经，我这请来一位高管，是学计算机的，分析问题条理清晰，非常严谨，反应也快，我很看好他。可是，空降没多久，就开始不停地有老人找我私下反映，说是没办法跟新领导沟通。我就很奇怪，这么理性的人，应该很好沟通才对呀，难道是价值观有问题，表面一套背地一套？

我把告状的打发走，就开始暗地观察。旁听了几次他主持的例会，观察了一下他做事，我就发现，他的价值观没问题，心思很正，一心想把事情做好。那问题出在哪儿呢？

问题就出在他太想把事情做好了，于是所有事都要亲力亲为，团队汇报里面的每一个逻辑错误都被他揪出来，往死里怼。

他手下两个团队负责人有争议，他直接把部门目标摆出来，照着目标分解下去，谁对谁错一目了然。那个错了的没话说，但是情绪上又接受不了，憋得满脸通红，可这位却看不出来，或者看出来也不在乎。那位说对了的也没念他的好，觉得这是我的功劳，现在你把手伸这么长，那我的价值在哪儿？

这种事见得多了，其实只要价值观没问题，能力够用，假以时日是可以磨合好的。只不过，我不想节外生枝，也懒得成天安抚投诉，于是就私下里找他谈心。给他出主意，说你刚来，磨合期别太急，你看我都没给你压力，你自己那么着急干吗？

他说，我也不是着急，就是看到有人说的话自相矛盾，压不住心里的火，要是都这么胡说，还干不干正事了？这不是浪费生命嘛！

我说，都是过来人，你这个心思我也理解。要不这样，你看你那儿那么多人，有人脑子不清楚，肯定也有脑子清楚的。你反应快，但是自己压着点，别总抢答，给团队点机会。总有人能说对吧？你支持他的观点就行，我们试个个把月，实在不行，你再改回去好不好？

都是明白人，沟通就容易得多，点到为止。他真的试了试，我这投诉立竿见影就少了，因为大家有机会说话了，也就得花工夫去想正事，自然没心思去琢磨投诉了。后来，他找我聊，说发现团队底子还真是不错云云。刨除拍马屁的成分不谈，他这种人也没什么拍马屁的心眼，这就是"十室之邑，必有忠信"。

这就叫"外其身而身存"。

所以，不要争功劳。如果真是我们的，我们越是谦退，大家就越会把功劳往我们头上安，有时反而会比实际的功劳还大。多出来的部分，就是自己人品的加成。有人会说，你这就是心灵鸡汤，会哭的孩子有奶吃没听说过吗？老实人什么好处都捞不到！

会哭的孩子有奶吃固然没错，但是我们还是孩子吗？我们周围的人都是孩子吗？成年人偏偏长了孩子的心，这种人叫什么？叫小人，也叫巨婴。如果我们身边都是认为会哭才有奶喝的人，那还是趁早远离他们吧。当然，如果我也跟他们一样，那就别去祸害别人。

不是老实人捞不到好处，而是没有价值而只能自认为老实的人捞不到好处。创造价值的人，就算自己再老实，从不争名夺利，这里不给他好处，别人那里也会想方设法把他挖走，硬把好处塞给他，这就是市场规律。一支现价10块钱、价值100块钱的潜力股，出来的一瞬间就被秒光了，有时抢夺资源的惯性，甚至会把它推到200块也说不定。

"后其身"不是让我们只是"后其身"，我们得有"身先"的资本，这是关键，有了资本才需要"后其身"。如果压根就在后面，我还后哪门子身呢？《道德经》压根就不是教人消极避世，而是积极得不能再积极的方法。当然了，如果一个人只能看出来消极避世，闭着眼睛喊"我在睡觉"，那也没有人能够叫醒他，祝他好梦。

怎么才能创造价值呢？要"外其身"。老板不要去跟团队争，那样我们就把自己拉低到了团队的档次，做了团队的工作，那凭什么我们是老板呢？我们把团队的工作抢了，让他们去做什么呢？就算我们把团队的工作做得很出色，但其他人没人管理，做得一塌糊涂，公司的业绩达不到，是一个合格的管理者吗？

下棋的时候，我们把自己当成棋子，担心被人家吃掉，患得患失，这盘棋能赢吗？打星际争霸，把自己当成小兵，看到血量少，拼命去救，其他的都不管，老家都被拆了，能打赢游戏吗？

每个人都有很多角色，在公司对员工就是领导，对领导就是员工，下班回家对父母就是子女，对子女就是父母，对伴侣就是老公老婆，上了球场就是球员，下棋就是棋手，打游戏就是玩家。

这么多角色，你说你是谁？如果只能扮演其中的一个，估计会变得天地不容吧？不信我试试给父母当领导？给子女当员工？把老公当棋子？把老婆当游戏角色？所以，即便是个普通人，面对这么多角色，仍然需要跳出来，"外其身而身存"，在外面操控这些角色，切不可深陷其中而不能自拔。

要像天地那样，跳出万物的界限，只是遵循一个自动运行的机制，把自己放在机制之外，让这个机制自己运行，我们只在需要的时候去微调一下，它就又可以朝着正确的方向往复运动了。天地有什么私心吗？没有，但是万物生长，哪个不是在天地之间？

如何应对甩锅

宠辱若惊，贵大患若身。何谓"宠辱若惊"？宠为上，辱为下，得之若惊,失之若惊,是谓宠辱若惊。何谓"贵大患若身"?吾所以有大患者,为吾有身,及吾无身,吾有何患?故贵以身为天下,若可寄天下;爱以身为天下,若可托天下。(第十三章)

"宠辱若惊",说的就是小人,也叫巨婴。这种人还不是谁把他们当小人的问题,而是他们自己就把自己当小人了。

为什么宠辱若惊?因为自己认为自己不如人,低人一等,所以才总是等着人家来评价自己呀。既然低人一等,别人宠了我,我担惊受怕,现在得宠,以后不得宠了可怎么活呀?别人辱了我,我又会担惊受怕,人家都看不起我,我可怎么活呀?但是,谁说我就低人一等了呢?没有,只有我自己这么认为。

如果只是这么脆弱倒还好了,也算人畜无害,可巨婴们又不傻,你以为他们只是一味地低三下四,求人表扬吗?不,他们认为所有人都是自己的"爹妈",都有义务帮助自己,让他们开豪车、住豪宅、娶三妻四妾、荣华富贵享用不尽。

如果没有满足他们呢?他们就会大声地哭喊抱怨社会不公、国家内卷、老天无眼、爹妈无能,凭什么自己不成功!凭什么自己生不逢时!凭什么自己不发财!凭什么自己不是富二代!

这种巨婴当然也不会担当,他们进入职场之后,个个都是甩锅高手,人称甩锅侠。为什么要甩锅?因为他们骨子里还是婴儿,自认为自己这么弱小,怎么可能犯错呢?就算犯了错,又怎么可能自己承担呢?我幼小的心灵怎么能承受得了错误的打击呢?你们都是我的爹妈,凭什么不帮我承担错误?这种人只要遇到问题,第一反应绝不是如何解决问题,而是如何把锅甩出去。

很多时候,大家都在齐心合力地解决问题,甚至都还没来得及想这是谁的责任,巨婴们就已经按捺不住了。他们想,大家都一声不吭、埋头苦干,是不是都在想办法甩锅呀?是不是都想着坑我呀?那可不行,我要先下手为强,于是率先挑起甩锅大赛。

本来很快就能解决的问题,被他这么一搅和,大家都没心思干活了,心想，我在这好心好意地帮你解决问题，你还让我背黑锅，那我图什么呢？于是，大家都不干了，能跑多远跑多远。结果，本来的小错误，因为没有及时纠正，变得越来越大，最后一发不可收拾。

如果我们发现自己多少也有点这个意思，但又不想做小人、做巨婴，该怎么办？老子说了，把我们的注意力从自身利益上面移开，转而去关注更高维度的东西。当我们关注他人利益时，自己的格局就是舍己为人。当我们关注部门利益时，自己的格局就是部门领导。当我们关注公司利益时，自己的格局就是公司老板。当我们关注天下的利益时，就可以把天下寄托在我们这里了，因为这样的"德"配得起天下之位。

看着是不是眼熟？对，说的还是"后其身""外其身"，把维度提升上去。有人又要笑了，说你可别糊弄傻小子了，人不为己天诛地灭，人人都在甩锅，我不甩锅早被坑。要我说呀，我觉得大家都在甩锅，很可能就是因为自己先把锅甩给了大家。人家只是不接而已，锅又反弹给了自己。好比我们去打墙，用力越大，伤得越重，真的把手打骨折了，难不成还去法院起诉墙故意伤害吗？

当然，不可否认，有可能别人也会主动甩锅给我们，怎么办？把锅挡回去就完了，难道还要把锅甩给更多的人吗？别人打了我们，我们自卫反击，这叫正当防卫。可从来没人说过，有人打自己，自己就可以去打其他人。打我们那个人违法，会被抓起来，我去打别人也违法，同样会被抓起来。到时候开庭，我难不成还跟法官说，因为我被打了，所以我就要打其他人？你猜法官会怎么判？倒是有可能把我送去精神病院。

那如果真的是自己周围所有人都在甩锅，怎么办？很不幸，如果不是物以类聚的话，那就认倒霉吧。只是现在发现也不晚，赶紧换个地方就完了，难不成我们对甩锅文化还有什么留恋？孔子说，"危邦不入，乱邦不居"，正是此理。

哪种人是团队中必须根除的毒瘤

古之善为士者,微妙玄通,深不可识。夫唯不可识,故强为之容:豫焉,若冬涉川;犹兮,若畏四邻;俨兮,其若客;涣兮,若冰之将释;敦兮,其若朴;旷兮,其若谷;混兮,其若浊。孰能浊以止?静之徐清;孰能安以久?动之徐生。保此道者不欲盈。夫唯不盈,故能蔽不新成。(第十五章)

古时候善于遵循道的法则做事的人,微、妙、玄、通。虽然这几个字合起来大家也知道什么意思,但是分开看,还是可以还原更多细节,所以我们稍微钻研一下。

据《说文》,本义是"隐形",就是隐蔽地行走、悄悄地前行。

"妙",本义是美好。

"玄",之前讲过,悬挂起来还未染色的丝,就是千丝万缕,虽然千头万绪,但却并不纠缠,似乎有一定的规律,未来也拥有无限可能。这是老子特别喜欢的一个字,也是特别形象的一个比喻。

"通",很重要,这里就是贯通之意。为什么说这个字重要?因为如果不能贯通,微、妙、玄就都没有用。贯通什么呢?首先,自己的思想要贯通,用现在的话说就是自洽,也就是不能自相矛盾。能做到这一点已经很难了吧?看看周围的人,有几个是"通"的?是不是说话都经常自相矛盾?那么思想通了就是通了吗?远远不是。思想贯通只是基础,下一步是把思想和行动贯通起来,也就是阳明先生说的"知行合一"。

"知行合一"还不只是学以致用那么简单,而是说不去球场打比赛,不管我们看多少教学视频,也绝无可能学会打篮球。既然不能先知后行,那先行后知行吗?同样还是不行,我们连标准投篮姿势都不知道,怎么可能投得准呢?所以人家才说"知行合一",哪个在前都不行,就是要交替着来,知了一点儿就去"行",行了发现了一些细节,反过来再去迭代"知"。诗经早就说过"如切如磋，如琢如磨"。是之谓也！

那么知道了，会做了，就算是通了吗？虽然这已经可以让我们出类拔萃了，但仍然不能叫通。我们能说自己把做人研究通了吗？不能。但是人家孔子就能，他就能"随心所欲不逾矩"。为什么能做到这样？因为他已经把所有"矩"固化进了自己的潜意识。好像骑自行车，因为路况千变万化，一个人永远不可能把所有的情况事无巨细地讲清楚。但是，当我们骑得多了之后，是不是所有情况就都可以应付了？怎么拐弯、怎么刹车、怎么超车，这些用想吗？甚至想做错都很难吧？这也就是老子所说的"专气致柔，能婴儿乎"。做人虽然更难，但道理是同样的道理，只是过程更长，孔子自述，到了七十岁才能达到"随心所欲不逾矩"的境界。

做到了"微妙玄通"，人家就是绝顶高手，对于我们这些业余玩家来说，已经深不可测了。这一点，下象棋的人应该最有体会。遇到一个人，跟我下得有来有回，胜负各半，谁也不服谁，我们就知道这个人跟自己的水平差不多。又遇到一个人，我们觉得人家走的每一步棋都是好棋，自己怎么都赢不了他，感叹自己怎么就想不到这种妙招呢？这个人就是高手。而当我们又遇到一个人，他走的棋我们都看不出来用意，甚至觉得都是臭棋、废棋，可最后自己就是莫名其妙地输了。虽然输了，但是心里还不服气，觉得这人的棋下得很一般呀，那么多废棋，自己好好下应该是能赢的吧？这个人，很可能就是绝顶高手。

下棋拼算力，我算三步，人家算四步，人家就赢了，自己会佩服他，因为我勉强还能看懂。但是真要是有人能算五步甚至六步，人家赢了，我反而觉得他是侥幸，因为自己根本看不懂人家的棋。本来是招好棋，在我们眼里却成了废棋，因为三步以内，它确实就是废棋，要到五步的时候它才有用。而真的到了它发挥作用的时候，我们肯定不敢相信这是人家刻意布局的棋子，还以为是撞大运蒙上的。所以，跟这些人下棋，自己连输都不知道是怎么输的，这就叫"不可识"。

既然叫"不可识"，自然无法直接描述，只能用比喻的方式来讲。这些人像大象一样谨慎，做事就像冬天河面还没有冻结实的时候过河；像猴子一样警惕，仿佛畏惧周围的危险；恭敬的样子像是做客人；坦然的样子像冰凌悄然融化；淳朴的样子像未经雕琢的木料；宽广的样子像深谷；看不透的样子仿佛浑浊的水。

　　排比修辞的特点是，我们并不用逐条理解，只要理解了其中一条，其他的也就都可以理解了，多余的那些只不过是在给我们加深印象。

　　总之，这种人就是这样，大概就是孔子学生形容孔子的"温良恭俭让"。我们去日常生活中找找，类似的人其实也有。篮球高手，从来都是一个动作摆脱然后得分，人家不耍花活，甚至有人会误会他是不是就会这一个动作。羽毛球高手，就在场地上溜达着走，可我就是得不了分，我们甚至会误会他是不是身体素质很差。乒乓球高手，就是一拍拍的标准动作，不慌不忙，就是打不死人家，我们甚至会怀疑人家是不是个只练过基本功的初学者。这些高手又都非常谦虚，不把自己这点本事当回事，对谁都客客气气的。反而是那些半吊子才喜自吹自擂地穷显摆，对不对？

　　学习也是一个道理，参加奥赛的绝对没人会说自己数学有多牛。因为人家见识过牛人，知道自己不比别人强多少，有点成绩也不算什么。反而是那些偶尔考试得了个满分的喜欢四处炫耀，因为确实难得嘛。

　　职场中还是这个道理，真正有本事的人从来不会夸夸其谈、大包大揽，把事情做成了就做成了，不居功；事情做不成，自己静下来想解决办法，不甩锅。用之则行，舍之则藏，从来不抱怨，整天笑呵呵。反而是那些一无是处的人，成天愁眉苦脸，抱怨爹妈无能、抱怨社会不公、抱怨中国内卷。脑子里只想着摸鱼，越摸心越虚，看人家努力，就骂人家是"傻瓜"，领导让自己干活儿就骂人家是"资本家"，仿佛身边全是坏人，都在想方设法迫害他似的。

　　如果是我们选择合作伙伴，我们会选哪种人？当然是那种既可以安静下来澄清浊水，又可以活泼地让死水焕发生机的人了。这就不是排比了，静和动是矛盾的对立统一，缺一不可。老子估计是怕有人理解歪了，所以才把"动之徐生"加了进来。加进来的意思再明显不过了,就是告诉那些只谈"清静无为"的人,我说的可不是你们那个意思,你们别给我瞎解释。我可没说只需要"清",我说的是既要"清"又要"生","后其身"是为了"身先","无为"是为了"无不为"。

古代有一种人叫作"平时袖手谈心性,临危一死报君王",你以为古代人迂腐可笑?现在这种人也比比皆是,只不过他们倒不会"一死报君王"。古时候这种人虽然没用,好歹还算有气节,现在这种人气节都没了,就是彻头彻尾的废物。

这种人在职场中就是"摇头党",甭管什么项目、什么方案,问他们意见,永远都是摇头。看起来一本正经、坚持原则,是不是很"清"?但是他们从来不给建议,认为这个不行,他们倒是说说怎么才行啊?就是不说,因为他们很清楚挑毛病有多容易,说出来就是别人的靶子,说多错多,所以他们只提反对意见,不给建议,这样就可以立于不败之地。

这种人在公司里面留不得,他们不只祸害一两个人、一两个项目,而是祸害所有项目。而一旦有项目失败,他们就一副痛心疾首的样子,说"你看我早就说了不行吧"。可不是嘛,他们个个都说不行,那些行了的他们就不提了嘛。他们自然也担心这一点,万一项目行了打脸怎么办?所以不但挑毛病,还要拖后腿、使绊子,千方百计、想方设法地把事情搅黄。

别看做成一件事很难,但是想搅黄一件事还不容易?哪怕这件事还没有结论,中间碰到一点小挫折,这些人就又跳出来了,极尽夸张之能事,一个小问题能被他们说得像天塌了一样。这样内忧外患,事情能做成可就真见了鬼了。

如此这般什么都不做,倒是清静了,可变成了一潭死水,百无一用。"摇头党"一心想的就是保住自己的"不坏金身",千万别犯错,这种心理就叫作"欲盈"。

怎么才能避免一潭死水?老子说的是"不欲盈"。什么意思?有人又理解成得过且过、浑浑噩噩了吧?我想如果真是这个意思,那他根本不用说,因为现在已经有很多人比这做得更好、更到位了。甚至有人从开始工作的那一天就进入了养老状态，二十岁和六十岁绝不会有两样，唯独多吃了四十年粮食。

盈这个概念，必须拿一个目标比着看才行，对不对？例如一个杯子水满了，那就是杯子"盈"；一个池子水满了，那就是池子"盈"，如果拿一杯水倒进池子里，池子会"盈"吗？所以，老子所说的"不欲盈"，是让我们把杯子换成池子、把池子换成湖、把湖换成海、把海换成天地、把天地换成道，这样才不会盈，这才是"不欲盈"的方法。每把目标放得远一些，离"盈"就会远一些，而当我们把"道"作为目标的时候，就真的达到了"不盈"的状态。

或者说，我们不应该有一个目标，"道"也并不是一个目标，而是一个方向，方向上没有终点，我们可以肆意驰骋，在死之前，看看自己可以跑多远。有了这个方向，我们就不会想着去保持什么，因为那样只是杯水车薪，而是去不断地探索，在各个领域追求极致。

这样一来我们也就不怕犯错，不怕否定自己，追求"道"的人怎么会在乎自己过去是对是错呢？真的发现了自己的错误，改了，就更接近道一些，高兴还来不及吧？这就叫"闻过则喜"，也就是老子所说的"蔽不新成"了。

我们真的会做老板吗

太上，不知有之；其次，亲而誉之；其次，畏之；其次，侮之。信不足焉，有不信焉。悠兮，其贵言。功成事遂，百姓皆谓"我自然"。（第十七章）

《道德经》这五千字成书的时候，是不分段落、没有断句的。古人惜字如金，为的就是节约成本，怎么可能还留空格、空行、加标点呢？所以，这些章节、断句都是后人加上去的。古时候专门有一门功夫，叫作句读，就是训练人断句、点标点的。

我们看到的版本，都是经过人家断句、断章之后的加工品了。至于老子自己的本意是想如何断，我们不得而知，所以才会有这么多版本，对于断句才会有争议。不过好在全篇句句都有与之相互呼应的内容，翻来覆去就说"道"和"德"这么两件事。不管我们怎么断，只要断得不对，总会跟其他章节、其他句子发生冲突。如果没有冲突，能够自洽的话，那么不管怎么断，最终理解出来的意思都是一样的。所以，这就是为什么古人认为可以不用标点符号的原因，反正我指给你看的只是方向，不管我怎么指，你都看不了多远，最后还是要自己走着看。既然都要走着看，那我指个大概也就可以了。

这章的针对性很强，就是给管理者看的，职位越高越是对症下药。如果缩小一点范围，可以说当时这就是给君主看的，换成现在，对应的就是公司老板，狭义的老板，就是那个创始人、实际控制人，不管是叫董事长、总经理、总裁、还是CEO，总之就是那个在公司里面说了算的一把手。

这个一把手要怎么做？老子先给了几个段位。最高级的，团队只知道有这么一位，也有的说"不知有之"，就是团队都不知道有这么一位，其实意思差不多，就是最高段位的一把手在公司里面没什么存在感。其次的段位，叫"亲而誉之"，就是字面意思，员工亲近他，都说他好，不是拍马屁哈，就是发自内心地赞誉他，做到这样却只是其次的段位。再次，员工都怕他，这已经是较差的段位了。最差的，员工都骂他，为什么骂他？因为他没有获得大家的信任，所以说什么大家都不相信他。

我们下面就讲一下"论老板的四个段位"。为了方便理解，我们反过来，从最低段位开始讲。

最低段位的老板，员工都骂他。这种老板在公司中很常见吧？按理说老板给员工发工资，手里掌握着大家的经济命脉，员工应该尊敬老板吧？至少应该是害怕老板吧？为什么连怕都不怕，而直接开骂呢？绝大多数造成这种后果的原因其实就一个，因为老板说话不算话，朝令夕改，承诺的做不到，张口就来，说了就忘，这种事不用多，第一次就会有人心里琢磨，"这老板靠不靠谱啊"。第二次绝大部分人就会心生怨气，"你看看，我就说他做不到吧"。第三次，所有人心里就都不抱任何幻想了，"认真你就输了"。如果我们还有勇气说第四次，看看员工看自己的眼神，是不是就跟看骗子一样？

这个段位的老板，很适合一个词，叫"德不配位"。其实他也不是做了老板才变成这样的，没做老板之前他也这样，俗话叫"就这德行"。我若连自己做人还没做明白呢，就敢去给别人当老板了？就算机缘巧合，轮到我推不掉，那是不是也得有点紧迫感，一边做一边赶紧补课？人家曾子还"吾日三省吾身"呢，我天天遭员工白眼、被人戳脊梁骨，自己就不觉得难受？如果遇到了这样的老板，作为员工还是走为上策吧，兵熊熊一个，将熊熊一窝，这个公司活不了多久的。与其倒闭了再走，不如早走，还不至于被动。

次低段位的老板，其实在大家通常的认知里面，虽然不能算好，但也绝不能算差了，至少也是个不好不坏的水平吧？可在老子那里，这种人人害怕的老板却是倒数第二差的。与上一种老板相比，这种老板说话是一定算话的，甚至言出必行、令行禁止，只有这样员工才会怕他。这就是他与上一种老板最大的区别，上一种老板信口雌黄，所以员工不把他当回事才敢骂他；这种老板一个唾沫一个钉，说到做到，所以员工才会怕他。

很多人觉得老板不就应该这样吗？威风八面、生杀予夺。我们都怕他，就算他不在，我们都觉得有双眼睛在盯着自己，平时说话都不敢大声，就更别说干活犯错了。怎么这种老板才排倒数第二呢？

原因很简单，就是因为他的存在感太强了。为什么存在感会这么强？因为他管得太多了、太宽了。管得多、管得宽有什么不好？作为老板，我们管得越多，员工管得就越少。因为就那么多事情，一件事老板也管、员工也管，你说最后听谁的？肯定员工要听老板的呀，难不成老板听员工的？要是听员工的，别管不就完了，何必费这劲呢？

本来员工有三件事，我们今天管了一件，他就剩两件，明天我再管一件，他就剩了一件，第三天再管一件，他就没事可管了。让他怎么想？反正老板自己都管了，我也没法管，那就听老板的好了。

于是，大家就变成了指挥一步走一步，不指挥就原地等着。我还指望他们自己走？他们才不会呢。自己迈了左腿，命令下来要求迈右腿，那我不就白走了？不光白走，我不是还犯错了？不光犯错，别人直接迈右腿，我还得把左腿收回来再迈右腿，费了二遍事不说，还比别人慢，岂不是又要挨骂？一次两次还不长记性？下次还会主动吗？

所以，这种老板带的团队，一定是死气沉沉，开会绝对没有人主动发言，更不会有什么讨论。只能是老板说话，其他人在下面埋头记录，就像老师给小学生布置作业一样。那要是老板说错了呢？老板说错了，那是老板的事啊，反正我们是按他说的去做了，出了问题反正怪不到我头上，对吧？于是公司就只剩下老板一个人，日理万机，操纵着下面一群人形机器干活。就算老板犯了哪怕再明显的错误，哪怕这个错误可以让公司瞬间倒闭，哪怕所有人都看出来了，这些人形机器都不会提出反对意见，而是继续埋头执行，直到公司倒闭。

这种管理方式，在古代叫作"威权"，最大的问题还不是能不能发挥主观能动性的问题，而是它的容错率实在太低。只要公司里唯一那个不是人形机器的人有个小失误、小毛病、三长两短，问题就会被这种机制无穷放大，整个体系会瞬间崩塌。别说现在这些小公司了，就是当年盛极一时的大秦帝国不也没经得起考验？短短十几年便烟消云散，以至于后世再没有人敢模仿。始皇帝何等雄才伟略尚且承受不起威权的反噬，何况我们小小老板呢？

再高一个段位的叫"亲而誉之"。很多人看了可能就懵了，老子这是多高的要求，又亲近又赞誉了还不行，只能排在次级段位？

其实，这个段位的问题跟"畏之"是一样的，还是存在感太强。只不过这个段位改良了刷存在感的方式，让员工更好接受了而已。只要存在感强，老板就必然是表现出他的存在了，对吧？不管是用群众深恶痛绝的方式，还是用群众喜闻乐见的方式，总之大家都关注他了。大家的注意力都用来关注老板这个人了，自然就没有带宽去思考事了，再加上人天生懒得多动脑，于是迷信就开始了。

"迷信"虽然是自觉自愿的，但其后果却与"威权"相同，那就是众人安危只系于一人，这种系统的容错率太低了。那么，老子理想的领袖是个什么样子呢？是大家只知道有这么一个人，仅此而已。

可能又有人嗤之以鼻了，调儿起得也太高了吧？哪个领袖能做到？持这种论调的人大多是因为一个问题，就是分不清楚目标和方向。什么叫目标？在自己前面，能够达到的那个叫目标。什么叫方向？在自己前面，未必能够达到，但应该去追求的那个叫方向。

一个人，想提升格局，首先就要把"能够做的"和"应该做的"分清楚，然后去追求应该做的，而不需要一直纠结能不能够做到，这叫作使命。例如"道"，就是我们应该去追求、但又不能够达到的那个使命。

所以，老子说的"太上"也是这样一个方向，我们不一定能达到，但是知道有这样一个方向之后，就不会茫然不知所措，奔着这个方向走就对了。至于能走多远，那就要走着看了。

这里对创业者说两句。创业者其实不是单纯的老板，我们还身兼数职，产品、研发、运营、财务、人力……样样都要懂，哪儿掉链子自己都得补上去，因为我们没得选，补不上短板就只能等着完蛋。所以，创业者必须是全才。但是，就算全才，就算能干得比员工还出色，也断然不能自己干。因为就算再能干我们也就一个人，无论如何也干不了几十人、上百人的活。要是不服，非说自己可以干，那我还招那么多人干吗呢？

正如上面所讲的，我们一旦伸手，就会抢了员工的活，他们只能退避，我们一再伸手，他们一再退避，最后的结果就是，没有人再会主动干活。这样，就形成了上面讲的"畏之"局面。这是那些专家型创业者最容易犯的毛病。

那创业者要做什么？我们什么都可以不做，但是必须要做"品牌"。对外叫品牌，对内叫企业文化。我们之所以创立公司，是因为心中有一个使命。谁给的使命？我们的价值观，也就是我们的"德"，而公司品牌就是我们自身价值观的外在表现。公司之所以成为公司，它的一切都可以被仿制，而唯有品牌是无法被仿制的。品牌是公司的唯一标识，因为品牌就是"大众认为你是什么"，是一种大众认知。企业之所以伟大，是因为"大家认为你伟大"，所以老板所有工作的核心，一定是围绕品牌的。而且这件事除了我们自己，没人能代替我们去做。

品牌的载体是产品，所以，作为一个创业者，产品是我们的抓手。文化的载体是人，所以，作为一个创业者，除了关注产品，剩余的所有带宽都要用来关注人。首先是找人，要找什么样的人呢？与自己价值观相同的人吗？这种人不可能存在，如果两个人的价值观相同，他们就变成了一个人。人之所以有自由，正是因为每个人的价值观都是一个混沌系统，都是独一无二的，是无法被复制和预测的，这种不可预测性就是自由的根源。

那么是不是我们要找一些人，然后通过洗脑把他们的价值观同化了呢？同化他人价值观，不是杀人胜似杀人，这才叫杀人诛心。退一万步说，就算能找到看上去价值观"相同"的人，就算能洗脑"成功"，你放心，这只有一种可能，人家只是投其所好装出来的，当面一套，背后一套，这是妄图洗脑的必然结果。

这些都不行，那要找什么样的人呢？真正要找的是孔子所说的"君子和而不同"的"君子"。他的价值观与我们的价值观虽然不同，但可以和谐相处，没有冲突；他的使命和我们的使命虽然不尽相同，但大方向一致。这种才是我们唯一能找到的人，也是我们唯一需要的人，大家在奔赴使命的征途中正好有一段同路，于是便携手同行，过了这段路终究还是会分道扬镳、各奔前程。临别只需挥一挥手，互道珍重，然后海内存知己，天涯若比邻。

有人问：如果员工真的不把我这个老板当回事，认为所有的功劳都是自己的，对老板一点感激之情都没有，那岂不是养了一群白眼狼？做成这样难道不是失败吗？早知道这样，干吗要养他们？我们这个问题的根源还是在于没有"外其身",还停留在与员工相同的维度,只有跟别人站在同一个维度,才会期待与他们礼尚往来、平等交往,对不对?如果已经站在了更高的维度,还会在乎人家感恩不感恩吗?

怎么才能"外其身"?答案是,要有一个使命。如果没有使命怎么办?没有使命就不要当老板。因为即便当了老板,也当不好老板,赚不到钱不说,可能还惹一肚子气。就好像上面那个问题,我们养员工、分给员工利益就是为了让人家感恩的吗?如果是这样的话,人家不感恩怎么办?或者感恩少了、慢了、晚了怎么办?开除他?或者干脆不创业了?如果这点事都能让你萌生退意,我劝你,压根就别来蹚这浑水,水太深,而你又不会游泳,走不了几步就得调头回去。

什么是使命?就是我们认为可以为之奉献毕生精力的事情。虽然奋斗一生也未必能够实现,或者我们压根儿就知道肯定无法实现,但仍然要做,不问能不能做到,只问应不应该做,这才叫使命。

既然我们是为了自己的使命创业,员工于我而言不就是刍狗吗?对你好,但与你无关。那与什么有关呢?只与自己的使命有关。因为自己的使命符合"道",所以自己的员工都借了"道"的光而已。

好比骑车上学,我们是为了让自行车上学才骑着它吗?当然不是,我们只是为了自己上学,而上学要用到自行车而已。所以,我们能说自己对自行车有什么恩情吗?当然没有。那自行车需要感激我们吗?当然也不用。大家合作共赢、各取所需、各尽其才、互不相欠。

当然,以上说的是底线。如果我们可以做得更好,发自内心地感恩员工的一路陪伴,那自然更好。只是心里要清楚,我们的感恩可不是希望获得回报,而只是发自内心感激人家而已。人家可以回报我们的感激,也可以不回报,不论回报与否,哪怕事先知道了他们不会回报,可我们该感激还是感激,这才叫"德",眼直心直行直是也。

作为员工,"不必感恩"也只是底线,做得更好的话也可以感恩。当我们感恩的时候会发现,"恩"是一种神奇的东西,大家彼此感恩,不但不会消耗"恩",反而会不断增加"恩"。感恩之心增加,工作就更愉悦,大家都会更努力,进而可以创造更多的价值,就可以走得更远,更接近使命。

既然感恩有百利而无一害,为什么不去感恩呢?

老板如何做到"太上"

大道废,有仁义;慧智出,有大伪。六亲不和,有孝慈;国家昏乱,有忠臣。(第十八章)

前文讲"太上",老子讲了老板应该是什么样子,那么接下来这一章,他就讲为什么应该是这个样子,也就是为什么"太上,不知有之"?

之前一再说,《道德经》是给管理者看的,甚至就是给君主量身定制的,老子根本想不到几千年后会有这么多人拿来读。给君主讲,君主是受过良好教育和管理训练的,而且他们有大量的实践经验,所以讲起来就可以捞干的说,不用啰里啰唆地从基本概念讲起。但是现代人未必受过良好的文言文教育,很多人也没有管理实践经验,所以读这种高阶读物自然会很困难。

就好比国家队教练带领国家队训练,技战术可能一句话、甚至一个眼神队员就明白了,不用长篇大论地说教。真要是理解能力差的,恐怕也进不了国家队,对吧?这跟训练初学者是完全不同的套路,对初学者,教练要不停地唠叨,一个动作反复演示、实践、纠错,从各个角度去启发,重复好多遍才能让其掌握。

老子是个国家队教练,而他教的东西也比体育运动复杂得多。有些业余爱好者听风就是雨地听说了几句话,就开始忙不迭地断章取义,非得说老子

"反仁义""反智慧""反孝慈""反忠诚",甚至说这就是对准了孔子开炮,批判儒家。他们要听老子的,一定要不仁不义、要反智、要反对孝慈、一定不能忠诚。如此一来,一些一无是处、好吃懒做的社会"边缘人"可开心了,终于找到靠山了嘛。

如果照这么说,那老子已经不只是虚无主义了,简直就是反社会、反人类的恐怖主义。有这么严重吗?还真有。

大家知道仁是什么?仁者,爱人,这是人天生就具有的本性,其根源就在于孟子说的"恻隐之心",现在叫"共情能力"。就是小婴儿在井边爬,任何人都会毫不犹豫地去把他抱下来,对不对?这用想吗?不用,这是人类进化出来的潜意识反应,这种反应是与生俱来的,是被编码到基因里面遗传来的,不需要后天教育,只要没有精神疾病,是个人都会不由自主地这样做。

什么是义?义者,仪也,是祭祀中献祭的"牺牲",引申为为了高尚的目标做出自我牺牲。与仁的与生俱来相比,义的后天成分更大一些,主要是人的个体在人类社会大环境中后天演化出来的。它来自于社会的潜移默化,也来自于教育。这种力量之大,甚至很多时候超过了先天演化,它可以让人放下私欲,舍生取义。看到有人溺水呼救,哪怕自己不会游泳,也有一种跳下去救人的冲动,对吧?就算不敢跳下去救人,自己内心也会很挣扎,对吧?更不会一走了之,取而代之的是奔走呼救,对吧?如果你真的当时没有理睬走开了,那你放心,这件事会一直萦绕不去,见死不救的包袱可不是谁都背得动的,这就叫作义。

说老子反仁义难道不就等于说老子反人类?一部反人类的著作,被历代传颂,以至几千年来没有断绝,不但没有断绝,还被奉为经典,你觉得可能吗?

还有说反智的,人们研究了几千年的经典是反智的?反智能指导实践吗?不能指导实践就毫无用处,那人们研究它干什么?中国人连求神拜佛都是要有回报的,没有回报转身就骂你不灵,如此实用主义的一群人,能把一本"反智"的书研究几千年?

说反孝慈的,父母对子女慈爱也是人类的天性,也是编码到基因里,天生就带来的。不用说人，所有哺乳动物都知道养育子女，那些不养育子女的物种，子女活不了，基因压根流传不下来。父母对子女慈爱，子女对父母孝敬，这也是人类演化出来的"以眼还眼"的最优博弈策略。不用说父母对我们的爱，就是换一个人对我们好，我能对人家不好吗？以怨报德的结果，一定是遭到别人的报复，以怨报德多，被报复的也就多，被那么多人报复还能生存下来吗？不能，所以以怨报德的"基因"也很难留下来。

反对忠诚，也是一个意思。我们忠于别人，别人才会忠于我们。我们欺骗别人，别人也会报复我们。欺骗了100个人，这100个人都来报复自己，你觉得自己能受得了？所以，不忠诚的基因在任何文化里都会被淘汰的。

这些道理我们明白，人家老子能不明白？这一章老子之所以这样写，其实是在解释上一章的方向，"太上，下知有之"。大家不是想知道为什么亲而誉之还不够，而一定要做到"下知有之"才行吗？这就是解释，只不过老子省略了四个字，"刻意标榜"，我们把这四个字加上再读，是不是就豁然开朗了？

大道废弃了，才需要刻意标榜仁义。如果人人都追求道，那就人人都兼容仁义，大家都一样，个个仁义，那还用刻意标榜仁义吗？可能连仁义是什么都不知道了吧？因为只有拿不仁不义做对比，才能发现仁义的存在。

这里为什么说"道"兼容仁义，而不是说道就是仁义呢？因为道本身没有仁义不仁义的概念。记得之前说的刍狗吗？有道之人看所有人都是刍狗，我虽然对你百般呵护、怕你坏了，但你其实对我没用。你看我好像在对你恭敬，实际上我是越过你，对你后面的祭坛恭敬。祭坛上是什么？是道，而你只是被摆在祭坛前面，沾了道的光而已。所以，只能说，道兼容仁义，而道本身并不是仁义。对你好，但与你无关。

"慧智"也有版本写的是"智慧"，可能就是为了区别老子说的"智慧"和我们通常说的"智慧"。之前一再说过，老子说的"知""智""慧智"都是智巧、机巧的意思，它们的问题就在于动机不纯。所以出了这种智巧，人们就一定会处心积虑、为达目的不择手段，以至于就会出现"大骗子"。

什么是"大骗子"？欺世盗名者，大盗窃国者，都是。

按一般的说法，老子生活在春秋时期，早于孔子。据说孔子曾经仰慕老子，特意去向老子问道。春秋时期那个大环境，大家也清楚，用孔子的话说就是"礼崩乐坏"，用老子的话说，就是"慧智出，有大伪"，是不是有异曲同工之妙？我们往后读，老子还会讲道、德、仁、义、礼之间的关系，读完就会发现，孔子其实就是接着老子在讲。只不过他觉得道、德这两件事老子讲得很清楚了，自己不需要再讲，而是着重讲仁和礼。后来，孟子作为孔子传人，仍然沿着这条主线发挥，重点去讲了义。

给人的感觉就是，老子说要追求道，按道做事就有了德。孔子学了之后说，您说得对，但是您那个太难，没几个人能做到，我把门槛降低点。大家先追求仁，按礼做事，做到了这个，然后再去追求道。孔子也是到七十才实现了"随心所欲不逾矩"，这其实就达到了老子所说的德的境界。孟子看了几位老师的教材，说你们说得太对了，但门槛还是太高，学生们都被吓跑了，我再降降门槛，给大家减负。于是，孟子提倡追求义，按礼做事。大家如果连义都做不到，就别想着仁了，也别琢磨德了，先过了这个门槛再说吧……

这么清晰的一条主线，你说老子反对儒家？第一，老子那会儿还没有儒家，连道家也没有，谁阐述思想，都不会自己给自己扣个"某某家"的帽子，这些帽子都是后来人给扣上的。连儒家、道家都还没分出来呢，他怎么反对一个不存在的东西？第二，孔子的学说成形要晚于老子，老子先说了这些话，孔子后说了那些话，先说的怎么反对后说的？第三，大家除了用词差异，其他的地方都是一致的，这能叫反对？

六亲不和的时候，才需要刻意标榜孝慈。否则个个父慈子孝，还会有孝慈这个概念吗？还是比较的结果嘛！

国家混乱，才需要刻意标榜忠臣。否则国家清平，怎么才能显现出来忠臣呢？忠臣总要做点忠臣的事情才能称为忠臣吧？国泰民安，所有人都按部就班，该做的事都做了，想立功都没机会，哪里还能有忠臣？

说了这么多，老子就是在解释，为什么"太上，下知有之"。真做到"太上",所有人都仁义,以至于分不出仁义不仁义;所有人都淳朴,以至于没有人投机取巧;所有家庭都和睦,父慈子孝,以至于分不清孝慈不孝慈;所有事情井井有条,大家各司其职,以至于想当忠臣都没有机会表现,能做到这样难道还不是"太上"吗?

这个错误一旦犯了,离散伙也就不远了

绝圣弃智,民利百倍;绝仁弃义,民复孝慈;绝巧弃利,盗贼无有。此三者以为文不足,故令有所属:见素抱朴,少私寡欲,绝学无忧。(第十九章)

前面两章,讲了好的老板是什么样子,为什么要这个样子,这章讲如何做。这个老板是狭义的,指的是公司的一把手,倒是很适合指导创业。如果不是一把手,参照做的效果可能没有那么明显了,因为根源不在我们这儿。

上一章讲过,老子语境里面的圣、智、仁义、孝慈前面加上"刻意标榜"就好理解了,这与孔子语境中那个绝对的、发自内心的意义正好相反。

有人可能又要问了,凭什么你说的就是对的?凭什么老子就不能提倡不仁不义、不忠不孝?正如前一章所说,仁义、忠孝、智慧这些是人类演化出来的本性,人之所以能称之为人,正是因为人有仁义、忠孝、智慧这些特征,而这些特征定义了什么是人。如果反其道而行之,那就违反了人的定义,也就不叫人了,而是另外一个物种了。如果老子是教人们反人类,他的学说也不会流传几千年,这里就不再复述了。

确定了这个大前提,我们来看如何做到"太上,下知有之"?作为老板,自己要杜绝希望成为圣人、智者的念头,因为这是争名逐利的私欲。杜绝了

这些私欲，我们才能把精力放在认真做事上面，才能带领团队创造价值。创造了价值，公司才会有收益。有了收益，我们又不与员工争私利，员工才能获利。我们不争私利，一心放在产品上，产品变得更好，公司就会获得更大的收益。我把利益分给员工，员工就有了积极性，大家一起努力打磨产品，就可以创造更大的价值，公司收益还会变得更大。

大家只有一块蛋糕，我们跟员工争，各分半块，员工人多吃不饱没心思干活，我们自己其实也没有多少；不与员工争，自己吃一口，其他给员工，员工吃饱了，他们每个人就都有力气去做新的蛋糕。每个人做出来一块蛋糕，我们每块吃一口，也足够撑死了。所以，永远想着把蛋糕做大，就永远不愁没有蛋糕吃。

不要整天满口仁义道德，光说不练假把式，甚至就算我们既说又练了，但是说多了说早了，都会被人当作假把式。所以，自己默默去做就好了，"行不言之教"。做什么？不是去施舍小恩小惠，而是去做大蛋糕。大家最根本的诉求是"分蛋糕"，吃不饱肚子、赚不到钱，谈感情有什么用？就算都是真感情，人家也只会说我是个好人，但不是个好老板。老板就要做老板应该做的事，我们是要带领团队创造价值的，这才是老板的"道"。

不要有投机取巧之心，更不要利欲熏心，因为"上有所好，下必甚焉"。老板站在台上，下面几百双、几千双眼睛盯着我，这些眼睛都在观察，都在吹毛求疵，任何一个小缺陷，都会被某双眼睛发现。一双眼睛发现就会宣扬给所有眼睛，所有眼睛就都会盯着那个瑕疵看。不光是看，他们还会模仿，而且还振振有词，"老板都这样，凭什么我们不能这样"。

例如设置KPI，我们想方设法给员工压力，员工就会想方设法把压力转化成"动力"。这不是挺好吗？你以为他们会转化成创造价值的动力？门都没有，他们会转化成跟我斗智斗勇、千方百计蒙混的动力。

最典型的就是"码农"，假如公司为了让码农多产出，给他们下一个指标，考核代码量，结果会怎么样？一个"Hello world"（你好，世界）都能写出一万行代码。当然，这是个极端例子，日常管理不会有人傻到这么考核。虽然表面没有这么愚蠢，但我们去给运营、产品、研发这些脑力密集型岗位下达量化指标，其实质与这有什么区别吗？只不过愚蠢得不那么明显罢了。我们费尽心机，实际上并不会让蛋糕做得更大，而只会培养出一批"盗贼"千方百计地偷蛋糕，甚至破坏蛋糕。

刻意标榜的圣智、仁义、巧利只能用来文过饰非、自欺欺人、隐藏不足罢了。不管怎么励志、标榜、争取，不足还是在那里，太平从来粉饰不出来，反而越粉饰就越讽刺，粉饰多了，没准表面的太平都崩了。

既然刻意标榜则求之不得，那又要怎么做呢？面对权力和利益，做到"太上，下知有之"。员工只是知道有一个老板而已，但是那个老板从不争权，从不夺利。权力留给员工，让他们自己做主人；利益留给员工，让他们不是在为别人打工，而是为自己干事业。

做到这样，公司就会变得简单，每个人都埋头做好自己的事情，没有一己私欲，不去钩心斗角。每个人都回归淳朴，大家越努力，创造的价值越大。价值越大，自己收获就越多。不只是物质的收获，还有精神的收获。如此这般，就算让他们去学投机取巧、让他们去学钻营算计，他们都会嗤之以鼻，不屑一顾。学这些干吗呢？我是公司的主人，做自己的事业，学这些难道还要自己坑自己不成？做到这样，自然万事无忧，而每个人都会觉得"我自然"。于是就达到了"太上"境界，大家都说，"好像是有个老板，但是有他没他都无所谓，反正我就是这样的"。

为什么说"夫唯不争，故天下莫能与之争"

曲则全，枉则直；洼则盈，敝则新；少则得，多则惑。是以圣人抱一为天下式：不自见，故明；不自是，故彰；不自伐，故有功；不自矜，故长。夫唯不争，故天下莫能与之争。古之所谓"曲则全"者，岂虚言哉？诚全而归之。（第二十二章）

　　这章又是一个理解的重灾区，它被无数人歪曲成老子劝人委曲求全，与世无争，当个"废柴"。持这种观点的人，能不能解释一下，为什么当个废柴，还要"明、彰、有功、长、莫能与之争"呢？解释不通？那就不要自己想混吃等死却拉着老子来当挡箭牌了。

　　"曲则全"跟"委曲求全"虽然看着像，但完全不是一回事，后者最早出自《汉书》，老子那会儿还没有这个词呢。老子那个年代大家还不用成语来写作，因为一下就是四个字，成本太高，写不起。那个时候，都是一个字就是一个词，即便这样，用字还力求凝练呢，哪有预算去用成语？而成语很多也是从那时候的经典中抽取出来的，所以老子在写《道德经》的时候，根本就不知道什么叫"委曲求全"。

　　"曲则全，枉则直"，都来自日常生活中老子对树木的观察。他发现那些长得笔直高挺的树，往往会被风吹断，难以保全。而那些长得弯弯低矮的树却不会受大风影响，一直完好无损。枉，原意是指树木自由生长弯弯曲曲。老子就是看到有些树木被岩石挡住，但依然直挺挺地向上长，这样的树跟岩石较劲，又顶不开岩石，最后就成了歪脖树。而往往是那些柔弱一些的、随弯就弯的树，它会沿着岩石长到外面去，长出去之后就可以笔直生长了，这些树最后才是直的。后面这几个类比之前都出现过了，洼地才能积水；敝这个字本义是衣服破了，引申为破旧，这里面用的是原意，旧的不去新的不来；少私寡欲才会觉得满足；选择太多反而无所适从。

　　有人看到这儿就不看了，然后断言，说老子是虚无主义！哪怕再多看一句，可能都说不出这么无知的话了。虚无主义怎么"抱一为天下式"？这一句才是这一章的精髓，是点睛之笔。这种人又犯了人家指路他非盯着手指看的毛病。

老子说"抱一",孔子也说"一以贯之",这个一究竟是什么呢?就是前面提到的那个"孔德",用现代话说,就是完备且自洽的价值观。只有抱着这样一种价值观为人处世,才足以成为天下楷模。怎么构建这种价值观呢?老子用了概念分类的方式,继续把"德"向下拆分。

不显摆自己,才能显明自己;不自以为是,才能彰显自己;不自吹自擂,才能取得功绩;不自高自大,才能走得长远。总是想显摆自己与众不同,可越显摆就越没人理;总是认为自己对,别人错,跟人抬杠,结果人家说"你高兴就好"。社会上总有些人自我吹嘘,这种人通常没什么本事,你看那几个首富说过自己多牛吗?手伸得特别长、管得特别宽的老板,事业做不大的,因为他根本没有精力做大。

理解了这些自然就不会去争名逐利,不争名逐利,天下自然就没人能与我们争。结合上下文看这句千古名言,其含义是不是跃然纸上?怎么也理解不来老子是教人什么都不做,过猪一样的生活吧?

为什么不争名夺利就没人与自己争呢?趋利避害,是人之本性,人人都有逐利之心。所以司马迁才说,"天下熙熙,皆为利来,天下攘攘,皆为利往",真是至理名言。但是,偏偏我不跟他们争利,让他们失去了争夺的目标,他们怎么争呢?没得争了呀。

那为什么大家都在争利,老子却偏偏不让我们争呢?因为,凡是能争的,都是蝇头小利。一块蛋糕,就算全给我,我最多也就只有一块。为什么说是最多一块?因为周围的人没得吃,饿得眼冒绿光,看我们眼红。假如被10个人成天虎视眈眈地盯着,我们敢把蛋糕拿出来吃吗?那时候就没心思吃蛋糕了,我们估计只顾着担心自己该不会都被他们吃掉了吧?

但是一块蛋糕,我们吃一口,其他的分给那10个人,大家每人都吃上一口,饿不死了,就有力气去做新蛋糕,每个人做出来一块,每一块我们吃一口,是不是也撑死了?而且,不但不用提心吊胆,反而人家会心甘情愿地给我们吃,何乐而不为呢?

如果这么说,那有了10块蛋糕我仍然不能争啊,有了100块、1000块还是不能争啊，那我的蛋糕怎么办？老子全篇都在解释这个问题，我们追寻的是名利吗？当然不是，我们追寻的是道啊！只不过在追求道的过程中产生了一些叫作名利的副产品而已。好比我们是一个厨师，做了一桌子菜，这些菜被顾客品尝。我们会去跟顾客抢着吃菜吗？当然不会，因为我们的目标是做好菜，而不是把这些菜据为己有。而怎么才算做好菜？评价标准首先是我们自己的价值观，我们真心认为好，那就是好。其次呢？当然是大家喜欢吃我们的菜，虽然这比不了价值观做出的评价，但是有了好评总不是坏。不过，无论如何，我们也不会做出了菜自己留着不给别人吃对不对？

怎么才能"夫唯不争"？打篮球，帮助所有队友得分上双，就算自己一分不得，比赛也赢了；学习，给同学们讲题帮他们拿高分，给他们讲明白自己就会更明白，分数自然低不了；工作，帮助上下游部门获取业绩，做产品经理的就让运营超额完成业绩，让研发提前上线需求，自己的业绩自然差不了；创业，让团队每一个人各尽其才，帮助他们实现自我价值，并给予他们与价值相等的收益，这样的公司能不伟大吗？

做到这样还需要自吹自擂吗？根本不需要，反而越低调就越被人佩服；越佩服，合作越顺畅；越顺畅，取得的成绩越辉煌；越辉煌，我们就能获取更多极致体验，获取更多极致体验就越能构建更宏大的价值观，价值观越宏大则越接近于道了。

我们与天下人争利，天下人便会与我们争利；我们寻道，争利的人就没办法与我们争利。寻道的人呢？当然更不会与我们争。追求美是通欲，我们把美分享出去，自己不会少一分，其他人却有收益，所以根本没必要争。这就叫"夫唯不争，故天下莫能与之争"。

古之"曲则全"者是谁？是古之有道之人。"全而归之"归的又是什么？当然是寻道的方法。老子也是从古人那里继承了这些方法，再发扬光大，才有了他的修为，才有了今天的《道德经》。所以说，岂虚言哉？诚全而归之！

这个错误九成管理者依然在犯

希言自然。故飘风不终朝,骤雨不终日。孰为此者?天地。天地尚不能久,而况于人乎?故从事于道者同于道,德者同于德,失者同于失。同于道者,道亦乐得之;同于德者,德亦乐得之;同于失者,失亦乐得之。信不足焉,有不信焉。(第二十三章)

少发号施令,顺应事物自身的发展规律。中华文化有一个非常鲜明的特点,那就是不喜欢多说话。老子说"希言自然""不言之教"……孔子也说"巧言令色鲜矣仁"。中国的成语里面,形容能说会道的大多不是什么好词,巧舌如簧、巧言令色、信口雌黄……人们日常也喜欢讲"口说无凭""空口白牙"……历朝历代,就出过两个口才好的,一个叫苏秦,一个叫张仪,这两位按理说功绩可不小,但就是没有好名声,这种"三寸不烂之舌"俨然成了读书人的反面教材。

为什么会这样呢?简单地说,就是因为中国早早就进入了高度发达的农耕文明。几千年前我们的祖辈就掌握了当时最先进的耕种技术,如果没有天灾,只要勤劳,那就可以种瓜得瓜、种豆得豆,丰衣足食。对耕种的热爱,甚至渗透到了中国人的基因之中,哪个中国人不向往日出而作日落而息的田园生活?而耕地种田是不需要多说话的,话说多了,反而耽误农活,剧烈劳动时甚至还可能岔气或者吃一嘴土。我是怎么知道的呢?因为小时候回农村老家,我也下地帮过农忙,即便作为一个打杂的,我也深切地感受到干起农活是没心思说话的。人家专业农民,更是成天成天地闷头干,一声不吭。

有了这样的人民,君主自然也要少说话。一是人家不爱听,二是只要我别瞎折腾,这里的人民就是世界上顶级的人民,他们总能想方设法地脱贫致富。历史的经验一再证明,只要给中国两代人的时间,不管底子有多差,都能扭转乾坤。汉唐初年的休养生息,换来的就是文景之治、贞观之治。新中国成立几十年就有了翻天覆地的变化，我们更是亲身经历者。

中国的诸子百家，家家都不约而同地提倡"不折腾"，哪怕是兵家都说"上兵伐谋，其次伐交，其次伐兵，其下攻城"。看看，连职业军人都主张不到万不得已别打仗。所以在"不折腾"这一点上，中国的先贤们是高度一致的。

老子也是建议君主们顺应自然规律，与民休息。狂风不可能刮一早晨，骤雨不可能下一天。风雨是谁在"主宰"？当然是天地。可就算天地都没有瞎折腾的资本，何况是人呢？

什么叫"自然"？修道的按道来，修德的按德来，什么都不修的才胡来。顺应了道，那么道自然使其有收获；顺应了德，德自然会使其有收益；胡来的，自然会有胡来的后果。这句话估计又有人要往歪了想去联系神秘主义，甚至把道啊、德啊这些都拟人化成神仙。要我说呀，我们成年人又不是小孩子，我们的理智已经发育健全了，讲道理是能听明白的，就用不着编神话故事了吧？人家老子就是用了个拟人的修辞，我不至于就把各路神仙都搬出来压阵。

最后又是那句名言，我们如果不能取信于人民，人民自然就不信任我们。作为公司的老板，一定控制好自己的权力欲，不要动不动就指手画脚。要是实在忍不住，我就这么想，花200万年薪请来的这位高管怎么用才划算呢？整天发号施令，他不就成我的秘书了？200万的秘书，这性价比也太低了吧？就算我喜欢追求那种"君临天下"的感觉，为什么不花同样的钱，请40位秘书来呢？他们可以列阵听我发号施令，难道这样不是更香吗？

我从来没见有人花2万配一台电脑只是为了上网，我也从来没见过有人花5万买辆公路自行车只是为了骑着它去买菜，这不是钱不钱的问题，这是资源浪费。作为老板，不管自己的使命是什么，其中都一定要包含一条，那就是"人尽其才，物尽其用"。

没有不好的团队，只有无能的老板

善行，无辙迹；善言，无瑕谪；善数，不用筹策；善闭，无关楗而不可开；善结，无绳约而不可解。是以圣人常善救人，故无弃人；常善救物，故无弃物。是谓袭明。故善人者，不善人之师；不善人者，善人之资。不贵其师，不爱其资，虽智大迷。是谓要妙。（第二十七章）

每次看到这段都忍不住想笑，各种解释那叫一个牵强附会。有人可能会问，别的章也有不同解释，你为什么不笑，偏偏这章要笑？因为老子这章讲的就是不要先入为主、不要想当然、不要固化思维，而那些费尽心机解释的人，偏偏就犯了老子说的毛病，你说是不是挺好笑的？倒不是笑他们的人，只是笑他们做的事，对事不对人。

"善行，无辙迹"，怎么回事？为什么善于驾车出行的人，不会在地上留下车辙痕迹？善言无瑕谪，想说什么？善于建言的人怎么就没有瑕疵和过失呢？

谁看到这两句心里都会有这两个疑问吧？我也不例外。所以，我们先不着急解释，往下看，毕竟是个排比，之前说过，排比的特点是任何一句看明白了整个意思也就明白了。好在后面的都很好理解了，善于关门的人不用门闩别人也打不开，善于捆绑的人不用绳索别人也解不开。后面这两句很清晰，没有争议吧？老子说的是什么？就是不要拘泥于形式，不要有先入为主的观念，不要认为关门只能用门闩、捆东西只能用绳索，没有门闩放条狗看着行不行？没有绳子，找点枝条捆行不行？

这两句让我们看明白了这个排比的用意，其实这就可以了，未必就一定要去掰扯前面两句。但是，既然开头关子都卖了，我们还是解释一二，也让大家见识一下老子的行为艺术。

"善行，无辙迹"，不是说善于驾车的人就能腾云驾雾，不留痕迹。人家老子是严肃思想家,别总把人家往"神棍"那里靠。这句话的意思是,善于驾车的人不需要按照地上原有的辙迹走。人家清楚自己的目的地,驾车技术高超,自然可以另辟蹊径,走一条别人没走过的新路出来。古时候没有柏油马路,所以驾车的人通常是按照前人留下来的车辙走,因为有人走过了,所以说明那里可以走得通,车辙就相当于今天的火车轨道,我们常说的"没辙了",其实就是没路了,引申为没办法了。只有那些技术高超的人,才善于观察路况、调整马匹、控制车辆,使得车子不至于陷入泥里或者被石头颠散架,所以,也只有这种人才能自己走出来一条新路。顺便说一下,孔子就身兼驾校教练,"礼乐射御书数"这六艺中的"御",就是驾车。这说明驾车是一项对技术要求极高的工作,是需要专门教练教授的。

这么一解释,是不是豁然开朗?"善言,无瑕谪",也就好理解了吧?不是说善于建言的人本身不会有过失,而是说善于建言的人不一定要等到有了瑕疵或者过失才建言,也不见得非要针对过失建言。例如我们作为老板,团队做错了才批评,那就是马后炮。真正牛的老板是把可能发生的问题提前想到,做好预防根本就不让它发生。更牛的老板,是做好了预防之后,再去寻找团队的长处,在长处上建言,让他们把长处发挥到极致,一招鲜,吃遍天。不拘泥于过失的建言,才叫善言。

本来不应该咬文嚼字的,得意忘言就可以了,可为什么这里要多说呢?因为我怀疑老子这老爷子是挺幽默的,他在跟我们玩行为艺术,想逗着我们玩玩。他本来很容易就能说清楚这事的,不要前两句,只说后两句就得了。估计是觉得那样带来的冲击力不够强,所以开篇给我们挖了个小坑,故意让我们掉进惯性思维的陷阱里面。后面几句再挑明,把我们从陷阱里拉上来,然后满脸坏笑地看着我们:小子,看到了吗?是不是掉坑里了?这回知道我为什么要提醒这事了吧?一个坑不能掉进去两次,吃一堑长一智,有了教训之后,这些说教我们就不敢不牢牢记住了。为什么我敢这么猜?因为,这事我也干过。

好的领导者,一定善于救人,所以不会有被抛弃的人;善于救物,所以就不会有被抛弃的东西。这就是后来人们经常说的"人尽其才，物尽其用"。做到了这样，才叫作"袭明"。

"善人者，不善人之师"，这个"善人"跟现在常用的行善积德的好人还不大一样，古时候的"善人"是指善于做人的人，"不善人"就是不善于做人的人。善一般当"善于"讲，例如前面的善行、善言等。

这句话还是接着上面一句讲的，不是"无弃人"吗？怎么才能不抛弃不放弃？当然是当他们的老师，教他们做人了。师，甲骨文的字形是土台下面有脚，意思是站在土台之上对着下面发号施令。古代出征，要登台拜将，拜完将之后，君主离开，拜的那个将在土台之上号令三军，所以这个字引申为军队。后来，老师讲课跟登台拜将类似，也是一个人站在土台上面讲，下面一众弟子静静地听。所以，这个字又引申为老师的师了。不管是老师还是将领，总之，"善人"要帮助"不善人"变成"善人"。

这就是后面那句，"不善人者，善人之资"，"不善人"是"善人"的资源，也可以说是可以变成"善人"的原材料。如此一来，不尊重可以为师的"善人"，不爱惜可以成为"善人"的原材料，这样的行为虽自以为聪明，却是大大的糊涂。

这章是讲完了，但是我得多说一句。老子这种人文关怀固然是我们努力的方向，但同时也要注意到，前途是光明的，道路是曲折的。在现实工作中，我们面临的主要矛盾是时间资源有限和启发人只能慢工出细活这两者之间的矛盾。所以，正如老子一再提醒我们的，我们得时刻牢记自己的使命是追求道，在这个过程中不要拘泥于形式、不要过多陷入细节。有的人不开窍，启发需要时间，那就不要浪费时间跟他较劲，去启发那些容易被启发的人。更多的人被启发了之后，他们就可以启发更多的人。绕过不开窍的人，启发了开窍的人，这些受启发的人成长之后，反过来又可以启发那些不开窍的人，这才是最高效的方式。

同时，我们千万不可以对任何人、任何物有轻慢之心。前面也讲过，善恶只在一念之间，开窍只是灵光一闪。我们与那些不开窍的人，也就差了那么一闪念,这一闪念可能连一毫秒都不到,只差了这么一点,我们又有什么可骄傲的呢?

反过来看,就算不开窍也不用自卑,那些看起来的天才,其实只是突破了认知局限后才一飞冲天的。我们与天才之间其实也只差一个"灵光一闪"。天赋这个概念只是个"马后炮",只有当我们成功之后才能确认自己"有天赋"。而在成功之前,没人知道自己究竟有没有天赋。甚至,就算失败了,都没办法确定自己没有天赋,毕竟林丹曾经叫"林一轮",乔丹差点没进校队,要是真没进校队,现在没准也就是个野球高手吧?

退一万步说,就算真有"天赋"这东西,它也只能决定我们的上限,而以我们现有训练水平之低,有资格谈上限吗?

老板是干吗的

知其雄,守其雌,为天下谿。为天下谿,常德不离,复归于婴儿。知其白,守其黑,为天下式。为天下式,常德不忒,复归于无极。知其荣,守其辱,为天下谷。为天下谷,常德乃足,复归于朴。朴散则为器,圣人用之则为官长。故大制不割。(第二十八章)

老板是干吗的?老板就是搭台的,搭好了台吸引人来唱戏,而不是只想着自己唱戏。老子的比喻则更妙。什么叫知其雄?就是要了解雄性这个物种的德行,什么德行呢?就是爱争斗、爱显摆、爱出风头嘛!为什么雄性会这样?还不是因为雌性!漫长的演化过程中,只有那些表现欲望强的个体才能获得雌性的青睐,获得了青睐才有交配权,有了交配权,才能生儿育女延续基因。如此优胜劣汰、大浪淘沙，千百万代之后的今天，剩下的基因就变成了现在的德行。

我带女儿去捉蜻蜓，会优先捉一只雌的，把它固定在草叶上，剩下的事就容易了。只需要等着雄蜻蜓一只一只飞过来交配，来一只捉一只，轻松得很。这就叫"知其雄，守其雌"。

做事，也是一个道理，千万别把自己当作雄蜻蜓去好勇斗狠，就算我是最强壮的雄蜻蜓，结果也无非就是先被人家抓住了事。而我们要做的，是要找到一只雌蜻蜓，就算找不到，那么宁可自己去做雌蜻蜓，起码可以活得比所有雄蜻蜓都久。所有的欲望，都是雌蜻蜓。每个人都会有各种各样的欲望，有的人追求钱，有的人追求名，有的人追求成长，有的人为了探索，这些都是"生性知美"这四种基本欲望按照不同比例的组合。而所谓搭台，就是找到一种机制、一种模式，使得不同的人加入进来之后都可以源源不断的满足自己的各种欲望。

想赢球，就让所有队友得分上双；想考 100 分，就把所有题目给周围的同学讲明白，让他们至少考 90 分；想成为亿万富翁，就让所有跟着我干的人都成为千万富翁。

把自己放在低处，连通江河湖海，所有的涓流自然汇集于我，而我并不需要刻意去做什么，此即所谓"天下谿"。成为天下谿还不够，要把这种德融入我们潜意识，做什么事都以这种德来做决定，久而久之习惯成自然，就不需要刻意去想，而是变得像婴儿一样自然。

老子特别喜欢婴儿这个意象，有人理解不了，又开始瞎琢磨，老子是不是有什么让人返老还童的灵丹妙药啊？于是太上老君炼金丹就被编出来了，在中国无人不知无人不晓，甚至比《道德经》还有名，不知道老子知道了会怎么想。其实，所谓的婴儿，就跟孟子说"赤子之心"的"赤子"是一个意思，该不会有人把"赤子之心"也跟长生不老联系起来吧？赤子，就是刚生下来的婴儿。为什么儒、道两位宗师又不约而同地撞概念了呢？因为，婴儿人人都见过，而且那真的是人类最天真无邪的状态。以脑科学的结论看，婴儿大脑没有发育成熟，真的就是什么"心眼"都没有，想哭就哭，想吃就吃，绝无半点儿遮掩。

宗师们认为，做人这件事通过不停地训练，也是可以达到婴儿那种毫无刻意的状态的。就像学会了骑自行车，我们绝不会琢磨每个动作怎么做，也绝不会刻意地偏左点或者偏右点，一切都是顺其自然，骑上就走。这就是因为骑车经过训练，融入了我们的潜意识。潜意识的特点就是，只需要占用大脑极少量"带宽"就可以完成极复杂的活动。做人，虽然比骑自行车复杂得多，但是我们训练的机会也多，周期也长，所以还是有可能被融入潜意识的。当然，这不容易，孔子到了七十岁，才敢说"随心所欲不逾矩"。

有了这句做模板，后面几句就好理解了吧？排比明白了一个，也就都明白了。大家都知道白好，可我们却要去守着那个黑。为什么？因为白用不着我们守，有的是人去守。互联网公司内部谁的话语权最大？当然是销售了，因为业绩都是他们"拼"出来的嘛。那么作为老板，我们要把所有资源全部投入到销售吗？当然不是，如果那样，公司持续不了多久的。因为用户认的还是我们的产品，销售只是他们接触产品的一个渠道而已。既然销售已经是白了，我们就不要去关注那个白，反而要去关注产品、研发，因为他们在幕后，离业绩远，容易被忽视，那才是黑。

对国家来说也一样。教师、医生、军人、科研工作者永远都赚不了大钱，如果商人、明星是白，那他们便是黑。国家需要关注的不是商人、明星，而是教师、医生、军人、科技工作者。国家把民众引导去关注这些人，才能够为民众树立楷模。民众有了这些人做楷模，他们的价值观就不会出现问题。久而久之，民众就会把这种价值观融入潜意识，这种潜意识会潜移默化地影响他们的方方面面，例如教育子女一心放在学习上，而不是放在梳妆打扮上；引导人们尊师重教，而不是笑贫不笑娼；引导人们保家卫国，而不是当懦夫；引导人们科研强国，而不是八卦女明星。形成一个良好的社会风气之后，整个国家、民族就会进入良性发展的轨道，那时候无须多做什么，人们的生活自然会越来越好，这才叫"无极"。

"知其荣，守其辱"，还是那个意思嘛！有功劳你们上，出问题我来扛，这才是管理者应该做的。当领导得跟下属抢功劳，这得多想不开？我们带领团队取得成绩，功劳默认就是我们的，有什么可争的呢？把功劳给下属，并不是把自己的功劳分出去了，而是把自己的功劳复制了好多份，整体功劳翻倍了。不但功劳翻倍，因为我们把自己放低，不居功，"为天下豁"，还会收获谦退的美名，这不是一举两得？员工收获了功劳，受到鼓舞，自然干劲更足，会创造更多的业绩，这是一举三得。这种有百利而无一害的事，为什么不做？

而一旦出了问题，我们要扛着，也是一个道理。你想想，如果我们是老板，会去员工身上找问题吗？老板认识几个员工？知道谁是谁？所有问题，都是管理者的问题。作为管理者我们把责任主动承担下来，还能落得个勇于担当。这时候我要是真敢甩锅给员工，只要老板不傻，都会问一句"他在谁的团队呢"，是不是就哑口无言了？承认错误，给解决方案，问题解决了，什么都好说。问题不解决，怎么甩锅也甩不掉。所以呀，还不如自己主动担下来，团队成员也是人，领导都这么仁至义尽了，人家也会于心不忍，心想这是位好领导，我们不能让好人寒心，大家一块努力，问题才更有可能被解决。

如果我们常年做山谷，德行自然充足。这种德行融入潜意识之后，自然就回归到"朴"的状态。朴，未经加工的木材，也就是自然状态，之前也出现过，这也是老子很喜欢的一个意象。"婴儿""无极""朴"其实都是一种意象，就是自然而然、毫不矫揉造作的事物。

接着老子说，这种自然而然的"德"，散布到万事万物之上，便成了"器"。什么是器？就是有某种特殊用途的工具。这个词在经典中经常出现，孔子说"君子不器"，也是这个"器"，意思是说君子不要拘泥于某种才能，要广泛地学习，然后融会贯通，最终实现"人的全面发展"。是不是又跟老子异曲同工了？老子说的"朴散"，意思也是说，管理者要把德用于各个领域，而不能只做一件事。把德用到各个领域了，便可以成为"官长"，也就是"百官之长"，也就是君主了。这就是儒家提倡的"内圣外王"，而这个词是庄子提出来的，庄子的老师是位儒生。所以，还是之前一再强调的，儒道本是一家，只是后世的好事之徒挑起了无谓的纷争而已，老子最后也说"大制不割"，正是这个意思，政治制度、道德学问，做到深处便只是一家，想分也分不开的。

对老板来说，公司是什么

将欲取天下而为之，吾见其不得已。天下神器，不可为也。为者败之，执者失之。故物或行或随，或歔或吹，或强或羸，或挫或隳。是以圣人去甚、去奢、去泰。（第二十九章）

这一章难在这个"为"字上面。老子所在的春秋时期，正好是中国文字大发展的时期。春秋以前，文字只在贵族之间流传，流通范围很小，所以内容也就有限，基本就是记录一些国家大事，例如祭祀和战争，也就是《左传》所言"国之大事，在祀与戎"。而那之前，战争又不多，所以主要记录些祭祀的事情了。还有一些歌词，供贵族们作精神享受，《诗经》其实就是那个时候流行歌曲的歌词。

随着周天子权威下降，诸侯纷争渐起，大家不得不处心积虑地扩充实力。这样一来，原来那种依靠王孙贵胄任人唯亲的方式就不合时宜了，因为人才的产出概率是一定的，能不能找到人才，能找到什么层次的人才，基本就取决于选拔人才的基数。万里挑一，大概率要优于百里挑一。所以，为了不被其他诸侯降维打击，所有诸侯就都开始了人才竞争。平民的时代来了。

而平民为了出人头地，必须接受教育，于是平民教育应运而生，代表人物就是我们熟悉的孔子。而现在看来，老子很可能也是当时的一位"名师"，否则孔子也不会听说有老子这么一位，还不远千里跑去问道。而教育，就必然要使用到语言和文字，使用的人多了，表达的意义复杂了，文字不够用，那就会演变、会增加。

老子生活在春秋早期，当时应该正是文字发展的开始，所以，《道德经》里面存在一些一字多义的情况也是不得已的事情，一共就那么多字，不充分加以利用，你让老子怎么办呢？

这个"为"字，时而有"为而不争"，当努力作为讲；时而又有"无为而无不为"，前面那个"为"指的是刻意而为，后面那个指的是有所作为。这些都需要我们根据上下文，前后呼应地去理解。而"为"字，甲骨文字形是一只手和一头象，就是俗话说的"牵着鼻子走"，引申出来了上面那些意思。而在这一章，"为"的意思又不同了，用得正是本意。所以，取天下而为之，意思就是把天下掌控在自己手里，牵着鼻子走，有"亵玩"之意。

这个"为"，与"因"是对应的，"为"是主动，"因"是被动。结合上下文，老子说的意思是，天下太过复杂，我们不可能主动对它做什么，而只能被动的因势利导。

对于君主来说，天下是什么？

天下是最神圣的器物。既然神圣，就不可能被我牵着鼻子走，也不能被"执"。执，甲骨文字形是一个人双手被枷锁铐住，指以强力控制，画得生动形象。放到这句话里，意思就是天下同样不可能以强力加以统治。越想牵着天下鼻子走，就越会失败，越是想以强力统治天下，反而就越会失去天下。所以，好的管理者不会试图左右天下，所以他不会失败；不会试图掌握天下，所以就不会失去天下。

为什么这样呢？因为万事万物，千变万化，存在矛盾，对立却又统一。有前行有后随，有轻嘘有急吹，有刚强有羸弱，有安居有毁灭。总之，天下是个混沌系统，混沌系统的特点就是，随着输入的微小变化，输出会产生巨大变化，就是大家熟知的"蝴蝶效应"。而大家不熟知的是，中国早在几千年前就有人发现了这个现象，这人还是位大帅哥，他就是所谓"宋玉潘安"的那位宋玉。他发现的"蝴蝶效应"写在了《风赋》中，叫"风起于青蘋之末"。这样的系统，我们怎么可能去牵着它的鼻子走呢？又怎么能强力统治呢？

所以要怎么做？好的管理者，不可行为过度、不可骄奢淫逸、不可走极端。其实不只是君主，对于普通人也是一个道理。凡事不要过度，不能想赚钱工作就不要健康，年轻时候拿命换钱，老了拿钱买命，这不可取。有人听到这句话就高兴了，那这不就是让我们躺平吗？正合我意啊！老子就知道会有人歪曲他的意思，所以他马上又说了，不可以骄奢淫逸。什么是最大奢侈？当然是浪费时间了，寸金难买寸光阴嘛。怕我们还不明白，人家最后又说，不能走极端，一会儿觉得赚钱重要了就玩命赚钱，一会儿觉得生活重要了就彻底躺平，摇摆不定死得更快。

那应该怎么做呢？当然是动态微调了，在不造成恶劣影响的前提下追求极致，如此才能长久，长久才能获得更多的极致体验，才能构建起更宏伟的价值观，才能把德融入潜意识，才能更接近于道。

什么是"大象"

执大象，天下往，往而不害，安平泰。乐与饵，过客止。道之出口，淡乎其无味，视之不足见，听之不足闻，用之不足既。（第三十五章）

"执大象"，什么是"象"？"象"与"道"相对，是道的具象化表现，也就是人们通过感官获得的客观世界的信息，我们正是通过这些信息去对客观世界进行建模,而那个理想中完美的模型就是道。为什么要"执象",却不"执道"呢?因为道至大、无形、其外无物,所以道是没有办法执的,我们只能"执象"。

什么是"大象"?与大象相对的肯定是小象喽。好比下象棋,"大象"就是要把对方将死,小象就是要吃掉对方的子。所以我们不能执小象,就算把对方吃得除了老将就只剩下一个子,人家照样可以把我将死,把我将死我就输了,之前吃多少子都是白费。所以,下象棋讲究的是布局、控制、争先、宁丢一子、不丢一先。

日常生活中,我们与人辩论,争得面红耳赤,必欲说到他跪地求饶不可,这就是小象;听对方怎么说,把气儿理顺了,一块把问题解决了,这才是大象。

工作中,我们与同事钩心斗角,哪怕比别人多动一下手指都觉得自己吃亏了,这就是小象;主动承担责任,找机会锻炼自己,拉着大家一块拿业绩,能力提升了,各大公司对我争相求取,这才是大象。

做领导,有了业绩据为己有,出了问题甩锅给团队,这就是小象;把功劳分出去,我们自己不会少,团队反而多出来了,于是士气起来了就可以去创造更多的业绩,所有人的功劳都越来越大,这才是大象。有问题,我甩不甩锅其实锅都是自己的,倒不如踏踏实实承担下来,积极地解决问题,团队自然不会让自己寒心,问题解决了,也就没必要甩锅了,这才是大象。

做老板,赚点钱都放自己腰包了,员工钱少活多,怨声载道,这就是小象;财散人聚,大方点,加班福利、团建活动多投入点,赚这点钱也不够让我荣华富贵,倒不如发奖金激励士气,这些都是小钱,奔着公司上市,身价百亿去做,同时也让员工期权变现衣食无忧,这才是大象。

执了这些大象,别人自然愿意与我们合作,愿意与我们共事,愿意跟我们同舟共济,愿意陪我们打江山,这就叫"天下往",也就是天下人都自觉自愿、争先恐后地投奔我们,因为投奔我们有百利而无一害,没有争吵、没有钩心斗角、没有贪功甩锅、没有争名夺利,那自然安定、平和、泰然自若。

动听的音乐与诱人的美食，只能让来来往往的过客暂时停下脚步，但却不能让他们定居、安居乐业。这个"止"，与前面的"往"是对应的。往的主动性更强，有心向往之的意思。止则是个中性偏贬义的字，有一定被迫、被诱惑停下来的意思。饵，也就是渔猎用的诱饵，存在诱惑的意思，这也不是一个什么正面含义的字。所以，老子是反对通过声色犬马这些外在诱惑去拉拢人的，这些都是短期利益，是小象，小象的背后很可能就是陷阱。

《淮南子》记录了这样一个故事，魏文侯问贤臣李克，吴国盛极一时，为什么说亡就亡了呢？李克只回了四个字，"数战数胜"。用现在的话说，就是战术上的成功挽救不了战略上的失败，也就是老子说的执大象的问题。日本人当年研究中国研究得已经很仔细了，只可惜研究的都是小象，以至于胜仗越多，败得越快，不就是吴国翻版？

国家尚且如此，作为创业者的我们怎么能不警惕呢？方向错了，越努力就越失败，这还是老子说的执大象。

功利的诱惑终究是有限的，真正的大道无味、无形、无声、无穷。既，甲骨文字形是一个人跪坐在盛食物的器皿旁边，将头扭向另一侧，表示吃饱了。无既，就是吃不饱，没完没了，无穷无尽的意思。而最大的大象，就是宇宙的象，就是宇宙的模型，如果所有人都共同努力来构建宇宙的模型，那便是所有人都来追寻道。追寻道，自然"为而不争"，自然就安定、平和、泰然自若，而副产品便是丰衣足食了。

公司都是我们的，去跟员工争那点功劳干什么

昔之得一者：天得一以清，地得一以宁，神得一以灵，谷得一以盈，万

物得一以生，侯王得一以为天下贞。其致之，天无以清，将恐裂；地无以宁，将恐发；神无以灵，将恐歇；谷无以盈，将恐竭；万物无以生，将恐灭；侯王无以贵高，将恐蹶。故贵以贱为本，高以下为基。是以侯王自谓孤、寡、不穀，此非以贱为本邪？非乎？故致数舆无舆。不欲琭琭如玉，珞珞如石。

（第三十九章）

　　本章最不好理解的就是这个"一"了。有人说一就是道，如果是道的话，那就直接说道不好吗？为什么非要说一呢？全篇《道德经》用字是非常严谨的，本来篇幅就有限，内容又这么复杂，想说明白都难，如果让我写，我会在这么重要的概念上玩花样吗？

　　无独有偶，老子还说过"道生一"，显然这两个"一"是一个意思，总不能一共五千字前后两个关键概念还不一致吧？既然是道生出来的，显然这个一不是道。《尚书》中有一篇《禹谟》，相传是尧舜禹禅让时说的话。"人心惟危，道心惟微，惟精惟一，允执厥中"，大家最好把这十六个字背下来，其堪称中华文化的心法，老子说的一，其实就是"惟精惟一"的一。

　　孔子也说，"吾道一以贯之"，这里也出现了一个"一"。曾子的解释是，"忠恕而已矣"。但是，很显然，曾子只说了"道"之用，而并没有解释"道"之体。这是儒家的一个鲜明特征，就是不讨论形而上，例如"子不语怪力乱神""未知生焉知死"。联系孔子曾经问道于老子，给我的感觉就是，孔子认为老子把形而上的东西已经说得够清楚了，不需要自己再去说了，所以把注意力集中在了形而下。加之教育对象都是相对低的阶层，不涉及天子、诸侯，所以也没必要拔高到形而上的层面去，也是为了因材施教。

　　以孔子思想之通透，他绝不可能没有一个形而上的根基，缺了根基，儒学这么宏伟的大厦是建立不起来的。就算勉强建立起来，也会因为根基不稳而自相矛盾、混乱不堪，那样的话早就坍塌了，也就不会流传以至今日。所以，孔子的"一"实际上与老子的"一"也是一个"一"。

　　说了这么多，这个"一"究竟是什么呢？这个一就是矛盾对立统一的"一"，也就是包含有矛盾双方的那个统一体，也就是允许矛盾同时存在、相生相克、缺一不可的那个统一体，也就是《周易》中所说的"太极"，也就是包含了"两仪"即"阴阳"的那个"太极"，也叫"太初"或者"太一"。老子受到了《周易》《尚书》影响吗？显而易见，作为周的国家图书馆馆长，说老子没看过《周易》《尚书》，你信吗？两本经典的内容，他肯定是烂熟于胸的。所以，《道德经》与《周易》《尚书》等一系列经典是一脉相承的。这也解释了为什么孔子是在老子的基础上加以发挥，因为他们两位学习的教材都是一模一样的。

老子在这给出了辩证法的第一个定律，"矛盾对立统一"，另外两个定律"否定之否定"和"量变引起质变"对应的则是"反者道之动，弱者道之用"。每次说到辩证法，我都不禁感慨，开自己家的门，还得去邻居家借钥匙，多少还是有点讽刺吧？

矛盾的对立统一是"一"的"体"，那么"一"的"用"是什么？就是后面所说的"天得一以清……"和"其致之也，谓天无以清，将恐裂……"，总之就是矛盾的对立统一无处不在，天、地、神、谷、万物、君王，谁都要用它。如果不用会怎么样？天不用它恐怕都要裂开，你说会怎么样？要是矛盾只对立不统一，可不就万事万物都分崩离析不复存在了嘛！

所以"一"的用，就类似于物理学追求的"大统一理论"，给相对论、量子力学、各种各样的粒子、四种基本力，找一个统一的公式，通过这个公式就可以推导出所有的其他公式，就相当于把所有物理公式最后统一起来了，所以叫"大统一理论"。人类几千年来，对美的追求始终没有变化，根上想要的还是那个极致的秩序，表现出来的就是简洁且优雅，说白了就是又简单又好用。

既然对立统一是必不可少的，那么贵就要容得下贱，没有贱哪来的贵呢？高也要容得下低，因为我比低的高，所以才有高。说这些有什么用呢？当然还是让"侯王"们学习道嘛！自己贵，自己高，就要谦虚一点，所以才要称自己是孤、寡、不穀。不穀大概就相当于现在的谦称"不才"。

侯王为什么要这么称呼自己呢？不就是贵要以贱为本嘛。我都已经至高无上了，就不要再追求那些名誉了。已经是天子了，还有什么名誉比这个更高呢？既然已经获得了至高名誉，那就别在乎赞誉了。所以，侯王们不要追求玉一般的圆润华丽，而应追求石头一般的朴实无华。琭，从玉从彔，彔，甲骨文的字形是指从水井上打水用的辘轳。这东西现在不常见了，我小的时候农村老家有一口老井，还是用这东西打水，就是一个圆轴，一端带摇把，摇动摇把就可以把井绳卷起来，水就提上来了。这东西是圆的，而且用久了会被磨得很光滑。加一个王字，就表示光滑圆润的石头，引申为圆润华丽，这里形容玉的美好。珞，这个字现在已经不用了，看起来从玉从各，应该是表示多而细小，与琭是相对的。

最后这句话理解方式很多，也可以理解为玉和石头都是在比喻"誉"，意思是不管是华丽的赞誉还是朴素的赞誉，都不值得追求。还有人理解为既然是对立统一，那就是说既不能像玉也不能像石头，要不贵不贱才好，例如苏辙，即苏东坡的弟弟，他就是这么理解的。其实怎么解释都无所谓，反正方向大家看清楚就行，之后就可以"得意而忘言"了。老子这番话，简直就是说给创业的老板们听的。我是老板，有了功劳我还跟员工争？有了利益我还跟员工抢？我已经是公司里位置最高的那个人了，公司都是我的，我还要名利干吗呢？把功劳给员工，并不影响我自己的功劳，反而复制出了双倍功劳，员工受到鼓励，创造更大的价值，功劳不就越来越多了？

把利益给员工，眼前这点利益都是小钱，我的利益在长远处。公司做大做强，做到市值百亿，我还担心自己没有利益？财散人聚，员工能赚到钱就会拼命赚钱，大家拼命是为了谁？看似为了自己，实际不还是为了公司？公司是谁的？不还是我的吗？想开了，也就不会再跟员工争名夺利了。

当然，以上所说创业指的是做事业，那些做生意赚钱的恐怕算不上创业。所谓事业，是要有使命的，使命一定是创造某种价值，至于是什么价值，那就取决于每个人的价值观了。

就算我不创业，不当老板，作为一个普通人我们真的需要别人的表扬吗？

如果需要，说明在内心里，我们还是弱者，追求的还是得到别人的认可。这有什么不对吗？这不是对与错的理论问题，而是能不能让自己过得幸福的实际问题。如果我们追求别人的认可，时时刻刻"求求你表扬我"，那不就是之前讲过的"宠辱若惊"了吗？不表扬我，我很惊慌，一定是自己做得不好，别人瞧不起自己，这可怎么办呀？表扬我了，我还是很惊慌，今天被表扬了，万一明天不表扬了怎么办？自己得多失落呀？这是不是就是所谓的讨好型人格？是不是就像没长大的小孩一样？古时候管这种人叫小人，现在叫巨婴。

一个强者不会在意他人的毁誉，可以评价强者的只有强者自己。作为一个强者，别人赞美时只需要对他的认可表示感谢，至于评价的内容则一笑了之，毕竟别人怎么可能比我们自己还了解自己呢？别人谩骂时，则视而不见、听而不闻，他怎么有资格评价我呢？

什么是领导，什么是领袖

天下之至柔，驰骋天下之至坚，无有入无间。吾是以知无为之有益。不言之教，无为之益，天下希及之。（第四十三章）

"天下之至柔"，用的还是水的意象。水在山中川流不息，坚硬的岩石也被冲刷成溪谷。水没有形状，因此就算没有缝隙也一样可以渗透进去，我因此明白了"无为"的益处。不要说教，不刻意而为，这种益处天下没有什么可以比得上。

很多公司要求员工"认同"公司文化，这就让人摸不着头脑了。文化之所以叫文化，重点在那个"化"字。化的甲骨文字形是正反两个人，指把人逐渐地转换过来，强调的就是不知不觉、循序渐进。如果是一下子就转换了，就叫变，不叫"化"，潜移默化才叫"化"。要求别人认同我的"文化"，我自己要先有文化才行，连什么叫文化都不知道，怎么可能有文化呢？没有文化，随便弄出来几个词几句顺口溜，让人家怎么认同呢？

文化在古时候就表现为"礼"，而这种礼首先约束的就是管理者。古人说"礼不下庶人"，现代人不懂，认为这是阶级压迫，不平等。而当时的真实情况是怎么样呢？是礼很烦琐，执行礼需要花费巨大的成本，要求普通人按照礼来婚丧嫁娶，大多数人一次就破产了。所以，礼不下庶人，不是阶级压迫，反而是对平民的保护。

那又有人问了，既然礼这么不好，那为什么统治阶级乐此不疲呢？首先，统治阶级也是咬着牙在遵守礼的，你以为他们自己愿意呢？看看春秋，稍微一松懈不就礼崩乐坏了，大家变着法地绕开礼。而且越是高位的人，礼就越多越重。天子的礼，现在一般人绝对受不了，其中大多数的礼并不是给他的特权，而是对他的束缚。

例如，子张曰："《书》云：'高宗谅阴，三年不言。'何谓也？"子曰："何必高宗？古之人皆然。君薨，百官总己以听于冢宰三年。"就是说，殷高宗的爹死了，他作为新君即位，三年不在朝堂上说话，这三年所有事都听命于冢宰，就是后来所说的宰相。为什么不能说话呢？因为你小毛孩子初来乍到，还摸不清楚状况，所以就算是君也要先听着，跟着冢宰学三年，三年之后学好了，再出来说话。当然，这只是提倡，并不是强制的。

这就相当于现在，公司里空降了一位领导，这位领导三个月不能插手管理，都要听团队的，哪个领导能受得了？既然守礼这么窝囊，那古时候的统治者为什么还非要自讨苦吃呢？其实,礼的目的正是老子所说的"不言之教"。

作为老板，想让团队尊重我，光要求是没用的，人家嘴里不说但心里却可以骂。那要怎么做？我要先尊重团队，不是装装样子，而是要发自内心地尊重。人家是我们重金请来的呀，是来帮我们的呀，不尊重人家，那请人家来干吗呢？如果就是为了摆谱，随便找点群众演员，陪我们演皇帝太监的宫廷戏多过瘾，何必费大劲、花大钱寻找人才来演奴才呢？

老板希望员工认同自己的价值观，同自己一起为了使命奋斗，整天高谈阔论地谈理想、谈人生是没有用的。如果自己的价值观不正、不完备，使命不清晰，满嘴跑火车，人家看我就成了穿新衣的那位皇帝。人家没准心里还乐呢，"饼都画不圆，就想给人画饼"。

老板希望团队团结一致，拧成一股绳，形成强大的战斗力，那首先我们自己就不要与团队争名夺利。自己都从人家手里抢东西，还指望人家乖乖双手奉上？我们抢了他的，他就会抢别人的，抢得越多，浪费就越多。蛋糕没做大不说，原来那个小蛋糕也被糟蹋得差不多了，结果就是双输、多输。

既然礼的精神是尊重团队、是完备的价值观、是清晰的使命、是为而不争，那要怎么去影响他人，让他们也能够追随这种精神呢？这就是《曲礼》的内容了，也就是一些日常用到的细小的礼仪。例如吃饭不要吧唧嘴，有长辈在不要走在长辈前面，进门推让两次就可以了，这叫"固辞"，最多最多三次，不要推个没完，把门都堵了。你看，都是非常琐碎的礼节，今天我们依然会遇到，有些也依然适用。

老板对团队大可以参考约定俗成的礼仪自己设计出一些"礼"来。进电梯团队先进，出电梯老板后出；吃饭敬酒先敬团队，有人拒绝两次就不要再敬了；开会团队先表达想法，老板听完再发表意见……如果这些细节每一项都能做好，做到位，团队自然可以感受到老板的尊重，自然觉得老板人品端正，自然愿意一门心思跟着我们干。

古礼虽然很多内容已经不合时宜了，但是礼的精神却始终不会过时。只要人的欲望不能被极大地满足，那么不平等就必然存在。追求平等，需要的不是打破礼，恰恰是发扬礼的精神，制定与时俱进的礼。通过这些礼，限制既得利益阶级，同时要让他们做出表率，弘扬该弘扬的，抑制该抑制的。

直到有一天，全人类团结一致，使得物质极大丰富，人的求生欲、繁殖欲这两种私欲被极大满足之后，我们就会迎来真正的平等。而人类将前所未有的高度文明结合在一起，形成一个文明共同体。届时，剩下的只有求知欲和美欲，与私欲相对的，我们叫它们"通欲"，是全人类共同拥有的欲望。为了满足"通欲"，我们只有一件事可做，那就是追求"道"，即为宇宙建立完美的模型。

对团队为什么要追求人尽其才

圣人无常心，以百姓心为心。善者，吾善之；不善者，吾亦善之，德善。信者，吾信之；不信者，吾亦信之，德信。圣人在天下，歙歙为天下浑其心，百姓皆注其耳目，圣人皆孩之。（第四十九章）

这应该是全书最难理解的一章了，因为看起来像是前后文自相矛盾了。同时又是全书最重要的一章，因为它揭示了一个天大的"秘密"。

"圣人无常心"，这个好理解，因为圣人心里只有道，没有功利之心。但是，"以百姓心为心"可就不好理解。百姓，这个词在老子那个年代指的是诸侯、士大夫，并不是全体人民。那时候只有贵族才有姓，平民是没有姓的。所以，百姓，就是字面那个意思，几百个姓的贵族。所以，老子这句话适用的范围并没有那么广，实际上说的就是君主对贵族。

为什么强调这个呢？因为把范围缩小到贵族，我们比较容易理解老子的意思。贵族在当时基本上是衣食无忧的，因为私欲容易被满足，所以他们更有可能追求一些更高尚的东西。而平民还是需要辛勤劳动才能保证不受冻挨饿，让他们去读《道德经》，显然也不现实。所以，老子这里也仅仅针对了贵族。我们先以贵族为例去理解，理解之后再扩展到广大人民自然也没问题。

这些贵族里面有善的，君主要让他们更善，不善的，君主也要让他们变得善。用现在的话说，叫不抛弃不放弃。有人可能要问了，这不是以德报怨了吗？跟孔子说的以直报怨是不是冲突？老子就知道有人会有此一问，所以接着马上补充了一句："德善"。之前不止一次地讲过"德"字，就是眼直、心直、行直，你看是不是说的都是直？没错，老子所说的"德"，与孔子所说的"直"是一个意思，老子还说过"报怨以德"，这个"德"就是"直"的意思。用现在话说，就是想清楚目标，别管人家怎么对我，我就一门心思奔着目标去，这就叫"德"，也就是孔子的"直"。

老子的这个"德善"，说的就是为了自己的目标而善，而不是别人对我不善，我偏要对他善的意思。后面的"德信"，也是同样的意思，就是我为了我的目标，该守信就守信，跟别人守不守信没关系，这就叫"德信"。

可能有的同学会发现另一个问题了，前面讲的不是"圣人以百姓为刍狗"吗？既然都把他们当作刍狗，对你好但与你无关了，为什么这里又要以他们的心为心，一心为他们考虑了呢？发现这个问题的同学，恭喜大家，我们马上就要接近《道德经》中一个巨大的真相了。

刚才讲了"德善""德信"，说是直奔自己的目标，该善就善，该信就信，但问题是自己的目标是什么呢？当然是追求道了。既然是追求道，那又关百姓贵族什么事呢？

我问大家，追求道难不难？难吧？为什么难？因为要为宇宙建立一个完美的模型嘛！宇宙那么复杂，那么多维度、领域、方面，那么多细节，一个人怎么可能为它建立完美的模型呢？一个人就算皓首穷经地朝这个目标跑一辈子，能跑多远？不管跑多远都是杯水车薪，对吧？但是，一定要注意这个但是，是谁规定了这个模型就只能一个人去建呢？两个人合作共同建立行不行？一个人跑了三千米，另一个人继续跑三千米，这不就是六千米了吗？如果十个人呢？如果一百个、一千个乃至全天下的人呢？

为什么要写《道德经》？作为深刻理解了圣人之道的人，老子当然不屑于对我们这些"刍狗"施以恩惠，所以他有且仅可能有一个目的，那就是把我们这些"刍狗"教育成"圣人"，然后跟他一同去追求道。一人之力微不足道，但合亿万人之力，历经千万年迭代之后，其成果必然不可小觑，这就是老子讲的"弱者道之用"，即量变引起质变。

明白了这一点，我们才能彻底地理解《道德经》，理解老子，以至于理解一切"圣人"。他们对我们好，德善、德信、报怨以德，可不是爱心泛滥，背后隐藏的就是这个巨大的目的，他们想把我们培养成跟他们一样的"圣人"，让我们同他们一起去追求道，去为宇宙建模。他们不再关注私欲，全心全意地求知、求美，完完全全地只在追求通欲。所以，即便他们的主观目的不是为我们好，但是他们客观上确实对我们有恩。而我们要如何报答？想方设法去满足人家的私欲吗？人没有私欲，我们怎么满足呢？那怎么办？唯一的办法，就是同样不再关注自己的私欲，成为跟他们一样的人，仅仅求知、求美，一心为宇宙建模，也就是去追求道。

圣人对于天下，尽可能地收敛他们的私欲，使大家回归浑然天成的淳朴状态。让百姓只关注耳目，也就是不再关注口腹之欲，多听多看，为建模积累素材。于是，百姓就回归了"婴儿"状态。孩之，使动用法，使之孩。孩，婴儿还不会笑称为孩。这还是我们熟悉的"婴儿"的意象，不但老子喜欢用，孟子也喜欢用，他的说法叫"赤子之心"。

为什么宗师们都这么喜欢婴儿、赤子这个意象呢？因为婴儿吃饱了，就别无所求，绝不会想着去争名逐利满足更大的私欲。与此同时，婴儿对什么都好奇，见到美的就喜欢，见到恶的就厌恶，完全出自本能，毫无后天掩饰。

这正是圣人们求道的状态，忽视掉私欲，仅仅追求知识与美罢了！

如何把握管理中的"度"

> 其政闷闷，其民淳淳；其政察察，其民缺缺。祸兮福之所倚，福兮祸之所伏。孰知其极？其无正，正复为奇，善复为妖。人之迷，其日固久。是以圣人方而不割，廉而不刿，直而不肆，光而不耀。（第五十八章）

"水至清则无鱼，人至察则无徒"，《礼记》和《道德经》再次撞车。有人把这句话理解成做人不要坚持原则，要圆滑世故，尽量随大流，能同流合污就同流合污。这种人没弄清楚一个问题，对别人宽容就一定要对自己宽容吗？两者显然不挨着嘛！这句话说的是对他人不能吹毛求疵，人非圣贤孰能无过？我们盯着别人挑毛病，当然没有一个人是好人。不是说圣贤是完美的吗？为什么又说没一个是好人？那是因为圣贤不是活人，死了就不会再犯错误，所以怎么立牌坊都无所谓了。可你见过有活着敢称圣贤的吗？除非想自绝于天下，否则怎么能允许在自己活着的时候立牌坊呢？本来好好的一个人，被牌坊一压，也就活不了多久了。

别说挑别人的毛病容易，挑自己的毛病也容易。按理说，自己都知道自己有毛病了，还不改吗？有些还真的需要很长周期才能改，例如价值观。有些今天改了明天还会犯，例如损人利己、死要面子等。以至于，有些人对自己太苛刻，连自己的毛病都容忍不了，最后还得了抑郁症。

严于律己，宽以待人，大体上来说是好事，但是也不能做得太极端，严苛到抑郁症也不行。用老子的话说，就是"祸福相依"。看着是好事，没准隐藏着祸患；看着是坏事，没准又隐藏着机遇，用现在的话说，就是剧情反转。可转来转去什么时候是个头呢？答案是没有尽头。

正过头了就变成了奇，清正廉洁是正，可清廉过头，就成了"无事袖手谈心性，临危一死报君王"，占着茅坑不拉屎的清官要他何用？公司里面不是也有摇头党吗？看起来坚持原则，刚正不阿，不论什么项目都只是一味地摇头挑毛病。问他建议他们没有建议，就是觉得不行而已。但是如果摇头有用，为什么不雇个脑血栓大爷专门摇头呢？

善过头了也会变成妖，油炸食品好不好吃？吃多了是不是高血脂高血压就都来了？科技发展好不好？核弹够毁灭人类几百次了。发展生产好不好？经济危机来了，牛奶不都倒进河里了？公司扩大规模好不好？看看自己的现金流，是不是命悬一线了？

不是说这些就不好，而是说没有节制地走极端不行，眼前看是福，可后患怎么办呢？可人偏偏就喜欢走极端，从古至今一贯如此，简直是狗改不了吃屎。

要如何做？学会平衡自己。太过刚正就在语言上平和一些，这样才不至于伤害别人；太廉洁就在行动上尽量让利给别人，这样就不会损害他人；太耿直就憋着少说话，这样就不会显得放肆；太优秀就表现得低调再低调，这样就不会晃瞎别人的眼。

老子是在强调凡事都要掌握一个度吗？是的，但这是第二步，做到这一步之前，我们要先做到"反求诸己"。你看，老子可没有去要求别人怎么样吧？老子说的都是让我们自己平衡自己，不能与人同流合污，也不能严苛到得了抑郁症。

君主如此，便是百姓之福，老板如此，便是公司之福，人人如此，便是人人之福。

为什么说管理不能"瞎折腾"

治大国若烹小鲜。以道莅天下，其鬼不神。非其鬼不神，其神不伤人。非其神不伤人，圣人亦不伤人。夫两不相伤，故德交归焉。（第六十章）

一句话概括治国，叫"不折腾"。"烹小鲜"，又是一个很经典的意象。

小鲜，就是小鱼。小鱼要怎么烹饪？放进锅里就别动了。鱼小肉也嫩，乱动就碎了、没法吃了。那小心点，用勺子一条一条地翻行不行？太多了，哪翻得过来呢？担心不翻个，鱼熟不透怎么办？都是小鱼，容易熟，倒是你要控制好火候，控制好水，别烹煳了才是真的。

之前讲过"静"，讲过"无为而无不为"，烹小鲜只不过换了个比喻而已，意思还是那个意思。做到了烹小鲜，也就顺应了道。后面这些鬼啊神的，权当是比喻吧，老子那个年代确实有认知局限，说出点迷信的东西，我不刻意掩饰，也别抓住不放。现在不也有不少人，拿着漫画英雄做比喻嘛，也犯不着说人家迷信，对不对？重要的不是比喻本身，还是要顺着手指去看方向。

怎么让神鬼不伤人？其实现在的中国就是个很好的例子。人人有书读，人人有活干，大城市的机会尤其多，人满为患。大家都有机会赚钱，甚至还有机会发财，每天都跟打了鸡血一样，恨不得走路都用跑的。忙成这样，你觉得还有人琢磨鬼神的事吗？

据说有个瑞典姑娘得了抑郁症，医生说因为瑞典人烟稀少，黑天又长，对心理健康有影响，建议这姑娘找个人多的地方生活一阵子。于是她就来北京了。天天挤地铁上班，中午排队吃饭，下班去超市抢购，然后排大长队结账……半年之后，抑郁症好了，不但好了，而且变得没心没肺的。

鬼啊、神啊这些东西，其来源就是古时候人烟稀少，天灾人祸频发，人们精神压力大。压力大了，人就容易产生臆想，所谓臆想，就是白天也能出现幻觉，也就是通常说的白日做梦，只不过是噩梦。这些人不知道自己是臆想，于是就把幻觉当成了真实的鬼神。因为他们确实幻想出来了鬼神，所以也就容易让人相信。"某某某亲眼看到鬼了"这种事一传开，大家自然就信以为真了。

老子说得没错，老板们把公司制度设置好，自己别瞎折腾。员工自然会努力工作，能赚钱谁不玩命干呢？业绩做上去了，公司做大了，大家从早到晚忙不停，努力就有收获，丰衣足食，那时候大家相信的就是自己的双手，谁还有工夫去迷信"鬼神"呢？达到这个状态，就是"德交归焉"。

员工教育对于公司来说有多重要

道者，万物之奥，善人之宝，不善人之所保。美言可以市尊，美行可以加人。人之不善，何弃之有！故立天子，置三公，虽有拱璧，以先驷马，不如坐进此道。古之所以贵此道者何？不曰以求得，有罪以免邪？故为天下贵。（第六十二章）

"奥"，指房子里供奉神灵的地方。古时候，人们认为房屋的西南角是神灵之所居，是风水宝地，所以一般家里的老人会住在那里，称为"奥"。"道"，是化育万物之地，是善于追寻之人的宝藏，也使得不善于追寻之人得以保全。

美言可以换来尊重，美行可以使人成长，既然人是可以改变的，为什么还要放弃不善之人呢？所以才会有天子、三公，他们的职责就是教化万民，使人向善。就算是四匹马拉着的巨大美玉，也不如教化百姓使之成为有用之才来得宝贵吧？

古时候为什么以教化百姓为贵？不就是因为百姓受到教化，可以免除罪过，成为有用之才吗？所以，这才是天下最重要的事情啊。这是老子的教育观，以人为本，不抛弃，不放弃，人尽其才，物尽其用。

老子是把百姓当刍狗的人，怎么又唱起了高调呢？这可不是什么高调，在当时的条件下，这是最有效的治国之道。春秋时期，中国人口大概就是千万，那时候真的是地广人稀。我们看当时地图，上百个国家，密密麻麻、满满当当，就误以为当时中国也像现在一样，人满为患。但是你仔细看，有没有发现什么问题？哎，当时的国家怎么没有国境线呢？所谓国家，就是在地图上标了个名字，有那么一两个城，其他就什么都没有了。

你以为是年代久远，国界不可考吗？并不是，而是那时候的所谓国家，根本就没有边界。没有边界就不怕被别的国家侵占领土吗？还真不怕，当时有的是无主之地，国与国之间是大片的荒山野岭，别说人了，连路都没有，这种地方谁会担心被别人侵占？恐怕花钱请人侵占人家都不去，因为占不住嘛，去了也只能被饿死。

这种条件下，人就成了最重要的资源。有了足够的人，才能去开垦荒地，扩大生产。那时候，一个大国也就几十万人，小国只有几万人，怎么才能充分利用这点人就成了首当其冲的问题。每个人必须辛勤劳作才能吃饱穿暖，也必须与人为善减少内耗，才能实现增长。所以，君主们没有资本挑肥拣瘦，必须尽其所能地教育好每一个人，一万人的小国，一个人勤劳还是懒惰，里外里就差出去万分之二了，影响是极其显著的。

从成本考虑，教育一个人比生养一个人成本还是要低很多的。生孩子本身就有风险，难产的话反而还少了一个人。生了孩子就要养育，又是十几年的投入，不光孩子只吃饭不干活，大人也得花时间照顾，里外里劳动力减少的可不少。投入这么大增加一个人口，万一好吃懒做、游手好闲呢？有那么几百个"废材"，没准一个小国就亡国了。所以，无论如何都要把教育抓起来才行。

我们今天了解这些，除了图个新鲜，对指导现实生活有什么帮助呢？作为父母，如何重视子女教育，都不为过。当然，在当代中国，这事好像就用不着操心了。不过态度虽然个顶个模范，但关注点不能只放在结果上，更应该放在方法上，放在过程上，就是老子所说"美言可以市尊"和"美行可以加人"。

作为公司的老板，员工教育也是个大问题。我们先不说那些高大上的东西，就算个小账。招聘一个员工需要多少成本？下载简历需要钱，面试需要时间，整个过程需要投入人员来协调。入职之后，真正上手得几个月，适应公司氛围、融入环境得小一年，达到高产出之前实际上我们一直都是亏本的。如果这个人干一年走了，再招一个，是不是就彻底亏了？不光亏了，而且亏大了。

一个小公司，也就那么几十人，分到一个部门可能就几个人，其中一个掉链子，影响的就是几分之一，公司能承受得了这种损失吗？所以，越小的公司，重新招人的成本就越高，对人的容错能力也越低。怎么办？只能是教育好每一个人，用好每一个人，把每一个人都培养成优秀人才去独当一面，让每一个人融入公司文化，认可公司，与公司共进退。

现在我们知道员工教育的重要性了，那要怎样教育？就是讲过的嘛。行不言之教，后其身，外其身，搭好台子，支持员工去唱戏，散财聚人，抓大放小。

什么是团队的内功

用兵有言："吾不敢为主而为客，不敢进寸而退尺。"是谓行无行，攘无臂，扔无敌，执无兵。祸莫大于轻敌，轻敌几丧吾宝。故抗兵相加，哀者胜矣。（第六十九章）

这一章直接读容易让人费解，不如我们看看孙子是怎么说的。"昔之善战者，先为不可胜，以待敌之可胜。不可胜在己，可胜在敌。故善战者，能为不可胜，不能使敌之必可胜。故曰：胜可知，而不可为。"孙子这一段，就是对老子用兵之法最好的注释。

"不敢为主而为客"，就是"先为不可胜"。不敢贸然主动发起进攻，而是把自己的防守做好，让自己无懈可击，然后像客人一样，静观其变。不敢进寸而退尺，就是"以待敌之可胜"。把自己的防守做好之后，要静待时机，引诱敌人露出破绽。一旦敌人露出破绽，我便攻其要害，一招制敌。

为什么不可胜在己？因为排兵布阵是自己说了算，振奋士气是自己说了算，调整心态是自己说了算，训练士兵也是自己说了算。只要战场外的功夫下足，上了战场就可以把防守做得滴水不漏，使自己立于不败之地。

怎么才算功夫下足？士兵行军布阵已经被训练成肌肉记忆，不用指挥就可以自动自觉地列阵，这叫"行无行"。战斗意志顽强，不用袒露右臂，不用举臂高呼，就斗志昂扬，这叫"攘无臂"。两军对垒，异常冷静，没有仇恨，没有任何情绪波动，只是按照部署执行任务，这叫"扔无敌"。日常严格训练，刀马娴熟，拿着兵器却像没有拿，因为兵器已经与人融为一体，可以随心所欲，这叫"执无兵"。

老子的生平实在隐藏得太好，以至于我们没有办法知道他做过什么。但从这段用兵之法来看，我们很难相信这是一个完全没有带过兵的人想象出来的，因为他说得实在太具体了。

我虽然也没带过兵，但带过篮球队。篮球队虽然比军队简单得多，但也可以从中体会到用兵之法。篮球场上形势瞬息万变，所以绝对不会有一个所谓的"完美阵型"。不论是防守还是进攻，都需要根据对方的战术、我方队员的组成和状态随时进行调整。这么频繁的调动，难道靠教练或者队长一个一个地指挥吗？根本不可能。靠的就是平时训练的几套战术，再结合场上局势进行灵活应对。一会儿联防，一会儿人盯人，一会儿又全场紧逼，目的就是不让对手摸透我们的防守，这样他们就没有特别好的进攻机会。在战场上阵型就是战术，不可能一个阵型从头打到尾，靠的也是平时训练的那几套阵型在战场上的随机应变，所以就叫"行无行"。

好的队伍，是善于保持斗志的。比赛之前不用教练花太多时间鼓舞士气，每个人都很兴奋，大家只有一个信念，那就是赢球。为什么会有这种信念？

因为平时训练付出了汗水，对自己的球队有信心，对队友有信心，对篮球有热爱，对胜利无限憧憬。打仗也是一个道理，如果士兵训练不足，身边的人都不认识，让他们信赖这些战友跟他们一块去玩命，他们敢吗？没准上了战场腿就软了，别说打仗了，可能动都动不了。就像打篮球，比赛开始了，队里全是菜鸟，没见过大场面，紧张得浑身僵硬，腿都迈不开，人家一波小高潮就可以把你打崩，然后就没有然后了。冷兵器时代跟打篮球差不多，士气是最重要的，所谓"一鼓作气，再而衰，三而竭"，这就是所谓的"攘无臂"。

打篮球，教练最讨厌的队员就是不带脑子、容易冲动的。这种队员往往被对方挑逗一下，就失去理智了，开始斗气、蛮干、单挑，结果当然行不通，教练会把他果断换下来。如果换晚了，就会被对方抓住这个漏洞穷追猛打。脑子不清醒，就防不住，越防不住越犯规，越犯规越放不开手脚，很快就会被打爆。一个点打爆，很可能一场比赛就带走了。篮球尚且如此，战争可是以命相搏，更要慎之又慎。如果有哪一支不对，脑子发热杀红了眼，很容易会被对方诱敌深入，而一旦掉进陷阱可能就全军覆没。局部被突破，人家就会趁机扩大战果，很快战争就此结束。所以，不论在战场上，还是球场上，都不可以被情绪所左右，"善战者不怒"。怎么才能不怒？不把敌人当敌人，没有杀人的欲望，只有取胜的目标，自然就不会怒。不怒就可以执行战术，训练程度相似，比的就是谁能更好地执行战术，这就叫"扔无敌"。扔，之前讲过，这里就是接战之意。

篮球技术训练到什么程度才算达标？要做到"人球合一"。这可不是夸张，当我们把技术训练到一定程度，确实会感觉篮球就是身体的一部分。运球的时候，仿佛手与球之间有千丝万缕的连线，可以把球牢牢地控制住；投篮的时候，不管离篮筐多远，感觉就像自己的手臂伸长到篮筐边上把球"拨"进去；走上篮球场，有一种回家的感觉，无比熟悉，无比亲切。士兵操练，大体也是如此，他们要与兵器融为一体，感觉兵器就是自己手臂的延长，操纵起来得心应手、随心所欲。握着兵器就好像抓住了命运，无比踏实，只要有兵器在，谁能拿我怎么样？只有训练到这种程度，球员才有底气上球场，士兵才有底气上战场，这就是"执无兵"。

　　轻敌是球场大忌，也是兵家大忌。尤其对于不熟悉的队伍，千万不要以为自己练得好就可以为所欲为。我每天练八小时，人家就可以练九小时；我每周练五天，人家就可以练六天。本来势均力敌，但我们轻敌了，上去猛攻猛打，想一鼓作气拿下比赛，可对方早就预备着了，防守反击试探虚实，结果我们中招了，不用多，被连着防三个，人家打三个反击，场上队员马上就懵了。再一再二不再三嘛！本队三次都打不成，球员就会有一种"撞墙"的感觉，士气会一落千丈，很可能整场都恢复不了，直接被带走了。

　　打仗只会有过之而无不及。篮球被防下来三次就会崩盘，打仗冲击对方阵地，三次冲不垮，前排精兵死的死伤的伤，后面凑数的看在眼里，还不是万念俱灰？于是只能一心想着逃命或者等死了。所以，轻敌就是拿士兵的性命开玩笑，就是浪费民力国力，就是穷兵黩武、好大喜功。老子的三宝是什么？一曰慈，二曰俭，三曰不敢为天下先，一朝轻敌，三宝丧失殆尽。

　　两军对垒，只有怀着敬慎之心，怀着保家卫国之心，怀着伸张正义之心才能在战略上取胜。重视对手，"能为不可胜，不能使敌之必可胜"，然后"静待敌之可胜"，如此才能在战术上取胜。这就是孙子最后总结的"胜可知，不可为"。老子说"无为无不为"，孙子说"可知不可为"，孟子说"反求诸己"，盖异曲同工之妙也。

为什么公司文化可以极大降低人力成本

　　民不畏死，奈何以死惧之？若使民常畏死，而为奇者，吾得执而杀之，孰敢？常有司杀者杀。夫代司杀者杀，是谓代大匠斫。夫代大匠斫者，希有

不伤其手矣。（第七十四章）

老百姓如果不怕死，怎么还能用死恐吓他们呢？老百姓为什么不怕死？因为君主的所作所为让他们生不如死。食不果腹，衣不蔽体，妻离子散，家破人亡，活着没有尊严，过着猪狗不如的生活。如此，与其活着，倒不如死了。老百姓真要是被逼到这个分儿上，那就只能等着陈胜的至理名言，"今亡亦死，举大义亦死，等死，死国可乎？"。

如果能让老百姓怕死，这事就好办了。怎么让老百姓怕死？丰衣足食，幸福安康，家庭和睦，人人平等，人人自由，过这种日子的老百姓会舍得去死吗？如果大家都过上了小康生活，可还有人投机取巧、罔顾法律，我就把他抓起来杀了，试问谁还敢犯法作乱？

杀人，必是不得已而为之，要慎之又慎。能不杀就不杀，宁肯放过，绝不能错杀，就更不要说滥杀了。所以，只有"司杀者"才有权力杀人。谁是"司杀者"？不是一个人，也不是一个官衔，而是一种制度，是法。而法源自德，德源自道。所以，杀人必须符合于德，德符合于道。

如果不是按照制度杀人，而是凭一己好恶杀人，那就成了代替能工巧匠去砍削木头，很少有不伤到手的。前面讲了民不畏威，讲了勇于不敢则活，这一章讲的就是对于刑罚要谨慎，要"勇于不敢"。该杀的杀，这叫"勇"，不滥杀则是"不敢"。

君主离我们太远，创业离我们很近，老板们要如何治理公司？"使民畏死"，在公司来说是让员工害怕失去工作。如果员工个个都不想干了，我们还怎么指挥人家干活呢？怎么让员工害怕失去工作？物质上是薪酬待遇，精神上是企业文化，二者缺一不可。

有人以为只要钱给足，员工就会死心塌地地卖命。可什么是"给足"呢？我给一万，就有人给一万五，我给一万五，还有人给两万。在市场上与我竞标的是成千上万家公司，我能保证始终给出最高的薪酬待遇？就算做到了，成本也会虚高。价格围绕价值波动，给到最高就意味着价格已经偏离了价值，并且偏离到了极限，那样的话离倒闭也就不远了吧？所以，最好的做法还是按照公允价值来确定薪酬福利。

那么如何抵消价格波动带来的人员流失？这就要靠企业文化了。一个简单、理性、共赢、以人为本的企业文化会大大降低员工间的沟通成本、提高工作效率。工作效率的提升不仅使得公司受益，同时也使得员工快速成长。一个整天钩心斗角的人，就算工作了十年、二十年，他也只是累积了钩心斗角的经验。他可能擅长搬弄是非，擅长甩锅，擅长玩手段、搞政治，唯独不擅长解决问题。这也不能怪他，因为他从来没有训练过解决问题嘛！而一个每天都在发现问题、解决问题的人，有个一年半载就可以超过那个"政治高手"。而大多数公司需要的是解决问题，而不是搬弄是非。

如果企业文化可以使员工得到快速成长，那就变成了跳槽的机会成本。说白了，就是现在跳槽每个月可以多赚三千块，但是从此以后没有办法再涨了，一辈子都是这个价。可如果在这里锻炼三年，三年之后每个月可以多拿一万。是你的话如何选择？显然是选择后者，对不对？后者的总收益明显更多，这叫磨刀不误砍柴工。况且，磨刀的时光也是美好的，每天看着自己成长，那种喜悦不是用钱可以衡量的吧？

具备了以上的基础，员工们自然珍惜眼前的工作，害怕失去工作。这时候，我们根据规章制度，把那些偷奸耍滑、投机取巧的害群之马抓出来，开除他们。请问，谁还敢再犯？其实已经不是敢不敢犯的问题了，而是人人都为开除了那害群之马而拍手称快，解决了这些搅屎棍，公司文化更纯粹，效率更高，员工工作得更开心，收获也更大。

是谁开除了那些搅屎棍呢？不是某一个人，也不是某一个部门，而是公司制度。公司制度源自公司文化，公司文化又是人心所向。心存目标，直奔目标，就是德。众人一心，便是公德。那个一致的目标，就是追求道了。

如何处理团队中的争端

和大怨，必有余怨，安可以为善？是以圣人执左契，而不责于人。有德司契，无德司彻。天道无亲，常与善人。（第七十九章）

仇怨是无法消解的。大的仇怨看似被调和了，其实它只是变成了其他形式暂时被掩盖了而已，这就是我们常说的"祸根"，所以又有了一个词，叫斩草除根。可是，偏偏越想斩草除根，就越除不了根，反而会因为把事情做得太绝而引起更多的反抗，到最后变成了"官逼民反，不得不反"。

我们的团队中是不是经常有这样的人？讨论问题，自己发现别人一个漏洞，便开始攻击。哪怕人家已经认错开始寻求意见，可这位还是不依不饶，最后把对方气得咬牙切齿，那时对错已经不重要了，既然你非要赶尽杀绝，那我们就只能"狭路相逢勇者胜"了。于是本来可以解决的问题没有解决，倒是又多了一对冤家。这时候想缓和情绪已经晚了，就算暂时安抚住了，你放心，以后这两位都别想再合作了，一定是有你没我、势同水火。这么做有什么好处吗？自己生一肚子气不说，还多了一个冤家，真是有百害而无一利。

圣人的做法是，占据优势，但却不责难别人。契，古人通常是在木简、竹简上刻字，把合约内容一式两份写在两边，中间刻上记号。然后把简从记号中间剖开，一人一份进行保管。两片半简合起来就是一个完整的记号，这就是"合同"的由来，中间那个记号相当于现在的骑缝章。古人以左为阳、为上，所以"执左契"就相当于今天的"甲方"，也就是比较强势的一方。

但是签署了契约，就可以凡事拿契约照章办事得理不饶人了吗？也不是，契约只是一个底线，是一种威慑，就好像核武器，只有在没有发射的时候才能吓唬人，发射出去了谁还怕你呢？大不了同归于尽嘛！所以，圣人是不会按照契约苛责于人的。有理让三分，对方本来就理亏，又看到人家如此宽宏，自然就会心服口服，努力去完成契约。这样就不会产生怨，只有预防了怨，才不会留有余怨，这叫"为之于未有"。

古代如此，现在难道不一样吗？所谓合同，只有在法庭上才有意义。不上法庭，就没有办法强制对方执行。就算我们占理，可把对方逼急了，人家就来一句"你去告我好了"，然后怎么办？真的去告他吗？很多时候，告赢了损失反而更大。因为彼此彻底撕破了脸，对方样样都不配合，事事跟我作对，一个案件拖个三年五载也是常事。有争议的业务肯定没法继续了，没争议的难道还能继续吗？我都把人家告上法庭了，还想跟人家合作？

所以，不到万不得已，还是要本着合作共赢的原则去协商解决问题。真到了万般无奈，要对簿公堂的时候，双方的损失就都已经无可避免了。这就是"有德司契，无德司彻"。有德的做法是，依据契约进行合作，用契约进行道德上的威慑，但轻易不付诸实际行动。无德的做法是，得理不饶人，每件事都去抠契约里面的条款，找毛病挑刺，甚至故意引诱对方违反条款，然后去诉诸法律。这就变成了碰瓷、讼棍。彻，甲骨文的字形是一只手拿着一个器皿，指付诸行动。

说到底，这是在另一个侧面来解释德的应用，心直、眼直、行直。想清楚双方合作的目标，这个目标一定是共赢的，如果损人利己那说明心眼歪了，心都不直后面就都直不了，《大学》里面说"诚心正意"就是这个意思。起跑姿势不对，别说跑第一，能跑下来不摔跤都算不错。既然是合作共赢，那就盯着这个目标去努力，别去挑三拣四，找茬挑毛病，专挑毛病眼就斜了，眼斜了还能行得直吗？跑步的时候扭头看观众，能跑到终点？眼睛看着前面却横着跑，免不了与人家直行的撞个人仰马翻，不进医院就不错，更不要说跑到终点了。设定好目标、眼里只有目标，脚下的行动也要朝向目标。

"道"没有亲疏远近，对谁都一样。谁善于追寻道、符合道，谁自然就会无往而不利。怎么才能符合道呢？靠的还是修德，构建价值观，不断的迭代，使之完备、自洽。边修德，边践行德，或者应该说，践行德才是修德，光凭脑子想而不去做，最后只能"思而不学则殆"。想要知行合一，还要事上磨才行。

团队内部钩心斗角是因为我们没有做到这一点

不尚贤，使民不争；不贵难得之货，使民不为盗；不见可欲，使民心不乱。是以圣人之治：虚其心，实其腹；弱其志，强其骨。常使民无知无欲，使夫智者不敢为也。为无为，则无不治。（第三章）

这句话历来争议比较大，很多人以此批判老子愚民。我们现在提倡"唯物主义历史观"，其前提就是要把历史事件放到当时的历史背景下去研究，说白了就是不能断章取义、关公战秦琼。

那么这章的背景、上下文是什么呢？老子是周朝的国家图书馆馆长，这应该是类似现在的智囊团一类的部门，主要为周天子和朝廷提供咨询服务，所以，老子的这些为政治国理念的主体应该不是来自于他的亲身实践，而是来自于典籍，有说是来自于《金人铭》的。

相传这个《金人铭》就是历代天子的治国经验的总结被凝练成了警句，刻在铜人或者铜器上面，这样就可以长久保存，供继承人参考。不管金人存在与否，这种警句存在的可能性是很大的，就是后来被叫作"帝王心术"的东西，其实也没什么可神秘的，就是天子、帝王们代代相传的"家学"。

不知道大家有没有发现，我们从校园步入社会，很多社交尝试都只能自己从头摸索，很多时候茫然不知所措。但是古时候可不是这样的，父母会教孩子做人，教得好不好暂且不论，但是年轻人过河，还是能摸着石头过的。例如很多俚语，"南京到北京，人生话不生""抬手不打笑脸人"之类，听过了就算有了切入点，起码知道多聊聊、多笑笑，更高级的还有家语、家训、祖训等，这就是传统的"家学"。

下一代就不一样了，经历了三代人的积累，也可以出贵族了。越来越多的家庭开始把自己的人生经验加以总结，重新形成"家学"去辅助子女走向社会，先别管做得好不好，得先有了才行，有了切入点，做出一个基础之后，就可以不断迭代，一代人迭代不好，十代人呢？别说一个家族，就是一个民族，一个文明都是这样迭代出来的。

回到刚才的问题，不管有没有《金人铭》，老子作为国家图书馆馆长，帝王的传世之言肯定是能看到的，这些应该就是他思想的基础，甚至很多语录，很可能是他转载或者加工了历代帝王、圣贤的名人名言，加上一些他自己的感悟之后传授给了关令尹喜，再由尹喜编撰成书，于是有了最初的《道德经》。最初《道德经》的目标群体绝不可能是普通老百姓，而是给君主们看的。

从另一面看，以当时生产力水平，一本书得多少钱？老百姓怎么知道有这本书？去哪买？识字的有几个？能认全这五千字吗？饭都吃不饱，看这个有什么用？所以，我们站在当时老百姓的角度看，这本书他们根本接触不到，更不会是主要读者。所以，老子绝对不会通过书去跟老百姓对话，老子可能甚至都想不到，几千年后，会有这么多平民百姓读他的书，所以直接愚民是不可能的。

那可不可能是在教上位者愚民呢？我们看看他对统治者说了什么不就知道了？"不尚贤"这个说法跟后来儒、墨大力提倡的"尚贤"不是冲突吗？还是那句话，读书切忌断章取义，不能单独拿出来三个字就批判人家，还是要老老实实地放在上下文里，联系全篇去看人家给我指的方向，而不是去纠结人家的手指。

统治者不要把活人标榜成"贤"，什么是贤？上从臣从手，下从贝，就是用眼睛盯住、用手管好祖辈留下来的财产，后来引申为能够守业。有贤就有不肖，之前讲过矛盾总是成对出现，对吧？什么是不肖，就是不像，最常见的叫"不肖子",就是败家子。

什么意思呢？就是不管我是家长、老师还是老板，都不要去给活人立牌坊。

我们说这个儿子好，那其他子女怎么想？说他好，就是说我不好呗？你当父母的偏心啊，他昨天还多吃了一口肉呢，你还护着他？那好，既然你说我不好，我就不好给你看，自暴自弃算了。而且，以后有什么事，你也别来找我，他好，你找他去呗；他有啥需要，我肯定不会帮忙，因为他好我不好，我怎么能帮他呢？你看，顺理成章地就成对立面了。

上学的时候，你见过有同学愿意跟老师钦定的"好学生"一块玩吗？反正我们那时候没有。你以为是嫉妒人家？远不是嫉妒那么简单了，我们认为"好学生"是叛徒，是老师的"鹰犬"，上课看小说被举报肯定是他干的。所以，"好学生"通常没有好人缘，甚至过一段时间，老师都没法再表扬他了，因为下面坐着一屋子表情不屑的"坏学生"。这是"好学生"的问题吗？不是啊，他也是受害者，人家只是老实听话、人畜无害呀，怎么就被孤立了呢？就是我们这个老师害的。

管理团队也是一个道理，我不知道得有多么无畏，才敢在团队里树立标杆。有人说业绩标杆、销冠不是都有吗？那不能算"尚贤"，而是一个事实。人家数据摆在那，就算不标榜他，他也是销冠。怎么分析问题？一定要分清楚哪些是事实判断，哪些是价值判断，如果这个搞混了，就没办法沟通了。什么叫价值判断？就是好坏、美丑、善恶等等不可量化、没有坐标系的形容词。例如，小张一心为了公司，天天加班最后一个走，我们要向他学习。你放心，说完这句话所有的目光就会齐刷刷盯住小张，有人嫉妒，有人好奇，干的活差不多，怎么他就被领导表扬了呢？于是大家纷纷盯着小张学，他加班大家也都加班。可是怎么可能一个公司，一年365天，天天都有那么多事需要加班呢？小张也有清闲的时候啊，但是都被领导捧起来了，骑虎难下啊。怎么办？没活的时候就只能干耗。于是，盯着的眼睛们发现，原来这货就是"耗"出来的呀，那我们也耗呗，谁怕谁？于是一个比一个能耗，逐渐地，小张熬不住了，因为太无聊了，而且大家私下里传他就只会耗时间。于是小张只好白天少干点，留着活晚上加班干。想白天没事干不又被人说闲话？于是小张只好想方设法地摸鱼。群众的眼睛是雪亮的，摸鱼还想立牌坊？于是闲话"小张不但加班加得好，摸鱼更是个一把好手"就流布开来。用不了多久，小张臭了不说，团队也人心浮躁，毁掉一个团队原来这么容易。

牌坊还是留给死人吧，死了什么都不知道，压在下面也不难受；活人还是算了，人无完人，活着就会犯错，犯错牌坊就倒了，倒了就会砸死人。

钻石那么贵，不就是石墨的同质异构体吗？金子如果不是人们把他当宝，谁会处心积虑去偷呢？玻璃不是也挺好的，有人把玻璃当水晶卖，还不便宜吧？水晶有人偷，可谁见过有人偷玻璃吗？

上学最怕什么？考试吗？排名吗？都不是，怕的是排名出来之后老师、父母看自己的眼神。如果分数只有自己知道，只是为了检验自己的学习成果，或者就算是测试考试能力吧，那样就不会有"别人家的孩子"，也不会有"好学生"，大家都不会盯着别人看，不会越看越眼红而自己的成绩却越来越差。就因为我们作为父母、作为老师表现出了自己的私"欲"，孩子的心就全"乱"。为什么乱了？因为他已经不是为了满足求知欲而学，他是为了满足我们望子成龙的繁殖欲而学，带宽都被恐惧占满了，哪还有精力学习呢？

那要怎么做呢？别总让他心里胡思乱想，装满各种欲望，而只是给他填饱肚子。别总让他盯着功利的目标，也就是"志"，心之止，即心满意足的地方，而是让他有点骨气，把精气神提起来。这样那个"意"就不会被求生欲、繁衍欲占据过多带宽，富余出来的就可以转向求知欲、美欲，去格物、去悟道。

争取让大家别成天一肚子花花肠子、满脑子歪门邪道，耍小聪明，穷奢极欲。如果没有一个人如此，那些想钻营投机的人也就不敢渔财猎色。

不刻意，就没有治理不好的团队。这是愚民吗？如果是的话，让他们愚得更猛烈些吧，民会争着抢着希望被"愚"的。可能有人会问，既然这是讲给管理者听的，我一个下层员工听它做什么呢？我倒是想问一个问题，我们这么确定自己就只是一个角色吗？这恐怕不可能吧。上下只是相对而言，一个人不可能一辈子只有一个角色，这些角色中必然有的在上位，有的在下位。自己对父母是下位，对子女就是上位；对领导是下位，对团队就是上位。

你说自己没有子女，没有下属？那起码要管理自己吧？自己就只有一个角色吗？在公司是员工、在校是学生、在家是子女，这几个角色总要有吧？几个角色怎么扮演？什么时候切换，是不是也需要管理？所以，最不济，我们的"心"也是自己几个不同角色的管理者。而真正上面再没有上位的恐怕只有我们的心了吧，因为我们的心是自由的。

既然是自由的，要如何选，在上位抑或在下位？就全凭我心了。

如何避免员工之间争功甩锅

道常无为而无不为。侯王若能守之，万物将自化。化而欲作，吾将镇之以无名之朴。无名之朴，夫亦将无欲，不欲以静，天下将自定。（第三十七章）

传统的《道德经》分为《道经》和《德经》，这章就是道经的最后一章。有些版本把《德经》放在前面，《道经》放在后面。

怎么看这种划分方式呢？个人认为，根本没必要。《道德经》全篇纯粹讲道的，其实就那么屈指可数的几章，其余大部分都是借着道在讲德，因为德就是我们在追求道的路上，自己心里那个半成品的道嘛。

《道德经》作为一部君主治国的教材，最终目的当然还是讲"如何做"。至于道是什么？我估计没有哪个君主真的会关心。老子没有用大篇幅去单独讲形而上的东西，应该也是考虑了读者因素。但是，又不能一点道都不讲，因为不讲道,德从哪来呢?体系不完善,说服力就不够。现在告诉我们,德就是模仿道,这底气就足了吧?一次性满格了,所以读者就不用再纠结理论依据够不够强的问题了。

例如这一章,"道常无为而无不为",看似说的是道,但后面马上"王侯"就出场了吧?所以,这还是教人怎么模仿道,那不还是德嘛!

前面批判过好多次好吃懒做之辈总是喜欢歪曲老子的意思,打着大宗师的旗帜混吃等死,说老子让大家"无为",所以自己就真的躺平,什么都不做了。可能也正因为太懒了,所以他连一句话都懒得看完,后边的"无不为"就被吃了。否则看到的话,倒是请他解释解释,躺平之后是怎么"无不为"的?

之前讲过,所谓的"无为",指的是不刻意而为,不急功近利而为。老子主张追寻着道去做事,可道"善利万物而不争",人家只是"不争",可不是什么都没做,人家是把所有事都做了。所以,这才叫"无为而无不为"。

为什么又描述了道?因为管理者修炼德还是要对着道的样子照做嘛。守住了道,万物自己就逐渐转向归附于我了。化,甲骨文的字形是两个人,一正一反,指一个人自己慢慢地调了个个。化与变是对应的,变,指通过外力使事物发生转变。化是自发的,变是外力使然;化的过程长,不易察觉,变的过程短,效果明显。所以,按照道行事,使万物产生的是潜移默化的转变,而不是突变。

在顺其自然的过程中,难免会产生贪欲,那么我就用"无名之朴"来镇住。镇,其字形是以金属压在一旁使其稳定。现在镇压一同使用,但是压其实和镇是相对的,指的是完全覆盖地压住。之所以用镇而不用压,是因为镇不是一种强力,而是一种旁敲侧击的柔力。这种柔力就来自于"无名之朴",什么无名?什么未经雕琢?只有道了。

我用道的无形之力把那些贪欲镇住,它们就会逐渐消散。当贪欲消散殆尽,人心便归于宁静。人心归于宁静,天下便可以自己运行于正轨了。

还是是有点抽象哈,我们放到生活中看。例如管孩子,希望他多读书,多学习,怎么办呢?天天逼着他读书,然后自己玩手机吗?你放心,他就算去读书了，也是装模作样而已，心里没准就在抱怨：你自己都不读书在那玩手机，凭什么让我看书？正确做法是，我们把手机放下，自己去读书。久而久之，孩子就会有样学样，自发自觉地学着我们读书，这就叫"自化"。

作为老板，最烦的是什么？是员工争功甩锅对不对？怎么才能把他们凝聚起来，让他们不要争功也不要甩锅呢？首先，有功我们自己就不能自居，把功劳给团队，尽可能地奖励，物质的、精神的都要有。尤其精神奖励没什么成本，要给足，发自内心地、不吝溢美之词地赞美他们。我们自己不争名夺利，反而把功劳全部让出来，在这种人格的感召之下，还有人好意思去争功吗？

甩锅这种事，总是需要一个锅的，这个锅从哪来？最初当然是从老板这里来。如果我们把问题都揽在自己身上了，团队还有必要甩锅吗？以上说的是我的心，也就是儒家说"诚意正心"的"正心"。把心摆正之后，当然还是要赏罚分明的。但是一旦自己的心正了，把自己应该承担的承担下来，其余不得已去处罚团队，挥泪斩马谡，才能让人口服心服。

为什么合作中要极力避免陷入"纳什均衡"

天下有道，却走马以粪；天下无道，戎马生于郊。祸莫大于不知足，咎莫大于欲得。故知足之足，常足矣。（第四十六章）

老子生活在春秋时期，礼乐崩坏，灭国过百，有"春秋无义战"之说，老子这一篇就是来劝架的。

天下有道，国家就不用养那么多战马，可以让老百姓用马去耕种。却，右边是一个跪着的人,表示屈服。走马,载人行走的马,指战马,耕种的马不载人。粪,指把种子撒播出去,就是播种,这个字后来异化得比较严重,不过那是老子之后很久的事情了。

天下无道,国家就要征用战马。春秋时期的战争还是以战车为核心,所谓千乘之国,就是有上千辆战车的国家。一辆战车需要四匹马,叫作驷,驷马难追就是这么来的。所以,打仗对战马的需求量是巨大的。而且,春秋之前,大家讲究的是"灭国存嗣"。说白了就是打你只是因为你这个君主无道,民不聊生,我是吊民伐罪。把这个君主赶走之后,这个国我不要,在这个国的宗族里面找一位贤明的人继续当国君。我不但不争夺利益,反而会帮助你治理国家。这就是所谓的"王道"。

但是,进入春秋时期情况就变了,各国君主的私欲开始膨胀,发动战争的目的已经不是吊民伐罪,而是土地兼并,扩充实力。所以,春秋开始的战争逐渐开始既灭国又灭嗣了。这个打法使得所有君主人人自危,因为这是真玩命呀,搞不好就灭门了,而灭门率之高也是耸人听闻的。春秋初期有一百多个国,春秋末年只剩了二三十个,其余一百多个都被灭了。在这种情况下,打起来那真是拼尽全力、以死相搏。

打仗一般在"郊"这个地方打,也就是城外不远的地方。因为举倾国之力用于战争,受孕的母马都被征调去打仗,以至于直接在战场上产下小马,可以想象一下,这是何等惨烈的情景。

当然,春秋时期各个诸侯还要点脸,多少会找点借口遮遮掩掩。所以,老子、孔子觉得还可以抢救一下,所以来劝架,想让大家冷静下来,回归王道。可王道是什么?是帕累托最优,也就是每个人在不损己的情况下积极利他,好是好,但这是一种不稳定的平衡。只要有一个人开始损人利己,这种平衡就会被打破。而由于私欲的存在,在长周期里面,这种事是必然会发生的。所以,这种平衡必须有一个强力进行维持,春秋之前这个强力是周天子。可维持自身实力来保持强力本就很难,而这个强力还需要公正无私,也就是要施行"王道",这可就难上加难了。历代周天子挺了四百年才进入春秋,这已经是个奇迹了，后面就真的带不动了。

一旦周王室稍显颓势，各个诸侯被压制的私欲便抬头了。从郑庄公开始，千里之堤溃于蚁穴。私欲这东西了就是星星之火可以燎原，一旦起了个头，后面就一发不可收拾。于是天下开始滑向另一种均衡，就是大名鼎鼎的纳什均衡，其经典模型就是"囚徒困境"。其实说白了，就是人心隔肚皮，人与人之间无法建立信任，所谓害人之心不可有，防人之心不可无，于是大家都把对方往最坏里想，自己做最坏打算，最后所有人获得一个仅次于最差的结果。

为了防人，宁可自己受点损失也要比被人坑了蒙受最大损失好，于是每个人都采取最保守的策略，这种策略可以保证即便遇到最差情况，我也不会有更多损失。所以，纳什均衡才是稳定的平衡状态，如果任由博弈自然发展，最终一定会稳定在纳什均衡的状态。在这种趋势下，再坚守王道分分钟就会被玩死，所以大家转而遵循"霸道"，说白了就是谁胳膊粗听谁的。

这让我想到谁了？是不是当今的美国，对，美国现在玩的各种"离岸平衡手"就是我们在春秋玩剩下的霸道。霸道有罪，因为它是通过压榨大部分人，来满足小部分人的私欲，这叫"罪莫大于可欲"。霸道带来灾祸，因为任由私欲发展，永远不会有满足的一天。不但满足不了，胃口还会越来越大。为了满足一己私欲，就要进一步压榨其他人。有压迫就有反抗，一群人红了眼要跟他玩命，离灾祸还远吗？霸道就会犯错，因为总是在追逐名利，总是渴望更多，自己争名夺利，别人就必然会跟他争夺，常在河边走，哪能不湿鞋呢？

有罪、有货、有咎，长此以往，必然万劫不复。那要怎么办？对私欲，要懂得适可而止。一个馒头能吃饱，山珍海味无非也是吃饱，没准还吃出个高血脂、高血压。就算是吃货，顿顿大鱼大肉，确定自己能吃出食物的味道？恐怕吃的都是调料味吧？没吃过馒头的人不多，但是能品尝出面香的有几个？不信，自己饿一天，然后去超市随便买个馒头，用微波炉热一下，撕一小块放在嘴里细细地咀嚼品味，会发现一个新世界。

如果真有很多精力无处发泄，除了私欲我们不是还有通欲吗？我们可以玩命地去求知，就算皓首穷经，也绝对不会对任何人有所伤害；可以玩命地去追求美、创造美，就算我们把自己外表整理得再整洁，把自己内在修炼得再通透，也绝不会让任何人蒙受损失。相反的，我们博学通透，大家会向我们学习，从中获益。

都说同行是冤家，那只是因为有私欲，大家为了私欲你争我夺，自然便是冤家。但是，什么时候见过两个求知者成了冤家？也没见过哪两位美的追求者成为冤家吧？因为这些是通欲，把我们的知识分享给他人，知识不但不会减少，反而会让我们的理解更深刻、更通透。创造美供他人欣赏，美不但不会减少，反而会感召他人去创造更多的美。放弃私欲，追求通欲的人，便是在追求道，所以他们可称同志。

如何避免团队内耗

古之善为道者，非以明民，将以愚之。民之难治，以其智多。故以智治国，国之贼；不以智治国，国之福。知此两者亦稽式，常知稽式，是谓玄德。玄德深矣、远矣，与物反矣。然后乃至大顺。（第六十五章）

这章就是"愚民"的出处了。当今愚民行为已经天理不容，所以就有很多人以此来批判老子。批判是可以，而且提倡批判精神，但是批判之前，我得先把人家的话听明白了，理解透了，然后对其中错误的地方进行纠正，这才叫批判。所谓批，原意是反手打；所谓判，是用刀分割。两个都是很暴力的字，用这两个字就是为了告诉我们，批判是很严重的事情，不可视为儿戏。我们有批判的权力，同时就要承担批判的后果，批判的好是好事，批判的不好可是死过人的。"死生之地,不可不察!"

而且,批判也不是现在才有的,没必要当个新鲜事追捧。两千多年前,孔子就说过,"择其善者而从之,其不善者而改之",看看人家的批判,有善也有不善,这些我们首先得能分得清,然后才能决定从之或者改之。一言以为知,一言以为不知,不可不慎也!

老子说的愚民,是什么意思呢?还是要放到上下文中去读才能理解。以前善于追寻道的人,并不会用道来教化人民,而是用道使人民淳朴。人民之所以难以治理,就是因为机巧之心太重。所以,以智巧治理国家,就是国家的祸害;不以智巧治国,才是国家的福。理解了这两点,就可以暂时掌握治国范式。稽,停留之意,稽首,就是叩头之后,头在地上停留不着急抬起。式,是楷模、范式,"为天下式"中讲过。稽式,就是停留在范式上。如果一直谨记,始终停留在范式上,就叫"玄德",也就是深邃莫测的德,也就是混沌系统产生的完备价值观。

因为背后是混沌系统,所以玄德深不可测,浩渺悠远,以至于表面看起来与事物正好相反,即前文讲过的"明道若昧,进道若退"云云。虽然看起来相反,但坚持下去,最终会达到"大顺"。

读完原文,是不是就可以理解老子愚民的真正含义了?这里的愚,不是愚昧的愚,而是使人民抛弃智巧,回归淳朴之意。

什么是智巧?智巧就是为了满足一己私欲而不择手段。这有什么问题吗?问题就在于,它使人只能看到眼前小利,为了这点小利你争我夺、以命相搏,却放弃了更大的利益,结果就成了"三个和尚没水喝"。

人人都听过这个小故事,人人都嘲笑三个和尚,可真到了现实中,好多人就成了这三个和尚却不自知。现在网上流行"摸鱼",号称要报复公司。我一个人摸鱼,就要有人帮我把活干了。可我在摸鱼,人家凭什么帮我干呢?于是人家也不干了,大家一块摸鱼。一个公司所有人都在摸鱼,这个公司还能存在吗?于是公司倒闭了,大家都失业。那就再找工作呗?可是我一直在摸鱼,除了摸鱼还会什么,总不能把"擅长摸鱼"写在简历上吧?

有些人说，我仇视的不是其他和尚，我仇视的是老板。可我为什么就比老板低一等呢？口口声声喊着要平等，可到了关键时候，自己主动跪了，摆出一副受害者的可怜相，可怜就有理了吗？努力把公司做好，我们自己也长本事长身价；摸鱼把公司搞倒，自己没本事没工作。合则两利，斗则两伤，不是明摆着的道理？做个坦荡君子，我们跟老板在人格上是平等的，大家只是有着共同目标的合作者，各尽其职就好，没必要总是期期艾艾，对吧？

不但为民的不应该有机巧之心，为君的更不能有机巧之心。老子的话说得很重，作为君主，投机取巧，那是"国之贼"！如果我非要说老子愚民，那老子是不是还愚君呢？君都愚了，谁去愚民呢？

机巧之心，实际上就是争名夺利之心，就是满足一己私欲之心，之前无数次讲过，只要我们存心与他人争利，那你放心，绝对不会有人束手待毙、双手奉上。人家也有私欲，凭什么就要紧着我们呢？哪怕你是君，但抢了我的利，让我吃不饱、穿不暖，我凭什么还把你当君？那我就是贼了。

其实当领导说难也不难，一般能被提拔的，都是有本事出业绩的。既然有本事出业绩，剩下的事就好办了。把功劳让出去，全部让给团队，自己一点不占，这很难吗？无非就是动动嘴皮子而已。况且，团队的功劳不还是我们的功劳？团队里都是优秀员工，我这个领导还能不是优秀领导？想开了，迈过心里这道坎，就豁然开朗了，这就是"后其身而身先，外其身而身存"。

回过头来想想，还真的就是老子说得这么回事，正道看起来是反的，越刻意争利就越得不到利，反而树敌无数，整日提心吊胆；越不争、越把利益让出去，反而就越会获得更多的利，周围人都死心塌地地追随我们，那时候，恐怕想不成功都难吧。

终　章
不要说而要去做

信言不美，美言不信；善者不辩，辩者不善；知者不博，博者不知。圣人不积，既以为人，己愈有；既以与人，己愈多。天之道，利而不害；圣人之道，为而不争。（第八十一章）

"美言、辩、博、积"，这些都是争，争的原因还不是因为私欲？"美言"，是因为贪图名利，就是孔子说的"巧言令色鲜矣仁"。如果不是贪图名利，踏踏实实埋头苦干就好了，说那么多漂亮话干什么？漂亮话说多了，自然就没有精力、没有时间去踏实做事。不做事，说出来的话就没有办法实现。

日常生活中，我们遇到那些大包大揽夸海口，动不动就说"这事包我身上了"的人，可要留个心眼了，这种人十有八九最后会让我们失望。为什么呢？因为他根本就没有用心去琢磨这件事的难度，精力全花在了口舌上面。反倒是那些沉吟犹疑，把丑话说在前面的人，倒是可以相信他，至少他们真的花心思去思考了，也清楚地知道难点在哪里。对困难有一个正确的预期，也有预案，遇到困难才不会糊弄，这样的人才能给我们自己想要的结果。

我们怎么对待这两种人呢？巧言令色的人，一定要追问，问他打算怎么干？问他觉得难点是什么？有没有可能实现不了计划？如果实现不了，有什么补救措施？通过这些问题，把他们的注意力拉回到问题，帮他们重新聚焦，这样可以避免不少麻烦。

犹豫不决的人，同样是与他沟通这些问题，目的是帮他们把问题摆出来，理清楚，一个一个给出应对方案。这样，消解了他们的畏难情绪，同时也调整彼此的预期，让事情可以顺利开始。开始之后再快速迭代，防止裹足不前，防止跌倒了爬不起来。

之前讲过，"知者不言，言者不知"。形式逻辑的特点是，假设相同，双方通过逻辑推导出来的结论就必然相同。如果不同呢？说明一个人的推导过程错了，这个人并不擅长形式逻辑，就是"不善"。如果是"善者"，大家的答案本就是一致的，为什么还要花时间辩论呢？如果是价值判断，美与丑、善与恶、高与下，本就没有固定标准。有人爱吃甜豆腐脑，有人爱吃咸豆腐脑，哪种好吃？有必要辩论吗？如果有，辩论的目的是什么？得出结论之后要如何做？难道要消灭甜豆腐脑？所以，价值判断就是私人的事情，不需要辩论，甚至应该禁止辩论。

如果有人非要跟我们辩论怎么办？告诉他，"你高兴就好"。如果还是不依不饶怎么办？离他远点，不要无谓地浪费生命。

求知欲有时候跟繁殖欲引起的表现欲会被很多人搞混，因为两种人看似都知道挺多，而区别就在于，求知欲驱动的人，他虽然处处好奇，时时渴求知识，但他会把获取的知识分门别类、按部就班地放进自己的知识框架中，使它们形成一个知识网络。知识点与知识点之间建立了千丝万缕的联系，并且会不断地抽象，经验抽象为方法，方法继续抽象为方法论，最终建立起一个完备的模型，达到"一以贯之"。

而表现欲强的人，他们只是记住了很多零散的知识点，时不时地"显摆"一下自己知道得多，但是你会发现，他们并没有一条贯穿的主线，也没有一个明确的目的，他们说一件事的时候，就只是在说一件事，为什么要说这件事？这件事对我们有什么启发或者帮助？然后想说什么？统统不知道。

如何解决"显摆"的问题呢？说容易也容易，说难也难。为什么说容易？因为我们只要管好嘴，说之前先格一下想说话这个念头，问问自己为什么想说这个？是为了实现自己的什么目的？如果回答不了，那就不要说了，因为自己只是想显摆而已。

为什么说难？因为大多数人说话，其实是不大过脑子的，如果他们真的能在说每一句话之前格一下自己的欲情念，我们苦口婆心地说这么多也是多余。如果他们认识不到这是个问题，我们说得再多也是对牛弹琴。认知，是一个人最难突破的障碍。这也是为什么老子说，"知者不言"，涉及认知说再多也无济于事。

圣人不积蓄，那圣人就不怕有朝一日倾家荡产、穷困潦倒吗？我问问大家，假如我们培养出了100个千万富翁，你觉得自己还会穷困吗？假如我们对100万人施予了恩惠，我们会潦倒吗？那时候，就算我们想穷，首先那100个千万富翁就不答应，那100万受我们恩惠的人也不会答应。退一万步说，就算他们统统忘恩负义，只要他们还有私欲，为了一己之私，他们也不会让我们穷，因为我们穷了，他们就少了财富的来源，就没有了施予者。

这就是《道德经》全书一再强调的"圣人之道，为而不争"，至此，该学的都已经学了，剩下的就只有实践了吧！

图书在版编目（CIP）数据

老子教我来创业 / 墨子连山著. -- 北京：北京时代华文书局，2022.3
ISBN 978-7-5699-4522-5

Ⅰ．①老… Ⅱ．①墨… Ⅲ．①创业－通俗读物 Ⅳ．①F241.4-49

中国版本图书馆CIP数据核字(2022)第007383号

老子教我来创业
Laozi Jiao Wo Lai Chuangye

著　　者｜墨子连山

出 版 人｜陈　涛
选题策划｜樊艳清
责任编辑｜王凤屏
责任校对｜薛　治
装帧设计｜琥珀视觉　孙丽莉
责任印制｜訾　敬

出版发行｜北京时代华文书局 http://www.bjsdsj.com.cn
　　　　　北京市东城区安定门外大街138号皇城国际大厦A座8层
　　　　　邮编：100011　电话：010-64263661　64261528

印　　刷｜三河市嘉科万达彩色印刷有限公司　电话：0316-3156777
　　　　　（如发现印装质量问题，请与印刷厂联系调换）

开　　本｜787mm×1092mm　1/16　印　张｜16.75　字　数｜242千字
版　　次｜2022年6月第1版　　　　　印　次｜2022年6月第1次印刷
书　　号｜ISBN 978-7-5699-4522-5
定　　价｜68.00元

版权所有，侵权必究